MONETARISMO Y LIBERALIZACIÓN

Traducción de
JOSÉ LUIS PÉREZ HERNÁNDEZ

SEBASTIÁN EDWARDS y ALEJANDRA COX EDWARDS

MONETARISMO Y LIBERALIZACIÓN

El experimento chileno

FONDO DE CULTURA ECONÓMICA

MÉXICO

Primera edición en inglés,   1987
Primera edición en español,   1992

Título original:
Monetarism and Liberalization:
The Chilean Experiment
© 1987 by Ballinger Publishing Company
ISBN 0-88730-105-3

ISBN 968-16-3856-5

Impreso en México

A Magdalena,
que ama a Chile

Nadie podía entender tantas coincidencias funestas.

Durante años no pudimos hablar de otra cosa. Nuestra conducta diaria, dominada hasta entonces por tantos hábitos lineales, había empezado a girar de golpe en torno de una misma ansiedad común. Nos sorprendían los gallos del amanecer tratando de ordenar las numerosas casualidades encadenadas que habían hecho posible el absurdo...

GABRIEL GARCÍA MÁRQUEZ,
Crónica de una muerte anunciada

PREFACIO A LA EDICIÓN EN CASTELLANO

Cuando en 1985 entregamos al editor la primera edición en inglés de este libro, Chile vivía una grave recesión económica y se encontraba gobernado por una dictadura autoritaria. Las reformas económicas de mercado impulsadas por Pinochet eran fuertemente criticadas y una gran desesperanza había invadido a la población. Hoy, al publicar esta edición ampliada en castellano, todo es diferente. Chile es una democracia con una economía sólida y en crecimiento, y el país busca reencontrarse a sí mismo política y socialmente. En el campo económico, quizá lo que más ha sorprendido a los analistas es que el nuevo gobierno del Chile democrático ha seguido impulsando políticas de desarrollo basadas en una fuerte orientación de mercado. Este nuevo gobierno busca, sobre las bases económicas ya establecidas y dentro de un marco de equilibrio macroeconómico, poner mayor énfasis en lo social y en la erradicación de la pobreza.

Este libro cuenta la historia de la economía chilena durante los primeros diez años del gobierno de Pinochet. Éstos fueron, sin lugar a dudas, años duros y decisivos. En esa época las reformas de mercado no eran generalmente aceptadas, como lo son en estos tiempos de *perestroika*. Por el contrario, el tipo de programa impulsado por el régimen militar chileno era considerado en muchos círculos como una extravagancia. El hecho de que estas políticas hayan sido impulsadas por un gobierno *de facto* y fuertemente autoritario las hacía aún más impopulares en el concierto internacional. En este libro documentamos cómo los asesores de la junta chilena dominaron una inflación rebelde y cómo el país fue transformado en una economía con fuerte orientación de mercado. Analizamos en detalle las políticas monetarias, financieras, cambiarias, de privatización y de comercio exterior seguidas por los llamados "Chicago boys", y evaluamos sus resultados de corto y mediano plazos. Nuestro argumento central es que durante estos primeros diez años se cometieron errores graves en la conducción macroeconómica que resultaron en una amplificación de los efectos de la crisis internacional de 1982. Al mismo tiempo planteamos que las reformas microeconómicas —que remplazaron una fuerte intervención estatal por un mecanismo de precios— tuvieron éxito al crear una estructura ágil y dinámica que ha permitido que Chile se recupere con fuerza después de la crisis de la deuda externa.

Al publicar esta edición en castellano hemos decidido no introducir cambios al texto original de los capítulos I al VIII. Creemos que, en gran medida,

11

nuestra interpretación original de la historia económica chilena de esta época es aún válida. Sin embargo, en esta edición —tal como en la segunda edición en inglés— hemos agregado un epílogo, escrito a fines de 1990, el cual examina el desarrollo de la economía chilena en el periodo 1983-1989 y que trata de imaginar el futuro económico del nuevo Chile democrático. Hoy día el gran desafío para un amplio grupo de países en desarrollo, e incluso de Europa central y del Este, que se encuentran transitando hacia sistemas económicos más libres e integrados al resto del mundo, es lograr esta transición en democracia. Las lecciones chilenas son, para estos países, de gran utilidad a fin de evitar la repetición de errores costosos que puedan llegar a poner término a las propias reformas.

Los Ángeles, California, junio de 1991

PREFACIO A LA PRIMERA EDICIÓN EN INGLÉS

Durante la década de los setenta, algunos países del Cono Sur (Argentina, Chile y Uruguay) se embarcaron en tentativas importantes para liberalizar sus economías mediante reformas encaminadas a incrementar la función del mecanismo del mercado y a reducir las barreras existentes al comercio internacional y al movimiento de capitales. Los más ambiciosos de estos episodios se efectuaron en Chile, donde bajo la égida de un régimen militar autoritario se establecieron reformas importantes orientadas hacia el libre mercado, al mismo tiempo que se echaba a andar un programa de estabilización de corte monetarista, el cual pretendía reducir una tasa de inflación de 600%. De momento, el éxito económico inicial de la experiencia chilena cautivó la imaginación de la prensa financiera internacional y de economistas y políticos conservadores. De hecho, en los comienzos de la década de los ochenta los experimentos de Chile y de Thatcher se convirtieron en símbolos destacados para los defensores del monetarismo y de las políticas de liberalización del libre mercado. Sin embargo, una década después de comenzadas las primeras reformas chilenas, el veredicto distó mucho de ser entusiasta. En 1982 la economía chilena entró en una profunda recesión: el ingreso real se redujo en casi 20%; el desempleo abierto se disparó hasta cerca de 30% y el sistema financiero sufrió un colapso de gran magnitud.

Este libro se ocupa del experimento chileno con las políticas monetarista y de libre mercado. En él analizamos las diferentes políticas que siguieron los militares durante la primera década del régimen (1973-1983). El libro analiza tanto el programa de estabilización como las reformas de liberalización y creación de un libre mercado y examina los factores subyacentes al éxito inicial y el posterior colapso de la economía chilena. Nos ocupamos en forma amplia de los aspectos más novedosos del experimento, como por ejemplo el uso del manejo del tipo de cambio como herramienta principal de estabilización. Estudiamos también los aspectos más nebulosos de la economía chilena, incluyendo la persistencia del desempleo y las tasas de interés extravagantemente elevadas que prevalecieron durante el periodo.

Este libro trata también de la importante pregunta acerca de cuáles fueron los errores cometidos en Chile. Un punto particularmente importante que nos planteamos —y que tiene implicaciones de largo alcance para otros países en desarrollo— es si los resultados decepcionantes del experimento chileno fueron consecuencia de la liberalización misma o más bien

13

consecuencia de otros sucesos, como los choques adversos de otros países o las políticas macroeconómicas inadecuadas.

Este libro consta de ocho capítulos. En el capítulo I presentamos alguna información de los antecedentes y una visión global del experimento. Comentamos en forma breve la evolución de la economía chilena antes de 1973, prestando especial atención a la experiencia socialista de la Unidad Popular de 1970 a 1973. En el capítulo II estudiamos el programa de estabilización de los militares, sobre todo la manera en que evolucionó durante este periodo el pensamiento monetarista en Chile y, para el caso, en la mayor parte de América Latina. En el capítulo III analizamos el comportamiento de dos precios clave: la tasa de interés y el tipo de cambio real, y examinamos la forma en que reaccionaron a las reformas de liberalización y a las políticas macroeconómicas. Tanto en el capítulo II como en el III examinamos el proceso que condujo a una significativa sobrevaluación real del tipo de cambio. El capítulo IV se dedica al tema de la privatización así como al proceso de desregulación y analiza el papel de los "grupos" o grandes conglomerados. Este capítulo trata también de algunas de las reformas estructurales más profundas, como la nueva ley laboral que reglamentó el comportamiento de los sindicatos y la reforma del sistema de seguridad social. En el capítulo V nos ocupamos de los aspectos más importantes de la liberalización del comercio internacional. En el capítulo VI tratamos el desempleo, salarios y distribución del ingreso. En él desarrollamos un modelo sencillo de mercado laboral en una economía en desarrollo para explicar la persistencia del desempleo. En el capítulo VII abordamos algunas cuestiones relacionadas con la secuencia de las reformas económicas, con especial interés en el orden apropiado de liberalización de las cuentas corrientes y de capital de la balanza de pagos. En el capítulo VIII presentamos nuestras conclusiones y exponemos las lecciones más importantes derivadas del experimento chileno.

Durante la larga gestación de este libro hemos contraído numerosas deudas intelectuales. Muy fructíferas han resultado, a través de los años, las conversaciones sostenidas con Vittorio Corbo, Jim de Melo, Jim Hanson, Marcelo Selowsky, Sweder van Wijnbergen, y particularmente, con Al Harberger. Agradecemos a Bob Topel, Horng Ji Liu, Hernán Cortés, Evan Tanner, Phil Brock, Ken Sokoloff, Arye Hillman y Patricio Mújica sus comentarios en torno a uno o varios capítulos. Damos las gracias especialmente a Edgardo Barandiarán quien, a pesar de sus numerosas obligaciones como servidor público internacional, siempre encontró tiempo para comentar algún capítulo, verificar algún hecho oscuro o examinar algunas de nuestras interpretaciones. Lorraine Grams mecanografió diligentemente los innumerables borradores del manuscrito. Sebastián Edwards reconoce agradecido el apoyo financiero otorgado por la National Science Foundation (beca SES 84 19932), por los International Studies and Overseas Programs de la Universidad de California en Los Ángeles y por la beca de apoyo a la investigación por parte de la junta académica de la misma Universidad de California en Los Ángeles.

Los Ángeles, California, 1987

I. EL EXPERIMENTO CHILENO: UNA VISIÓN GLOBAL

EL ESTUDIO de la historia económica moderna de Chile despierta por lo general un sentimiento de gran interés y, al mismo tiempo, de tristeza; de interés, porque durante los últimos 50 años Chile ha sido una especie de laboratorio social donde se han probado casi todos los tipos posibles de política económica; de tristeza, porque en gran medida todos esos experimentos han terminado en fracaso y frustración.

Los más recientes de estos "experimentos" comenzaron en 1973, después del derrocamiento militar del presidente Salvador Allende. En los 10 años siguientes al golpe, los militares implantaron profundas reformas encaminadas a transformar la economía semiaislada de Chile, con fuerte intervención gubernamental, en una economía liberalizada, integrada, en la que se dejó que las fuerzas del mercado guiaran libremente la mayoría de las decisiones económicas. Estas reformas de liberalización se realizaron al mismo tiempo que se ponía en marcha un programa importante de estabilización que pretendía reducir una tasa de inflación de alrededor de 600%. Muchas de las políticas de liberalización emprendidas corresponden, a grandes rasgos, a lo que un creciente número de economistas ha estado propugnando para los países en vías de desarrollo: el comercio internacional fue liberalizado; se abrió la cuenta de capital; se liberaron los precios y las tasas de interés; se desarrolló un activo mercado interno de capitales; se reformó el sistema fiscal y se estableció el impuesto al valor agregado; se reformó el sistema de seguridad social y el sector privado comenzó a desempeñar un papel activo en el proceso de crecimiento.[1]

El periodo 1973-1983 se caracterizó por agudos contrastes. Por ejemplo, mientras que en 1973 Chile tenía la tasa más elevada de inflación en el mundo (600%), en 1981 tenía una de las más bajas (9%). Por otra parte, la tasa de crecimiento del PIB real varió drásticamente: fue de −13% en 1975; luego, de 1977 a 1981, pasó en promedio a casi 7% anual y cayó a −15% en 1982.

El acelerado crecimiento del PIB real en Chile durante 1977-1981 y el aparente éxito de otras políticas hicieron que algunos observadores habla-

---

[1] La liberalización de las economías internas, y especialmente del sector externo, ha sido por mucho tiempo una de las principales recomendaciones políticas por parte de un amplio grupo de economistas tanto "conservadores" como "liberales". Véanse, por ejemplo, Little, Scitovsky y Scott, 1971; Balassa, 1982; Krueger, 1978; Bhagwati, 1978; Bhagwati y Srinivasan, 1979; y Díaz-Alejandro, 1971.

ran (prematuramente) del milagro chileno. Sin embargo, para fines de 1981 la euforia cesó repentinamente, cuando se puso de manifiesto que no podía mantenerse el ritmo de crecimiento de los años anteriores. Cesó la afluencia de capital extranjero, no pudo pagarse la deuda externa, se dispararon las tasas reales de interés y estalló una grave crisis financiera. Estos aconte-cimientos y un drástico deterioro de los términos de intercambio —equiva-lente a 26% entre 1979 y 1983— provocaron una de las peores recesiones sufridas por el país, de la cual aún no se había recuperado del todo a prin-cipios de 1986. Además, algunas de las reformas fueron parcialmente re-vertidas: se aumentaron las tarifas arancelarias, los movimientos de capital fueron sometidos a un control estricto y como el sector financiero se vio plagado de quiebras fue virtualmente nacionalizado.

El colapso de la economía chilena ha añadido un interés considerable a este experimento de reformas de libre mercado.[2] Acaso la pregunta de mayor pertinencia, que tiene implicaciones en políticas de largo alcance para los otros países en desarrollo, es si este revés fue consecuencia de la liberali-zación misma o resultado de otros hechos, como choques del exterior o po-líticas macroeconómicas inadecuadas. Igualmente, el ambiente político en que se desenvolvieron estas reformas y programas de liberalización —una dictadura autoritaria— ha suscitado interés no solamente entre los econo-mistas sino también entre otros científicos sociales. El punto importante aquí es saber si es posible tener un sistema económico verdaderamente liberal y orientado al libre mercado dentro del contexto de un régimen po-lítico dictatorial.

El propósito de esta obra es aportar un análisis detallado del experimento económico con libre mercado en Chile. Se centra en los 10 primeros años del experimento (1973-1983) y analiza tanto el programa de estabilización como las reformas de liberalización del libre mercado aplicadas por el go-bierno militar. Hace hincapié en los aspectos más novedosos de esta expe-riencia: por ejemplo, la utilización de una tasa de devaluación preanunciada como instrumento importante de estabilización. Asimismo, el análisis trata de arrojar alguna luz sobre los aspectos más nebulosos de la economía chi-lena, incluyendo la persistencia del desempleo y las tasas de interés dema-siado elevadas que prevalecieron durante la experiencia.[3] El libro gira en

[2] Es discutible la cuestión de si la experiencia chilena con los mercados libres fue un fracaso. Si éste se define como una reversión de las reformas, el experimento chileno no fracasó; al menos hasta principios de 1986 la mayoría de las reformas estaban vigentes. Además, la economía se encuentra en recuperación. Sin embargo, si el fracaso se define como una desvia-ción significativa entre los resultados esperados y los reales de las políticas, entonces sí, el experimento chileno fue un fracaso.

[3] Diferentes aspectos del reciente experimento chileno han sido analizados por Hachette, 1978; Harberger, 1982, 1983a, 1983b; Foxley, 1982, 1983; Ffrench-Davis, 1983; Corbo, 1985a; Parkin, 1983; Hanson, 1985; Balassa, 1985; Walton, 1985; y S. Edwards, 1985a, 1986a.

torno a la pregunta capital de qué fue lo que no marchó bien en Chile. En particular, el análisis trata de extraer de esta experiencia lecciones que sean útiles tanto para quienes formulan la política en otros países como para los economistas del desarrollo que, en el momento actual, están repensando el marco de referencia que tradicionalmente utilizaron en sus análisis. Este capítulo brinda una visión global del experimento militar con las políticas de libre mercado, incluyendo una breve descripción del comportamiento de la economía chilena antes de 1973, con especial atención al gobierno de la Unidad Popular de 1970-1973, así como un examen del crecimiento registrado durante 1970-1983.

LA ECONOMÍA CHILENA ANTES DE 1973

El periodo 1950-1972[4]

Entre 1950 y 1972, la economía chilena creció a tasas modestas. El PIB real creció a una tasa promedio de 3.9% anual, mientras que el PIB real per cápita se incrementó a una tasa promedio anual de 1.7%.[5] Este desempeño es particularmente pobre si se compara con otros países de la región. Por ejemplo, durante este periodo el desempeño de Chile fue el más pobre de los países grandes y medianos de América Latina.[6]

En la década de los cuarenta, Chile, al igual que la mayoría de los países latinoamericanos, se embarcó en un ambicioso programa de industrialización basado en la sustitución de importaciones. Esta estrategia de desarrollo hacia adentro se basó en la idea de que las economías pequeñas y en desarrollo crecerían a un ritmo suficientemente rápido sólo si eran capaces de desarrollar un sector industrial grande y diversificado. Esto, a su vez, sólo podía lograrse si se otorgaba a las industrias nacionales incipientes una protección suficientemente elevada, en forma de aranceles o cuotas de im-

[4] En esta sección se analizan las principales características de la economía chilena durante los 20 años anteriores al golpe militar de 1973. Esta exposición es necesariamente breve y se refiere solamente a algunos de los aspectos más importantes de la economía. Los lectores interesados pueden leer con provecho algunos de los trabajos existentes más detallados sobre la evolución de las condiciones económicas de Chile durante este periodo. Sobre la economía chilena antes de 1973, véanse por ejemplo Mamalakis y Reynolds, 1965; Mamalakis, 1978; Behrman, 1976, 1977; Corbo, 1974; y Ffrench-Davis, 1973.

[5] Antes de 1950 el desempeño económico de Chile fue también un poco modesto. Por ejemplo, Ballesteros y Davis, 1963, estimaron que entre 1908 y 1957 la producción per cápita creció aproximadamente a 1% anual. Es interesante observar que, a pesar del pobre desempeño de la economía, en 1960 el ingreso per cápita de Chile era todavía uno de los más elevados en América Latina.

[6] Entre 1950 y 1972 el PIB real de Argentina creció a una tasa promedio anual de 4.1%, el de Brasil a 7%, el de Colombia a 5.2%, el de México a 6.5%, el de Perú a 5.7% y el de Venezuela a 6.2 por ciento.

portación. La mayoría de los proponentes de la estrategia de sustitución de importaciones observó también que el alto grado de protección era necesario sólo como medida transitoria y que después de un periodo inicial de aprendizaje estas "industrias infantiles" avanzarían hacia su etapa de "adolescencia" y ya no requerirían aranceles. Sin embargo, la realidad demostró lo equivocado de esta postura. El proteccionismo llegó a ser una característica permanente de la economía chilena.[7]

Durante los primeros años del proceso de industrialización, se crearon importantes industrias pesadas —sobre todo con el apoyo del organismo gubernamental Corporación de Fomento de la Producción (Corfo) y se sentaron las bases para el sector manufacturero. Entre 1937 y 1950, el sector manufacturero creció a una tasa promedio anual real de casi 7% (Muñoz, 1966: 158). Sin embargo, con el proceso de industrialización se impuso una impresionante serie de restricciones, controles y regulaciones frecuentemente contradictorias. En realidad, muchas de las industrias nacionales sólo pudieron sobrevivir gracias a estas restricciones a las importaciones. Por ejemplo, algunos estudios comparativos han arrojado que Chile tenía una de las estructuras de protección más elevadas y con mayor variabilidad en el mundo en desarrollo (Balassa, 1971). Como consecuencia de lo anterior, muchas, si no la mayoría de las industrias creadas al amparo de la estrategia de sustitución de importaciones, eran totalmente ineficaces. En un cuidadoso estudio empírico efectuado por Corbo y Meller (1981), los autores encontraron que esta estrategia de desarrollo hacia adentro dio lugar al uso de técnicas muy intensivas de capital, que entorpecieron la creación de empleos, entre otras ineficiencias.[8]

Como en la mayoría de los casos históricos, la estrategia chilena de sustitución de importaciones se vio acompañada por una moneda nacional agudamente sobrevaluada que impidió el desarrollo de un vigoroso sector exportador no tradicional (esto es, no del cobre). El sector agrícola resultó particularmente dañado por la sobrevaluación del tipo real de cambio. El rezago de la agricultura se convirtió de hecho en uno de los síntomas más visibles de la problemática económica de Chile en los años cincuenta y sesenta. Durante este periodo la minería —integrada principalmente por

[7] Para un análisis teórico de la estrategia de sustitución de importaciones, véase por ejemplo Chenery, 1960. También Chenery, 1975. Para una crítica de este enfoque, véase Krueger, 1978. Para un análisis histórico del proceso en el contexto latinoamericano, véase Furtado, 1970. Muñoz, 1966, analiza con esmero el caso de Chile. Véase Díaz-Alejandro, 1971, para el caso de Argentina.

[8] Casi todos los analistas concuerdan en que la estrategia proteccionista de sustitución de importaciones dio lugar a ineficiencias significativas y a bajas tasas de creación de empleos. Véanse por ejemplo Behrman, 1976; De la Cuadra, 1969; Martner, 1971; y Guardia, 1979. Cortés, Butelmann y Videla, 1981, ofrecen un análisis histórico de la evolución del proteccionismo en Chile.

el cobre— y las manufacturas aumentaron significativamente su participación en la producción total (véase el cuadro I.1).

Durante los años cincuenta y principios de los sesenta, la estrategia de
sustitución de importaciones comenzó a agotarse. En esa época la mayor
parte de las sustituciones fáciles y obvias de bienes importados ya se habían
realizado y el proceso pronto se tornó menos dinámico. Por ejemplo, entre
1950 y 1960 la producción industrial total real creció a una tasa anual de
sólo 3.5%, casi la mitad de la tasa de la década anterior.[9]

Durante los años cincuenta, la inflación, que había representado un problema crónico en Chile al menos desde 1880, se volvió particularmente
grave. La tasa de incremento de los precios al consumidor promedió 36%
anual en esos años, alcanzando el nivel más alto de 84% en 1955. Las raíces
de las presiones inflacionarias de Chile se encontraban, principalmente,
en la excesiva creación de dinero y en una política fiscal extraordinariamente permisiva. La historia económica chilena está plagada de intentos
fallidos para dominar la inflación. Durante los años cincuenta y sesenta se
lanzaron tres programas importantes de estabilización; uno en cada periodo
gubernamental. A pesar del éxito parcial de los esfuerzos realizados durante
los gobiernos de Ibáñez y Alessandri, la inflación mantuvo en promedio su
ritmo ascendente durante estas dos décadas, para quedar en un nivel de
31% anual. En 1970, último año del gobierno de Frei, la tasa de inflación
se sostuvo en 35 por ciento.[10]

Hacia fines de los años cincuenta y principios de los sesenta, los políticos
y economistas llegaron al acuerdo virtual de que Chile estaba atravesando
por una crisis económica de largo plazo. Lo sorprendente de este análisis
fue que muchos expertos estaban de acuerdo en algunos de los aspectos
principales de la crisis. Estos analistas reconocían que la etapa fácil del
proceso de sustitución de importaciones había llegado a su fin y que la
inflación y las crisis recurrentes de los sectores externo y agrícola se habían
convertido en serios obstáculos para volver a tomar la senda del crecimiento.
Además, la distribución desigual del ingreso y la solución del problema del
desempleo representaban grandes retos para cualquier nuevo programa

[9] Véase Muñoz, 1966. Sobre el agotamiento de la etapa fácil de sustitución de importaciones
en América Latina, véase Furtado, 1970. Para el caso de Chile, véase Pinto, 1964.

[10] Sobre la primera experiencia inflacionaria, véanse Fetter, 1982; y Subercaceaux, 1922.
Para los años cuarenta y cincuenta, véanse Hirschman, 1961 y Harberger, 1963. Para los años
sesenta, véanse Corbo, 1974; Berhman, 1977; y Ffrench-Davis, 1973. Debe hacerse notar que
el análisis de las causas de la inflación en Chile se ha caracterizado por un intenso debate
entre "monetaristas" y "estructuralistas". Para los primeros, la creación de dinero era la *causa*
principal de inflación (véanse por ejemplo Luders, 1968; y Luders y Arbildua, 1969). Para los
segundos, por el contrario, la creación de dinero era sólo el mecanismo de *propagación*, en
tanto que las *causas* de la inflación estaban estrechamente relacionadas con la *estructura* de
la economía, incluyendo el sistema de tenencia de tierra. Véanse, por ejemplo, Hirschman,
1961; Sunkel, 1958; y Félix, 1960.

CUADRO I.1. *La estructura de la producción en Chile: 1950, 1960 y 1970*
(porcentajes del PIB)[a]

Sector	1950	1960	1970
Agricultura, silvicultura y pesca	14.0	12.2	7.5
Minería	5.9	10.3	11.8
Construcción	2.0	4.8	4.1
Manufacturas	22.9	24.9	27.9
Energía, transporte y comercio	s.d.	24.5	20.0
Otros servicios	s.d.	23.3	28.7
PIB	100.0	100.0	100.0

FUENTES: Para 1950, Corbo (varias publicaciones); para 1960 y 1970, Odeplan, 1972.
[a] Estos datos corresponden a las participaciones de la producción sectorial medida a precios corrientes.

económico. Aun cuando la mayoría de los expertos observó que las tradicionalmente bajas tasas de ahorro e inversión internas representaban un obstáculo importante para el crecimiento, diferían en otros aspectos de su análisis y en los paquetes de la política propuesta recomendados para sacar al país de su relativo estancamiento.[11]

Durante los años sesenta, y sobre todo en el gobierno de Frei, se emprendieron algunos esfuerzos para reformar la economía chilena: se trató de poner en práctica una reforma agraria, una liberalización leve del sector externo, y una política cambiaria basada en minidevaluaciones, cuya finalidad era evitar la erosión del tipo de cambio real. A pesar de esas y de otras reformas, hacia fines de los años setenta se vio que el desempeño de la economía chilena no había mejorado en comparación con los veinte años anteriores. Además, la economía todavía estaba plagada de reglamentaciones y controles —incluyendo niveles muy elevados de impuestos al comercio internacional— que bloqueaban cualquier esfuerzo por desarrollar una economía eficiente y en acelerado crecimiento. En 1970, los tres candidatos presidenciales declararon que la economía chilena estaba en crisis.[12]

[11] Sin lugar a dudas, el trabajo económico de mayor influencia en este periodo fue el libro de Ahumada, 1958. En este volumen, el autor sostiene que la crisis económica chilena tenía su origen en cuatro causas fundamentales: *a)* el estancamiento de la agricultura, *b)* la inflación crónica, *c)* la distribución desigual del ingreso, *d)* el centralismo económico e institucional. Para otros análisis de la crisis, véase por ejemplo Pinto, 1959, 1964.
[12] Los candidatos presidenciales fueron: el socialista Salvador Allende, el conservador Jorge Alessandri y el demócrata cristiano Radomiro Tomic.

El gobierno de la Unidad Popular: 1970-1973

En las elecciones presidenciales de septiembre de 1970, el doctor Salvador Allende obtuvo una mayoría relativa de casi 36% de los votos. En octubre de ese mismo año, fue elegido presidente por las dos cámaras del Congreso chileno.[13] Como candidato de la Unidad Popular (UP) —coalición política integrada por partidos de izquierda y de centro-izquierda, inclusive comunistas y socialistas— Salvador Allende se convirtió en el primer marxista elegido libremente presidente de una democracia occidental. El objetivo político de la UP era transformar a Chile en una sociedad socialista, y esto habría de lograrse mediante el establecimiento de profundas reformas institucionales y económicas, incluyendo la abolición del Congreso y su sustitución por una asamblea popular, la nacionalización de los sectores minero, bancario y agrícola, así como la nacionalización de la mayor parte del sector manufacturero. Todo esto tenía que llevarse a cabo dentro del marco legal existente. El programa contemplaba la necesidad de una "vía chilena al socialismo" de características democráticas.[14]

El análisis del comportamiento de la economía chilena durante este periodo rebasa con mucho el alcance de este libro; esa tarea ameritaría un volumen aparte. Sin embargo, se ofrece una breve descripción de este periodo, ya que, para entender cabalmente la evolución de la política económica chilena durante el régimen militar, es esencial tener una idea general de lo que ocurrió durante el periodo de la Unidad Popular.

El programa de la UP, al igual que la mayor parte de los estudios técnicos elaborados por los economistas de la UP, caracterizaron la economía anterior a 1970 como "monopólica" y "dependiente", alegando que los problemas más graves que enfrentaba el país eran la distribución desigual del ingreso, la inflación crónica y el desempleo. Se sostuvo además que la estructura de la demanda interna, la crisis semipermanente del sector externo y el bajo nivel de acumulación de capital conspiraban para impedir una tasa de crecimiento suficientemente alta. Se pretendió entonces que echar a andar profundas reformas institucionales —o revolucionarias—, aunadas al mejoramiento de la distribución del ingreso, no sólo representaría un paso importante hacia la construcción del socialismo, sino que además generaría un ritmo acelerado de crecimiento económico.[15]

Un supuesto esencial del programa económico de la UP era que en 1970

---

[13] Conforme a la Constitución chilena, en caso de haber mayoría en el voto popular, el Congreso elige al presidente entre los dos candidatos con mayor número de votos.

[14] Véase Unidad Popular, 1970; y Allende et al., 1971.

[15] Para el diagnóstico económico de la UP, véanse por ejemplo Vuskovic, 1970; Martner, 1971; Aranda y Martínez, 1970; Zorrilla, 1971; Alaluf, 1972; y Guardia, Martínez y Ramos, 1979.

existía una considerable capacidad no utilizada de capital en el sector manufacturero (véase Zorrilla, 1971: 17; Alaluf, 1972: 6; Guardia, 1979: 61-62). La existencia de un elevado nivel de reservas internacionales más la capacidad industrial no utilizada permitirían al gobierno generar importantes incrementos de demanda agregada sin provocar fuertes presiones inflacionarias a corto plazo. Se esperaba que esta mayor demanda sería absorbida principalmente por un incremento en la producción interna.

Después de la toma de posesión del doctor Allende a principios de noviembre de 1970, se puso en marcha rápidamente el programa de la UP. En 1971, una política expansionista de demanda agregada —que incluía incrementos generalizados de salarios, tasas más elevadas de creación de dinero y gasto gubernamental significativamente más alto— se combinó con reformas institucionales fundamentales. Para fines de año, el déficit fiscal saltó de 3% (en 1970) a 11% del PIB. En el cuarto trimestre de 1971 la tasa de creación de dinero había sobrepasado 100% anual y la tasa de crecimiento del crédito interno al sector público se estaba acercando a 300% anual. A fin de evitar que se disparara la inflación, los precios se mantuvieron bajo estricto control. Por el lado de las reformas, se nacionalizaron el sector bancario y las grandes minas de cobre; la reforma agraria recibió un gran impulso adicional; algunas empresas manufactureras fueron expropiadas *de facto* mediante un procedimiento denominado "intervención del gobierno".[16]

Según los indicadores económicos tradicionales, 1971 fue un buen año. La inflación fue sólo de 22%, el PIB creció a 7.7%, los salarios reales se incrementaron en 29% y la tasa de desempleo se redujo de aproximadamente 6% a un nivel inferior a 4 por ciento.

Sin embargo, estos logros fueron de corto alcance, habiéndose llegado a ellos mediante la aplicación de una política macroeconómica insostenible de mediano a largo plazo. En particular, el déficit fiscal cada vez mayor constituía un punto muy endeble en el panorama económico global. En 1972 el déficit llegó casi a 13% del PIB, y en 1973 la proporción rebasó 24%. El proceso de incrementos masivos de dinero, aunado a controles estrictos de precios, dio lugar al caso clásico de *inflación representada*.[17] Los mercados negros surgieron rápidamente y en 1972 el nivel de producción empezó a descender. El problema en torno al proceso *de facto* de la expropiación de empresas manufactureras fue adquiriendo visos de extrema gravedad. La

[16] Desde un punto de vista legal, la propiedad de la mayoría de estas empresas seguía estando en manos de los propietarios privados originales. Sin embargo, después de "intervenirlas", el gobierno podía ejercer un control *completo*. Para una descripción detallada del proceso que se utilizó para expropiar estas empresas, véase Instituto de Economía y Planificación, 1973: 85-161. Véase también Martínez, 1979.

[17] Véase, por ejemplo, la discusión de este tema en Cauas y Corbo, 1972.

intervención del gobierno casi siempre iba precedida por huelgas laborales de gran duración y por la toma de las instalaciones de las empresas por parte de los trabajadores. Este proceso resquebrajó la producción no sólo en las empresas tomadas por los trabajadores, sino también en el resto del sector industrial, afectado por un ambiente de creciente incertidumbre. El nivel de eficiencia en las empresas nacionalizadas disminuyó también dramáticamente. Contrario a lo que habían pensado los economistas de la UP, no se generaron excedentes; las empresas nacionalizadas redujeron su producción e incurrieron en grandes pérdidas.[18]

Las políticas fiscales y monetarias expansionistas acarrearon una aguda crisis en el sector externo. Las reservas internacionales experimentaron una brusca caída y en el primer trimestre de 1973 no alcanzaban a cubrir el valor de dos meses de importaciones, lo que representaba una caída dramática del nivel registrado en 1970 de casi seis meses el valor de las importaciones. Se estableció un sistema de controles estrictos de cambio y de tasas de cambio múltiples. Por ejemplo, en 1973 había 15 diferentes tipos oficiales de cambio con una proporción entre la tasa más elevada y la más baja ¡superior a 8 000%! En parte como resultado de estas políticas, se redujeron notoriamente los incentivos para el sector agrícola. Esto, más la forma de organización de la tierra expropiada durante la reforma agraria —grandes empresas agrícolas de propiedad estatal—, dio lugar a una disminución significativa en la producción agropecuaria. La arbitrariedad que caracterizó el proceso de la expropiación *de facto* de las empresas industriales dio origen también a un alto grado de incertidumbre, que se tradujo en niveles de inversión bruta y ahorro del sector privado muy bajos (Guardia, 1979). Por ejemplo, en 1972 la inversión bruta representó sólo 15% del PIB, cifra significativamente inferior al promedio de 21.3% alcanzado entre 1965 y 1970.

Para fines de 1972, la situación económica y política era en extremo caótica. En agosto de ese año, la inflación llegó a una tasa mensual de 23% y la existencia de mercados negros cada vez más amplios era un hecho casi incorporado a la vida cotidiana. Como una forma de combatir la escasez generalizada de bienes, y particularmente de alimentos, el gobierno trató de organizar un sistema de racionamiento en virtud del cual cada familia podía tener acceso a determinada cantidad de alimentos (la denominada canasta popular) a través de organizaciones de barrios especialmente crea-

[18] Entre 1971 y 1972 el gobierno se apoderó de 318 empresas mediante la "intervención" u otros procedimientos semejantes. Véase Instituto de Economía y Planificación, 1973. Un supuesto importante del modelo de la UP fue que después de la nacionalización de las "empresas monopólicas" el Estado captaría la "plusvalía" junto con los fondos utilizados para incrementar la inversión (véase Guardia, 1979). Con todo, como ya se mencionó, la gran mayoría de estas empresas no generó plusvalía; por el contrario, las pérdidas se generalizaron y decayeron tanto la producción como la inversión.

das con este propósito. Sin embargo, dicho sistema provocó una reacción masiva de parte de la oposición, quien argumentó que Chile se estaba transformando en otra Cuba. En agosto de 1972, el gobierno puso en marcha también un intento importante de estabilización basado principalmente en la expansión de la oferta agregada. El lema principal del partido comunista durante este periodo fue "a ganar la batalla por la producción". Asimismo, se llevó a cabo una devaluación drástica y se trató de controlar la creación de dinero. Con todo, el déficit fiscal no se modificó, y a nadie sorprendió que fallara el esfuerzo de estabilización.

En octubre de 1972, los partidos de oposición organizaron una huelga nacional como protesta contra las políticas gubernamentales consideradas erróneas y antidemocráticas. La protesta se enfocó fundamentalmente contra las políticas económicas y educativas del gobierno. Esta huelga provocó costos económicos significativos y agravó mucho la situación. Sólo pudo resolverse después de que el presidente Allende incorporó a representantes de las fuerzas armadas en el gabinete.

La primera parte del año de 1973 se caracterizó por una profundización de la crisis. La situación económica se tornó cada vez más precaria, en medio de un proceso tendiente a la hiperinflación. La producción tuvo una caída en todas las ramas y el sector externo comenzó a enfrentar una crisis sumamente severa. En lo político, las cosas no iban mejor. La oposición, después de una importante victoria en las elecciones parlamentarias de marzo de 1973, se impacientó aún más. Hacia mediados de 1973, los partidos de oposición estaban ya exigiendo la renuncia del presidente Allende. Sin embargo, lo más grave era que por este tiempo los partidos de la UP —y en particular los comunistas y los socialistas— se habían enzarzado en una contienda cada vez más agria con profundos desacuerdos sobre cómo hacer frente a la crisis.

En 11 de septiembre de 1973, la presidencia de Allende llegó repentinamente a su fin. Ese día las fuerzas armadas dieron un golpe de Estado. Cuando los militares tomaron el poder, el país estaba políticamente dividido y la economía bamboleante: la inflación era galopante, las distorsiones de los precios relativos se habían generalizado como consecuencia principalmente de los controles masivos de precios; cobraban fuerza creciente las actividades en los mercados negros; los salarios reales habían caído drásticamente; las condiciones económicas de la clase media habían sufrido grandes daños; el sector del comercio exterior estaba encarando una grave crisis; la producción y la inversión estaban cayendo en picada y las finanzas del gobierno se encontraban totalmente fuera de control.[19] En el cuadro I.2 se muestran algunos indicadores del periodo 1970-1973.

[19] Desde luego, los partidarios de la UP reconocieron hace tiempo que durante el periodo se

EL EXPERIMENTO MILITAR

El golpe militar de 1973 marcó un punto crucial en la historia económica y política de Chile. Los 10 años que siguieron fueron testigos de uno de los intentos más ambiciosos de reforma de una economía aislada y bajo estricto control gubernamental para convertirla en una sociedad orientada e integrada al mercado mundial. Estas políticas —que se emprendieron al mismo tiempo que se echaba a andar un amplio programa de estabilización— pueden considerarse como la reacción a la larga tradición de intervención y control gubernamentales que habían caracterizado a la economía chilena desde los años treinta. Con todo, cabe señalar que inicialmente los militares no tenían un programa económico a largo plazo muy definido; durante los dos primeros años se fueron adoptando lentamente los aspectos más conservadores de las políticas de libre mercado.[20]

Los resultados económicos: crecimiento 1973-1983

En términos del crecimiento económico, el periodo 1973-1983 se caracterizó por resultados dispares. En el cuadro I.3 se presentan datos sobre el PIB real y el PIB real per cápita, entre 1970 y 1983. Como puede observarse, durante 1974, el primer año completo del régimen militar, se observó un pequeño incremento en el PIB real y una *disminución* en el PIB real per cápita. En 1975, por otra parte, la actividad económica cayó dramáticamente, en parte como consecuencia del programa de estabilización y en parte debido al deterioro de las condiciones económicas mundiales (véanse los apartados siguientes y el capítulo II).

De 1977 a 1980 se alcanzaron tasas de crecimiento del PIB extraordinariamente altas, que promediaron 8.5% anual. Éstos fueron los años del "milagro". Sin embargo, como puede verse en el cuadro I.3, el PIB real per

cometieron graves errores económicos y que la UP había sumido al país en el "caos económico" (Sideri, 1979). Los documentos incluidos en el volumen de Sideri, 1979, contienen autocríticas interesantes hechas por los más antiguos dirigentes de la UP, entre ellos Clodomiro Almeyda, que fue ministro de Relaciones Exteriores y de la Defensa durante el gobierno de Allende. El punto central de estas críticas es que se cometieron errores en la conducción económica a corto plazo. De acuerdo con esta postura, el comportamiento a corto plazo de la economía —inflación galopante, escasez generalizada, mercados negros, etc.— no concordaba con las reformas institucionales a largo plazo. Debe hacerse notar que en ese volumen, como en la mayor parte de la bibliografía de autocrítica de la UP, el comportamiento de la economía se evalúa no tanto por el uso de los indicadores tradicionales, sino en términos de qué tanto se impulsó el programa revolucionario. Véase también Vuskovic, 1975, para el punto de vista crítico desde dentro de un personaje central acerca de la política económica de la UP.

[20] Para una exposición más detallada, véase el capítulo IV. Véase también S. Edwards, 1985*a*, 1985*b*; y Foxley, 1983.

CUADRO I.2. *Algunos indicadores económicos durante el gobierno de la Unidad Popular, 1970-1973*

Año	(A) Tasa de inflación (diciembre a diciembre)	(B) PIB real (1970 = 100)	(C) Producción industrial (1970 = 100)	(D) Déficit gubernamental / PIB	(E) Reservas internacionales (millones de dólares)	(F) Déficit en cuenta corriente / PNB	(G) Tasa de desempleo Zona de Santiago	(G) Tasa de desempleo Total	(H) Salarios reales (1970 = 100)
1970	34.9%	100.0	100.0	2.9%	394	1.3%	7.1%	3.5%	100.0
1971	34.5%	109.0	110.8	11.2%	163	2.1%	5.5%	3.3%	129.0
1972	216.7%	107.6	113.6	13.5%	76	3.9%	3.7%	3.3%	114.5
1973	605.9%	101.6	106.2	24.6%	168	2.9%	4.7%	s.d.	64.4

FUENTES: La columna A se tomó de Yáñez, 1978. Las columnas B, F y H se tomaron del Banco Central de Chile, 1981, 1983, 1984. La columna G se obtuvo del FMI y del Instituto de Economía y Planificación, 1973. La columna E se obtuvo del IFS. La tasa total de desocupación se refiere a septiembre-diciembre para 1970 y a octubre-diciembre para los años restantes. La tasa de desempleo de Santiago es un promedio para el año. Los salarios reales se calcularon utilizando el deflactor del PIB.

cápita no recuperó su nivel de 1971 hasta 1980. Es decisivo saber, pues, en qué medida estas elevadas tasas de crecimiento fueron resultado tan sólo de un proceso de recuperación que tuvo como punto de partida un nivel inicial muy bajo del PIB en 1975. Como sostendremos más adelante, el incremento en el grado de utilización del acervo de capitales entre 1976 y 1979 explica en parte el crecimiento de Chile durante el periodo. Este cuadro muestra también la aguda caída del PIB real en 1982, y la siguiente de 1983. Como puede verse, ¡en 1983 el PIB real per cápita se encontraba por debajo del nivel registrado en 1970!

El cuadro I.3 muestra que la tasa promedio de crecimiento del PIB real para 1974-1983 fue de sólo 1.4%. Una cuestión que suele plantearse en las discusiones que se entablan sobre el comportamiento reciente de la economía chilena, se refiere al año que debería usarse como base para calcular los indicadores de crecimiento pertinentes y establecer las comparaciones. Desde luego, hay buenas razones para utilizar 1973 como el año base, ya que ése fue el año en que los militares se hicieron del gobierno. Sin embargo, algunos han sostenido que el pobre desempeño de 1974-1976 fue herencia del gobierno de la UP y que 1976 es un punto de partida más pertinente para la evaluación del desempeño de la economía en términos de su crecimiento. Al usar como base el año de 1976, la tasa de crecimiento para el periodo 1976-1983 resulta de 3.2%, significativamente más elevada que la de 1.4%, pero todavía por debajo del promedio histórico correspondiente al periodo 1950-1972.[21]

El cuadro I.4 contiene datos acerca del crecimiento sectorial. Durante los años iniciales del gobierno militar, los sectores productivos en su mayoría se comportaron muy pobremente; sin embargo, a fines de los años setenta se registró una marcada recuperación encabezada por los sectores de comercio y servicios financieros. En buena medida esto fue resultado de las reformas de liberalización que, entre otras cosas, dieron lugar a un incremento significativo en el número de intermediarios financieros y de actividades comerciales. Los datos consignados en el cuadro I.4 muestran también que el sector de la construcción registró oscilaciones muy amplias durante el periodo; en 1975 bajó 26% y sufrió una nueva caída en 1976, cuando los otros sectores y la economía en su conjunto experimentaban una recuperación importante. Sin embargo, entre 1979 y 1981 el sector de la construcción alcanzó una fuerte recuperación, superando a la mayoría de los sectores. El ahorro interno fue bajo durante el periodo 1973-1983. Esto tal vez sea sorprendente, ya que, a causa de la liberalización del mercado

[21] Al compararse con otros países de la región, el desempeño de Chile durante el régimen militar fue también muy pobre. Para 1973-1983, por ejemplo, el crecimiento del PIB real de Chile estuvo muy por debajo del promedio de los países de ingresos medios. No obstante, durante esos 10 años Chile tuvo una mejor actuación que varios países latinoamericanos.

CUADRO I.3. *El producto interno bruto real y el producto interno bruto real per cápita en Chile: 1970-1983*

Año	(1) Producto interno bruto real (millones de pesos de 1977)	(2) Tasa de crecimiento del PIB real	(3) PIB real per cápita (miles de pesos 1977)	(4) Tasa de crecimiento del PIB real per cápita
1970	283 097	2.1%	30.2	0.2%
1971	308 449	9.0%	32.4	7.1%
1972	304 707	-1.2%	31.4	-2.9%
1973	287 750	-5.6%	29.2	-7.1%
1974	290 554	1.0%	30.0	-0.7%
1975	253 043	-12.9%	24.8	-14.4%
1976	261 945	3.5%	25.3	1.8%
1977	287 770	9.9%	27.3	8.0%
1978	311 417	8.2%	29.0	6.4%
1979	337 207	8.3%	30.9	6.5%
1980	363 446	7.8%	32.7	6.0%
1981	383 551	5.5%	34.0	3.8%
1982	329 523	-14.1%	28.7	-15.5%
1983	327 180	-0.7%	28.0	-2.4%
Crecimiento promedio 1974-1983	—	1.4%	—	-0.8%

FUENTE: Banco Central de Chile, 1984.

CUADRO I.4. *La tasa de crecimiento del* PIB *real por sectores (en porcentaje)*

Sector	1970	1975	1976	1977	1978	1979	1980	1981	1982
Agricultura y silvicultura	3.6	4.8	-2.9	10.4	-4.9	5.6	1.8	2.2	-2.1
Pesca	-5.4	-6.7	33.9	15.4	17.9	14.3	7.5	18.1	9.4
Minería	-3.0	-11.3	12.2	2.7	1.6	5.4	5.2	7.7	5.7
Manufacturas	2.0	-25.5	6.0	8.5	9.3	7.9	6.2	2.6	-21.0
Electricidad, gas y agua	5.3	-3.8	5.8	5.8	6.7	6.8	5.0	2.1	0.1
Construcción	5.5	-26.0	-16.0	-0.9	8.1	23.9	23.9	21.1	-23.8
Comercio	-1.5	-17.1	2.5	24.8	20.0	1.0	12.4	4.3	-17.3
Transporte y comunicaciones	4.7	-7.7	4.7	10.8	8.4	9.0	11.1	1.8	-11.8
Servicios financieros	15.4	-4.2	9.3	14.5	20.2	28.0	22.6	11.9	-5.4
Servicios de vivienda	3.7	1.8	0.7	0.6	0.9	0.5	1.0	1.5	1.0
Administración pública	1.5	1.9	5.9	1.8	-3.1	-1.2	-3.2	-1.8	-2.9
Educación	2.6	1.8	-2.3	2.4	2.2	1.9	-1.1	-2.3	-0.3
Salud	3.1	-1.7	4.2	2.7	3.2	5.7	3.3	3.2	-8.0
Otros servicios	1.4	-4.5	3.5	5.7	5.7	6.4	5.7	3.3	-16.2
PIB agregado	2.1	-12.9	3.5	9.9	8.2	8.3	7.8	5.5	-14.1

FUENTE: Banco Central de Chile, 1981, 1983, 1984.

financiero interno, las tasas de interés reales fueron positivas por primera vez en mucho tiempo. De hecho, como lo comentaremos detalladamente en el capítulo III, durante este periodo el ahorro interno llegó a uno de sus niveles históricos más bajos. Además, en contra de lo que las autoridades esperaban, la inversión extranjera directa fue muy limitada durante el periodo. En parte como resultado de ello, la inversión bruta se financió de manera creciente mediante el ahorro externo, el que en 1980 llegó a 8.5% del PIB, y en 1981 alcanzó 14.5% del PIB (representando 66% de la inversión interna bruta total). Los déficit en cuenta corriente asociados con estos niveles elevados de ahorro externo comenzaron a generar un grave problema de endeudamiento externo durante el bienio 1980-1981. En 1981, la deuda externa total se incrementó casi en 50% —de 10 987 millones de dólares a 15 546 millones—, llegando a 50% del PIB. Como se explicará en forma más detallada en el capítulo III, por ese tiempo las autoridades económicas y otros observadores pensaron que, como la mayor parte de la nueva deuda había sido contratada por el sector privado (sin ninguna garantía del gobierno), este incremento en la deuda externa no representaba una amenaza para el país en su conjunto. Como los hechos demostraron más tarde, la distinción entre deuda pública y privada fue en gran medida artificial y el gobierno chileno terminó asumiendo toda la deuda externa del sector privado, independientemente de la quiebra de los prestatarios originales y de que no hubo garantía previa sobre esos préstamos por parte del gobierno.

En general, parece que la incapacidad de Chile para incrementar el ahorro interno y la inversión interna bruta indicó, desde los primeros años de la dictadura militar, que la tasa de crecimiento de la economía no podía ser sostenidamente elevada durante un largo periodo. De hecho, uno de los primeros estudios acerca del tema observó que a menos que los ahorros *totales* de Chile ascendieran a 28% del PIB en 1979, sería imposible alcanzar las elevadas tasas sostenidas de crecimiento del PIB real que algunos observadores optimistas pronosticaban.[22]

Aun cuando la acumulación de capital no es la única fuente de crecimiento, el muy modesto nivel de inversión en 1977-1980 hace que uno se pregunte cómo se las arregló Chile para crecer tan rápido durante este periodo. Algunos estudios han sugerido que este acelerado crecimiento puede explicarse en parte por el incremento en el grado de utilización de la capacidad durante 1977-1980.[23] La otra fuente importante de crecimiento entre 1977 y 1980 tiene que ver con las ganancias en eficiencia asociadas con el proceso de reasignación de recursos generado por las reformas de liberalización.

[22] Algunos optimistas predijeron de hecho que Chile crecería a una tasa real promedio de 8% entre 1980 y 1990.
[23] Véanse por ejemplo S. Edwards, 1985a; y Schmidt-Hebbel, 1981.

De hecho, algunos estudios han tratado de hacer una estimación de las ganancias (estáticas) en riqueza que se obtuvieron con la reducción o eliminación total de las distorsiones en Chile. Hace más de 25 años, Harberger (1959) estimó que la eliminación de *todas* las distorsiones daría lugar a un incremento estático en la riqueza nacional de Chile de aproximadamente 15% del ingreso nacional. Señaló también que este efecto estático daría lugar, a su vez, a una tasa de crecimiento más elevada de uno o dos puntos porcentuales al año durante un periodo limitado. Coeymans (1978) más recientemente consideró que el proceso de liberalización arancelaria puesto en marcha durante el régimen militar generaría una mejora estática de la riqueza de Chile de alrededor de 3% del ingreso nacional. Por otra parte, Schmidt-Hebbel (1981) estimó que las recientes políticas de liberalización (tanto comercial como otras) habían dado lugar a un aumento estático del bienestar de aproximadamente 10% del ingreso nacional; sugiere también que este avance de la riqueza se extendería a lo largo de 10 años, contribuyendo cada año aproximadamente con un punto porcentual a la tasa de crecimiento durante dicho periodo. Datos contenidos en un estudio realizado por Meller, Livacich y Arrau (1984) sugieren convincentemente que durante el régimen militar hubo avances muy importantes en eficiencia y productividad. En el capítulo V de este trabajo se exponen de manera detallada las mejoras referidas de la productividad.

A fin de tener una mejor idea de la importancia relativa de algunas de las diferentes fuentes de crecimiento durante 1975-1980, aplicamos un marco convencional para la contabilidad del crecimiento con el propósito de calcular las contribuciones que hicieron al crecimiento los cambios en el acervo de capital físico y los cambios en la fuerza de trabajo. Si los cambios en el grado de utilización del capital y en las mejoras de la eficiencia hicieron importantes contribuciones al crecimiento, cabría esperar que los remanentes obtenidos de este ejercicio fueran más grandes, es decir, mayores que los remanentes obtenidos en este tipo de cálculo para Chile antes de 1970. El cuadro I.5 muestra la contribución que hicieron al crecimiento los cambios en las cantidades de capital y fuerza de trabajo entre 1970 y 1979 y las contribuciones atribuidas al crecimiento que hicieron los cambios en el uso de la capacidad y las ganancias en eficiencia generadas por el programa de liberalización. Estas últimas cifras se tomaron de Schmidt-Hebbel (1981) y son de 1.5% anual. En estos cálculos, a la fuerza de trabajo se le asignó una participación de 52% del PIB, mientras que al capital se le asignó una participación de 48%. Los datos sobre cambios en el acervo de capital se tomaron de Edwards (1958*b*) y los datos acerca de la evolución del empleo fueron obtenidos de Edwards (1980*a*).

La columna 4 del cuadro I.5 muestra el "gran remanente" que se obtiene después de haber tenido en cuenta las contribuciones de capital y fuerza

CUADRO I.5. *Fuentes del crecimiento en Chile: 1975-1980*

	(1)	(2)	(3)	(4)	(5)	(6)	(7)
Año	Tasa real de crecimiento del PIB	Contribuciones de los cambios en capital físico	Contribuciones de los cambios en la cantidad de fuerza de trabajo	"Gran remanente [(1)−(2)−(3)]	Contribución de las ganancias en eficiencia	Contribución del cambio en el uso de la capacidad	Remanente [(1)−(2)−(3)−(4)− (5)−(6)]
1975	−12.9	−3.7	0.3	−9.5	—	−5.4	−4.1
1976	3.5	1.3	0.3	1.9	—	1.0	0.9
1977	9.9	3.8	0.6	5.5	1.5	1.6	2.4
1978	8.2	1.4	1.2	5.6	1.5	0.4	3.7
1979	8.3	1.1	1.9	5.3	1.5	0.7	3.1
1980	7.5	3.2	2.8	1.5	1.5	—	0.0

FUENTES: Columna 1, Banco Central de Chile, 1981, 1983, 1984; columna 2, cuadro 9; columna 3, se calculó con base en S. Edwards, 1980a; la columna 5 se estimó con base en Schmidt-Hebbel, 1980; la columna 6 se calculó con los datos presentados en Schmidt-Hebbel, 1980.

de trabajo al crecimiento. Como se esperaba, este remanente es muy elevado —en realidad, mucho más elevado que el obtenido en estudios contables anteriores acerca de las fuentes de crecimiento en Chile— e indican que durante el periodo reciente, factores distintos de los cambios en las cantidades de capital y fuerza de trabajo tuvieron un papel importante en el crecimiento.[24] Como expusimos antes, las variables más plausibles que explicarían este "gran remanente" son las ganancias en eficiencia y el cambio en el grado de utilización del capital. De hecho, si siguiendo a Schmidt-Hebbel (1981) suponemos que entre 1977 y 1980 el proceso de reasignación de recursos contribuyó con 1.5 puntos porcentuales al crecimiento anual y si usamos sus estimaciones acerca del grado de utilización del capital, estos remanentes se reducen en forma significativa.[25] Esto se puede apreciar en las columnas 5, 6 y 7, del cuadro I.5. Con todo, estos remanentes son todavía bastante grandes —de hecho, son mayores que lo atribuible a una "calidad" más elevada de trabajo y capital y al "progreso técnico"—, con lo que se sugiere que persisten algunos problemas de medición que deben ser explicados.

Las políticas de estabilización y liberalización

En términos de política económica —así como de desempeño global— la primera década del régimen militar de ningún modo fue homogénea. En realidad, es posible distinguir cuatro fases diferentes. La primera cubre de septiembre de 1973 a abril de 1975 y la caracterizó un intento por corregir las distorsiones económicas más graves que fueron introducidas durante el régimen de Allende. En esta fase se puso en marcha una política antinflacionaria gradual y la inflación bajó sólo ligeramente. La producción experimentó una muy leve recuperación y se delinearon los primeros pasos de algunas de las reformas de liberalización. Tal vez la característica más importante de este periodo es que comenzó el proceso de privatización de bancos y empresas públicas, algunos de ellos nacionalizados anteriormente durante el régimen de Allende. En parte como resultado del proceso de privatización surgieron algunos conglomerados muy grandes (los llamados "grupos"). Como veremos a lo largo del libro, y particularmente en los capítulos III y IV, los grupos desempeñaron un importante papel en los principales acontecimientos que tuvieron lugar durante los primeros 10 años del régimen militar.

[24] Para estudios anteriores acerca de la fuente del crecimiento, véanse por ejemplo Harberger y Selowsky, 1966; Elías, 1978; y Schmidt-Hebbel, 1981.

[25] Sin embargo, hay que tener cuidado en la interpretación de estos resultados. Un problema serio es que la medida del uso de la capacidad realizada por Schmidt-Hebbel no toma en cuenta los cambios en la estructura de la producción generados por la liberalización del comercio y otras reformas. Sobre este tema véase el capítulo V.

1975-1978

La segunda fase va de abril de 1975 a principios de 1978 y corresponde al primer esfuerzo serio por frenar la inflación. Esto se intentó siguiendo un programa ortodoxo de estabilización para una economía cerrada basado en una estricta política monetaria y en la eliminación del déficit fiscal. Durante este lapso se acentuó el carácter del programa militar en términos del libre mercado y se dieron pasos importantes hacia la reforma y liberalización del sector financiero interno y del comercio internacional. Fue en esta fase cuando el grupo de economistas popularmente conocidos como los "Chicago boys" comenzaron a cobrar gran influencia y a dirigir, de hecho, por completo la política económica. Muchos de estos economistas habían sido formados en la Universidad de Chicago y en otras universidades norteamericanas y mantenían una fuerte postura ideológica contra cualquier tipo de intervención gubernamental en el proceso de desarrollo.

La primera parte de esta fase presenció una drástica reducción de la producción —un descenso de 12.9% del PIB en 1975— y un marcado aumento del desempleo. Esta fase se caracterizó también por un notorio deterioro en el contexto internacional, al descender los precios reales del cobre hasta su nivel más bajo registrado en dos décadas, induciendo una pérdida de recursos para la economía equivalente a cerca de 10% del PIB. Se utilizaron otros recursos adicionales, equivalentes a 2.5% del PIB para el servicio de la deuda; adicionalmente, los precios del petróleo subieron e impusieron restricciones posteriores a la estructura económica ya de por sí debilitada.

Durante esta fase la política antinflacionaria registró algún progreso importante cuando la inflación anual descendió de 343% en 1975 a 84% en 1977. Asimismo, como puede observarse en el cuadro I.4, 1977 es el primer año de una marcada recuperación en el nivel de la actividad económica.

1978-1981

La tercera fase comprende desde principios de 1978 hasta la primera mitad de 1981 y se particulariza por un notorio cambio de énfasis en el programa de estabilización. Como ya se señaló, durante las fases iniciales del experimento el programa antinflacionario se basó en principios monetarios totalmente tradicionales, conforme a los cuales se puso atención casi exclusivamente al control de la tasa de crecimiento del dinero y al control del déficit fiscal. A principios de 1978, cuando ya el déficit fiscal se hallaba virtualmente bajo control y la tasa de inflación se mantenía todavía en 80% anual, se suscitó un cambio drástico en el enfoque monetarista. En esa época los encargados de la política económica empezaron a subrayar el hecho de que Chile se había convertido en una economía abierta, y de que la manipulación del tipo de cambio remplazaba el control de la cantidad de dinero como el principal instrumento de estabilización. En enero de 1978, Chile introdujo la tasa de devaluación preanunciada (la llamada *tablita*) como principal medida antinflacionaria.[26] Este novedoso enfoque acerca de la estabilización fue adoptado posteriormente por Argentina y Uruguay. En 1979, la política de la tasa de devaluación preanunciada fue remplazada por un tipo de cambio fijo. Se abrigaba la esperanza de que esta medida ayudaría a eliminar finalmente la inflación.

Esta tercera fase corresponde a los días del "milagro", o del "boom", como preferían llamar los chilenos a estos años. La producción creció a tasas aceleradas, la disponibilidad de bienes importados registró un agudo incremento y la inflación —padecimiento casi eterno de Chile— finalmente bajó, alcanzando 9% en 1981. Sin embargo, el desempleo permaneció obstinadamente en niveles elevados —todavía rebasaba 10%— y representaba uno de los enigmas no resueltos del régimen militar.

Importantes reformas se introdujeron durante esta fase, incluyendo la promulgación de la ley del trabajo que, entre otras cosas, establecía legalmente un mecanismo de indización de los salarios de 100% con respecto a la inflación pasada para los trabajadores sujetos a contratación colectiva. La reforma financiera fue impulsada todavía más, flexibilizando una serie de controles sobre las entradas de capital. Asimismo, como se expone en forma más detallada en el capítulo IV, durante esta fase las reformas de desregulación adoptadas por el gobierno se hicieron más drásticas y con mayor alcance. El sistema de seguridad social fue reformado, se descentralizó el sistema educativo y el sistema de los servicios de salud sufrió graves cambios.

Otro aspecto importante y nebuloso de esta fase se refiere al comportamiento de dos precios clave: la tasa de interés real y el tipo de cambio real. Mientras que la primera permanecía en niveles muy altos durante la mayor parte del periodo, el tipo de cambio real experimentó una revaluación real sostenida desde mediados de 1979, en perjuicio serio del grado de competitividad del sector interno, incluyendo las exportaciones no tradicionales. De hecho, de acuerdo con algunas explicaciones populares, esta revaluación real fue la única causa de mayor importancia en el fracaso del experimento chileno. En el capítulo III tratamos de explicar el comportamiento de estas dos variables clave y sostenemos que respondieron básicamente a medidas políticas equivocadas.

[26] El principio fundamental en que se basó esta política fue la creencia de que en una economía abierta la tasa interna de inflación converge muy rápidamente hacia el nivel de inflación mundial más la tasa de devaluación de la moneda nacional. Véase la exposición detallada en el capítulo II.

1981-1983

Por último, la cuarta fase comienza a fines de 1981 y se caracteriza por el colapso del "milagro". A fines de 1981 se hizo evidente que las altas tasas de crecimiento registradas durante los años anteriores estaban llegando a su fin. El cuarto trimestre de 1981 se caracterizó por tasas de interés reales extraordinariamente elevadas, por un considerable déficit en la cuenta corriente, desempleo creciente y una reducción del PIB real de 3.3% con respecto al cuarto trimestre de 1980. En el lado positivo, la inflación fue de sólo 9% ese año. En 1982 la situación económica empeoró y se tornó casi caótica. El PIB bajó 14.3%; en septiembre de ese año el desempleo abierto (con exclusión de los programas de ocupación de emergencia) alcanzó 23.7%; el tipo de cambio se devaluó casi en 100%, se desarrolló una crisis financiera de grandes dimensiones y el servicio de la deuda externa encaró graves problemas.

Las causas que condujeron a esta crisis se examinarán a lo largo del libro y especialmente en los capítulos III y VIII. En el capítulo VIII analizamos la cuestión de si el colapso de la economía chilena en 1982 puede ser atribuido a las mismas políticas de liberalización o a otras características, incluidas las políticas macroeconómicas que se pusieron en marcha junto con las reformas de liberalización. En ese capítulo también se expone de manera detallada el posible papel de los factores externos, incluido el agudo deterioro de la relación de intercambio comercial con Chile.

La crisis de 1981-1982 hizo su primera aparición con un incremento muy elevado de la tasa de interés real. En el tercer trimestre de 1981 la tasa de interés activa real alcanzó 30% anual, significativamente superior a su nivel del tercer trimestre de 1980, que fue de 5%. Estas alzas en las tasas de interés real junto con la revaluación real del peso suscitaron tensiones financieras importantes en la mayoría de las empresas, y en forma particularmente fuerte quedaron afectados el sector que competía con las importaciones y el sector de exportación. (El capítulo III contiene una exposición detallada sobre el comportamiento de la tasa de interés.)

Numerosas empresas reaccionaron a la crisis aumentando su endeudamiento con el sector bancario. Los bancos, a su vez, estaban dispuestos a otorgar préstamos adicionales como la forma de evitar una serie de quiebras que habrían afectado en gran medida a sus compañías accionarias controladoras.[27] A fines de 1981 y principios de 1982 decayó el nivel de actividad y se comprimieron mucho las utilidades de operación de las empresas. La situación se agravó por la creencia generalizada de que se llevaría a cabo

---

[27] Como se expone de manera detallada en los capítulos III y IV, durante el experimento militar, los bancos y grandes conglomerados establecieron intrincadas relaciones de propiedad.

una devaluación del peso en un intento por corregir la sobrevaluación real percibida. Al tratar de anticiparse a la devaluación, el público ejerció una presión adicional sobre las tasas de interés internas, empeorando aún más las cosas.

En cierta manera, los hombres de negocios decidieron sobrevivir de día en día. Trataron de evitar o demorar la quiebra en todas las formas posibles. Muchas empresas, en particular las pequeñas y medianas, no pudieron sostenerse y tuvieron que cerrar. El resto esperó, aguardando alguna milagrosa intervención del gobierno. Nada de ello ocurrió; por el contrario, durante este periodo el Estado mantuvo una actitud marcadamente pasiva. Como se explica en el capítulo II, la política macroeconómica adoptada en ese tiempo planteó la necesidad de un "ajuste automático". Esta situación se vio sumamente agravada por la brusca reducción de las entradas de capital que ocurrió a principios de 1982. Por esas fechas, como resultado de las evidentes dificultades por las que atravesaba la economía, así como del extraordinario incremento del endeudamiento externo en los dos años anteriores, los bancos extranjeros pusieron un alto a la mayoría de sus operaciones con Chile. A mediados de 1982 el gobierno finalmente reaccionó y trató de evitar el desastre, devaluando. Sin embargo, fue muy poco y demasiado tarde. El milagro económico de Pinochet había tocado a su fin.

A fines de 1982 el gobierno recurrió al FMI con el propósito de conseguir ayuda financiera para el servicio de la deuda externa. Se recurrió también a los bancos privados y se propuso una recalendarización de la deuda externa. Se suscribió un acuerdo *stand by* con el FMI que planteaba la necesidad de un programa típico de estabilización acorde con las reglas de dicho Fondo. A fines de 1983, 10 años después de que Pinochet se hizo del gobierno y se embarcó en arrolladoras reformas orientadas hacia el mercado, Chile estaba luchando una vez más por ordenar su economía.

¿Qué fue lo que se hizo mal?

Ha habido la tendencia entre algunos observadores, y especialmente en la prensa popular, de simplificar en exceso las causas del desplome de la economía chilena en 1982. La mayoría de estas explicaciones ha tratado de destacar sólo *un* factor como responsable del resultado decepcionante del intento de libre mercado. Los sospechosos principales en la búsqueda de "la" causa del fracaso frecuentemente han sido la política cambiaria (o sea, la "tablita" y la posterior cotización fija del peso) así como el agudo deterioro de la relación de intercambio comercial en 1981-1982.

Como veremos en el resto del libro, el experimento chileno es extraordinariamente complejo y las serias dificultades enfrentadas en 1982 fueron consecuencia no de uno sino de muchos factores entrelazados. Soslayar el papel de todos estos factores equivale de hecho a una burda sobresimplificación que impide rescatar todas las muchas e importantes lecciones que nos brinda el experimento chileno.

No existe la menor duda de que se cometieron algunos errores políticos serios, relacionados tanto con la forma en que se establecieron las reformas de liberalización como con la conducción de la política macroeconómica. Entre estos errores, los principales fueron: la falta de supervisión del sector financiero, que permitió a los bancos acumular una enorme cantidad de créditos "malos"; la combinación de un mecanismo de indización de salarios de 100% a la inflación pasada con un tipo de cambio fijo, que dieron lugar a un proceso sostenido de sobrevaluación real; y la inoportunidad de la fecha en que se abrió la cuenta corriente de la balanza de pagos. No obstante, tal vez el más serio de los errores políticos consistió en la actitud pasiva hacia la política macroeconómica adoptada por el gobierno a principios de los años ochenta. Al desatarse la crisis en 1981 y principios de 1982, las autoridades esperaron pasivamente un "ajuste automático" de la economía. Como el ajuste no se materializó lo suficientemente rápido y en la forma predicha por las autoridades, la crisis se hizo más profunda y aumentaron los costos sociales. Hay pocas dudas, como afirmamos en el capítulo VIII, acerca de que, de haberse adoptado una política macroeconómica más activa a fines de 1980 o incluso durante el primer semestre de 1981, la magnitud de la crisis no habría alcanzado la proporción a la que llegó.

El drástico deterioro con el exterior a fines de 1981 y durante 1982 y, en particular, la caída en el precio del cobre y el aumento en las tasas de interés mundiales, conspiraron con los errores políticos para empeorar todavía más las cosas. Asimismo, la súbita detención de la entrada de capitales en 1982 ejerció un importante efecto negativo. Sin embargo, a pesar de la caída en los precios del cobre y del aumento en las tasas de interés, la detención de las entradas de capital no fue un fenómeno totalmente exógeno sino en buena parte una consecuencia de los errores internos. En el capítulo VIII mostramos cómo la caída en el ingreso real generada por estos choques con el exterior afectó considerablemente la producción de los sectores no comerciales y de las industrias manufactureras que competían con las importaciones.

El sistema político en el que tuvo lugar el experimento de libre mercado también desempeñó su papel en la determinación de la magnitud de la crisis. No hay duda, como afirmamos en el capítulo VIII, de que la falta de canales e instituciones democráticas para controlar a quienes establecen las políticas, (por ejemplo, las audiencias en el Congreso) permitió a las autoridades chilenas aplicar lo que desde una perspectiva económica constituye políticas cuando menos cuestionables, tales como "el ajuste automático" macroeconómico por un largo periodo.

A pesar del dramático derrumbe de la economía en 1982, hubo algunos logros significativos y posiblemente duraderos. De particular importancia fue la eliminación de un gran número de regulaciones y distorsiones atávicas que habían penalizado la economía y la sociedad chilenas por muchas décadas. La liberalización de los precios internos, la reforma tributaria de 1975, la eliminación de leyes discriminatorias, la racionalización del régimen de comercio exterior y las reformas arancelarias a las importaciones fueron, en conjunto, logros muy importantes que contribuyeron en gran medida a aumentar la eficiencia y el nivel de productividad en Chile. De hecho, como lo hacemos notar en el capítulo VIII, existe un consenso bastante generalizado entre los expertos chilenos de muy diversas banderas políticas en el sentido de que aquéllos fueron grandes logros que debían ser mantenidos, tal vez con algunas variantes, por los futuros gobiernos electos democráticamente.

II. EL PROGRAMA DE ESTABILIZACIÓN:
DE LA ORTODOXIA MONETARISTA AL MANEJO
DEL TIPO DE CAMBIO

En octubre de 1973 el gobierno militar anunció que la reducción de la inflación, que había rebasado 600% en los 12 meses anteriores, era una de sus principales metas económicas. Durante los siguientes ocho años el gobierno combatió la inflación mediante el uso de diversos instrumentos. A la larga, la inflación bajó y, como puede verse en el cuadro II.1, en 1981 alcanzó el nivel de un dígito por primera vez desde 1965.[1]

Otros objetivos de corto plazo importantes, establecidos por el gobierno a fines de 1973, fueron la erradicación de los mercados negros y de la escasez de alimentos, la reducción de los controles gubernamentales, la reorganización del sector productivo y el esquivar una crisis importante en la balanza de pagos. Como parte del paquete inicial de políticas orientadas a conseguir estas metas, el gobierno racionalizó el sistema cambiario, reduciendo las 15 tasas de cambio múltiple a tres y decretando una devaluación masiva a fines de 1973.[2] Se eliminó el control de los precios de casi 3 000 productos y se tomaron medidas para reducir la evasión fiscal. Como resultado inmediato de la devaluación y de la liberación del control de los precios, el nivel de precios oficial se incrementó en octubre de 1973 en 87.5 por ciento.

Durante los primeros 18 meses del régimen, algunos de estos objetivos se alcanzaron parcialmente: los precios relativos se realinearon, se evitó una crisis en la balanza de pagos y se enderezaron en cierta medida las finanzas del gobierno. También durante este periodo se dieron pasos iniciales rumbo a la liberalización de algunos de los sectores económicos clave, como los mercados de capitales internos y el comercio internacional, y se inició la reprivatización de algunas empresas nacionalizadas durante el gobierno de la UP.[3]

---

[1] Los índices oficiales de precios al consumidor tienen algunas fallas, especialmente los correspondientes al periodo 1971-1978. Por esta razón, en este trabajo utilizamos los índices corregidos por Yáñez, 1978, y Cortázar y Marshall, 1980. En ocasiones usamos también el deflactor del PIB, que no presenta problemas de medición.

[2] Como durante el gobierno de la Unidad Popular había 15 diferentes tipos de cambio, es difícil medir el grado de devaluación. Sin embargo, la tasa oficial de importaciones se devaluó en más de 1 000%. Inicialmente el gobierno militar redujo el número de tipos de cambio a tres. Más tarde, en 1975, todas las tasas se unificaron en un solo tipo de cambio.

[3] Véase el capítulo IV para mayores detalles sobre la desregulación de los procesos de privatización.

Cuadro II.1. *Tasa de inflación en Chile: 1970-1984 (tasa de cambio del índice de precios al consumidor: diciembre a diciembre)*

Año	Porcentaje
1970	34.9
1971	34.5
1972	216.7
1973	605.9
1974	369.2
1975	343.2
1976	197.9
1977	84.2
1978	37.2
1979	38.0
1980	31.2
1981	9.9
1982	20.7
1983	23.1
1984	23.0

FUENTES: Instituto Nacional de Estadística según se publicó en Banco Central de Chile, *Boletín Mensual,* para 1979-1984; Cortázar y Marshall, 1980, para 1973-1978; Yáñez, 1978, para 1970-1983.

Si bien la reducción de la inflación había sido anunciada como el principal objetivo a corto plazo de la política económica del gobierno, no fue sino hasta abril de 1975 cuando se empezó a adoptar, deliberada y tímidamente, un enfoque gradualista antinflacionario. La decisión de adoptar esta política gradualista se basó en los supuestos costos de hacerlo bruscamente y fue justificada en el informe económico del ministro de Hacienda de 1974 (Méndez, 1979: 103-104), en los términos siguientes:

La primera decisión en la política antinflacionaria consistió en adoptar un punto de vista gradualista y no uno violentamente globalista... Parar la inflación de golpe implicaría la eliminación inmediata del déficit fiscal y la reducción del crédito al sector privado... Un simple análisis de estas medidas nos da una idea de las catastróficas consecuencias que tendría esta clase de medidas [bruscas]... El costo social, en términos de pérdidas en cuanto a producción, empleo e ingreso, derivado de una política económica [antinflacionaria brusca]... sería muy elevado y estamos seguros de que la mayoría de los chilenos no estarían dispuestos a aceptarlo.

El carácter gradualista de las medidas se reflejó sobre todo en el comportamiento del crecimiento monetario. En junio de 1974 la tasa de crecimiento del dinero (M1) se mantuvo en un nivel anual de 333%, sólo ligeramente por debajo del mes con más tendencia a la expansión durante el régimen de Allende: 342% en agosto de 1973. Sin embargo, en materia fiscal el progreso alcanzado fue bastante considerable. El déficit fiscal, que en 1973 llegaba al nivel sin precedente de 24.6% del PIB, quedó reducido en 1974 a 10.5% del PIB. La mayor parte de esta reducción se logró vía un gasto menor del gobierno —la proporción del gasto con respecto al PIB se redujo de 45% en 1973 a 32.4% en 1974—, a través de una combinación de medidas, entre ellas la eliminación de la mayoría de los subsidios y el despido de un considerable número de servidores públicos (según el decreto de ley 534 de 1974, más de 50 000 empleados del gobierno debían ser despedidos en un periodo de 18 meses). Otra importante fuente de la disminución en el gasto fue la venta al sector privado de un número de empresas ineficientes que eran propiedad del gobierno. Algunas de estas industrias habían sido nacionalizadas durante el gobierno de Allende, y la mayoría se encontraba en una posición financiera precaria y requería inyecciones permanentes de recursos frescos por parte del gobierno. De este proceso de privatización nos ocupamos de manera pormenorizada en el capítulo IV.

Otra característica muy importante del esfuerzo de estabilización inicial —que se mantendrá durante todo el experimento— fue la renuencia a echar mano de cualquier tipo de controles o guías de precios. El punto de vista del gobierno en esta materia se refleja claramente en el informe ya citado de 1974 del ministro de Hacienda (Méndez, 1979: 105): "Un instrumento particularmente inadecuado para frenar la inflación... es el control de precios. Mientras no se eliminen las presiones inflacionarias generadas por el déficit fiscal y la excesiva expansión monetaria, es imposible impedir que suba el nivel de los precios." Como es evidente, esta renuencia al uso de controles de precios, o de otras políticas de ingresos, tenía su origen en la larga historia de tentativas frustradas en Chile por vencer la inflación recurriendo a políticas de esta clase. El más reciente de estos intentos, el fracasado esfuerzo de estabilización de la UP en 1972, estaba todavía fresco en las mentes de las autoridades militares. En particular, habían sido muy traumáticos los efectos de una situación inflacionaria reprimida, que significaba escasez generalizada, mercados negros y riesgo de racionamiento.

A pesar de la política de estabilización gradualista y del deseo declarado de evitar un "costo social" excesivo al disminuir la inflación, el rigor de las medidas fiscales empezó a dejarse sentir en la economía a fines de 1974. La producción industrial de octubre cayó a 12% en comparación con la de octubre de 1973; en noviembre y diciembre tuvieron lugar nuevas reducciones en la producción manufacturera a tasas anuales de 11% y 12%. En promedio, la producción industrial descendió en casi 4% durante 1974. El desempleo experimentó también un marcado aumento a fines de ese año. En septiembre, la tasa de desempleo en la zona del Gran Santiago había alcanzado 8.4%, muy por arriba de la tasa de 4.1% de septiembre de 1973.

Tal vez no sorprenda, dada la política monetaria relativamente permisiva que se siguió durante este primer periodo, que en 1974 el programa de estabilización sólo alcanzara un progreso muy limitado en cuanto a su meta de reducir la inflación. Al final del año la tasa de inflación se mantuvo en 370%. Además, durante el primer trimestre de 1975, mientras el nivel de producción seguía bajando, la inflación comenzó a experimentar una alarmante tendencia alcista; la tasa oficial de aumento en el índice de precios al consumidor llegó a 14% mensual en enero, a 17% en febrero y a 21% en marzo. En ese tiempo, el deterioro de la relación de intercambio comercial hizo que las cosas se complicaran aún más, al resultar alarmantemente alto el déficit proyectado en la balanza de pagos para 1975. En cierta forma, Chile se encontraba en el peor de los mundos. Por una parte, el gradualismo del esfuerzo de estabilización estaba fallando sin duda, porque no reducía la inflación y, por la otra, las medidas adoptadas en materia fiscal estaban afectando negativamente a la producción y al empleo. La economía chilena estaba pagando los costos de un programa de estabilización sin recibir ninguno de sus beneficios.

EL ACERCAMIENTO A LA ESTABILIZACIÓN EN UNA ECONOMÍA CERRADA: 1975-1977

En abril de 1975 y a causa del lentísimo progreso logrado hasta esa fecha, el enfoque de la política antinflacionaria gradual fue abandonado y comenzó el llamado tratamiento de choque.[4] El día 24 de ese mes, el ministro de Hacienda, Jorge Cauas, economista graduado en la Universidad de Columbia y ex alto funcionario del Banco Mundial, anunció por la televisión nacional que el gobierno había declarado una guerra frontal a la inflación. En ese discurso Cauas declaró que el general Pinochet le había pedido "diseñar y llevar a cabo un programa económico con el propósito fundamental de erradicar la inflación que ha afectado a nuestro país por más de 75 años..." (Méndez, 1979: 157). Este programa se basaba en los puntos de vista tradicionales sobre la estabilización económica brusca y planteaba la necesidad de una drástica reducción de la inflación en un solo año. Las características primordiales del programa eran: a) una reducción en todos los ramos del

---

[4] La falta de resultados en el programa de estabilización se convirtió en un tipo de embrollo político, ya que a fines de 1973 un importante funcionario del gobierno había declarado que en un año la tasa de inflación llegaría a nivel cero.

gasto gubernamental (entre 15% y 25%); *b)* un aumento temporal de 10% en el impuesto sobre la renta; *c)* una aceleración del programa de reducción del sector público, la cual había comenzado en 1974; y *d)* una estricta política monetaria. El cuadro II.2 muestra datos sobre la inflación y la estabilización durante los años setenta y principios de los ochenta.

Al diseñar y aplicar la política antinflacionaria de "choque", se dejaron de lado las consideraciones sobre el costo social que tanto habían preocupado al ministro Cauas en 1974. Este cambio de actitud fue causado, en parte, por el hecho de que, como dijimos, la economía estaba incurriendo ya en algunos de los costos de estabilización sin obtener ningún beneficio sustancial y, en parte, por el hecho de reconocer que, en vista del carácter dictatorial del gobierno, los costos económicos de la desinflación tenían escasas consecuencias políticas.

En sus aspectos fiscales el programa antinflacionario de "choque" recibió el apoyo de una reforma tributaria masiva promulgada en marzo de 1975. Los propósitos principales de esta reforma eran generar un incremento sustancial en los ingresos fiscales y reducir las distorsiones en la eficiencia producidas por el antiguo sistema impositivo. Los rasgos principales de esta reforma incluían la sustitución de un impuesto sobre ventas en cascada por una tasa fija de 20% del impuesto al valor agregado; la total indización del sistema tributario; la eliminación de las exenciones impositivas y subsidios que todavía quedaban; la unificación de los impuestos sobre la renta corporativos y no corporativos en un impuesto empresarial de tasa fija, y la integración de los impuestos sobre la renta personales y empresariales.[5] Como puede verse en el cuadro II.2, la combinación del aumento de los ingresos fiscales con el gasto reducido del gobierno afectó en forma rápida el déficit fiscal, que bajó de más de 10% del PIB en 1974 a 2.6% en 1975 y a menos de 1% en 1978. En los años que siguieron, y por primera vez en más de 20 años, Chile registró un superávit fiscal. Esta situación no cambió hasta 1983, cuando en medio de la crisis recesiva, la reducción de la recaudación impositiva generó un pequeño déficit.

El esfuerzo de estabilización de 1975 recurrió también a una política monetaria más estricta. Aunque Harberger (1982) ha observado que difícilmente puede hablarse de la existencia de contracción monetaria, durante la fase inicial del programa estabilizador de choque, el control de los agregados monetarios representó un ingrediente central de la política global y el banco central realizó serios esfuerzos por controlar la tasa de crecimiento

[5] Sobre la reforma fiscal véase el discurso del ministro Cauas, reproducido en Méndez, 1979: 119, y el análisis, en Guzmán, 1975. Aun cuando la reforma fiscal mejoró mucho la eficiencia del sistema tributario chileno, todavía persistían algunos impuestos que causaban una gran distorsión. En particular, los impuestos al trabajo —incluidos los impuestos de seguridad social— siguieron siendo muy elevados hasta la reforma de seguridad social de 1980. Véanse los capítulos IV y VI.

CUADRO II.2. Inflación y estabilización: 1973-1983

Año	(A) Tasa porcentual de inflación (diciembre-diciembre)	(B) Gasto del gobierno		(C) Ingreso del gobierno		(D) Déficit fiscal		(E) Tasa de crecimiento de M1% (diciembre-diciembre)	(F) Proporción del crédito total recibido por el gobierno	(G) Tasa de devaluación del peso % (diciembre-diciembre)	(H) Balanza de pagos (millones de dólares)[a]
		Millones de dólares de 1977	% PIB	Millones de dólares de 1977	% PIB	Millones de dólares de 1977	% PIB				
1970	34.9	3 681	28.1	3 301	25.2	380	2.9	—	0.56	20.0	—
1971	34.5	4 633	32.4	2 989	21.2	1 644	11.2	110	0.69	33.3	—
1972	216.7	4 540	32.2	2 637	18.7	1 903	13.5	157	0.77	56.3	—
1973	605.9	5 990	44.7	2 693	20.1	3 297	24.6	317	0.88	1 340.0	-21
1974	369.2	4 374	32.4	2 957	21.9	1 417	10.5	272	0.85	419.4	-55
1975	343.2	3 206	27.4	2 902	24.8	304	2.6	258	0.85	354.5	-344
1976	197.9	3 148	25.8	2 867	23.5	281	2.3	194	0.75	104.9	414
1977	84.2	3 337	24.9	3 095	23.1	242	1.9	108	0.59	60.5	113
1978	37.2	3 451	23.8	3 335	23.0	116	0.9	67	0.40	21.4	712
1979	38.0	3 627	23.1	3 878	24.7	-251	-1.7	65	0.29	14.9	1 047
1980	31.2	4 200	25.0	4 284	25.5	-84	-0.6	57	0.10	0.0	1 244
1981	9.9	4 195	23.7	4 726	26.7	-531	-3.0	-6	0.02	0.0	70
1982	20.7	4 379	29.0	4 032	26.7	347	-2.3	9	0.07	88.3	-1 165
1983	23.1	s.d.	28.4	s.d.	24.6	s.d.	3.8	27	0.09	19.2	-541

FUENTES: La columna A se tomó de Yáñez, 1978, para los años 1970-1972 y para 1979-1982 como lo publica el Banco Central de Chile, *Boletín mensual* (varios números); de Cortázar y Marshall, 1980, para 1973-1978. Las columnas B a D se tomaron de De Castro, 1981; las columnas E y F se tomaron de International Financial Statistics (IFS). Las columnas G y H se tomaron del Banco Central de Chile, 1983, y de IFS. La columna G se refiere al tipo de cambio del peso con respecto al dólar estadounidense.

[a] El signo de menos significa déficit. No se dispone de datos para 1970-1972, porque en 1980 el Banco Central cambió la forma de registro de las estadísticas de la balanza de pagos.

del crédito interno. En particular, en 1975 la restricción monetaria llegó a ser importante, con una contracción de la cantidad real de dinero (M1) de casi 20% con respecto al año anterior.[6]

El programa de estabilización de abril de 1975 se basó en gran medida en posturas monetaristas tradicionales con respecto a la inflación en economías cerradas y consideró que la creación de dinero para financiar el déficit fiscal era la causa básica más profunda de la inflación. Esta postura era congruente con el diagnóstico realizado por algunos de los técnicos del gobierno antes del golpe militar. Un documento elaborado durante el gobierno de la Unidad Popular por un grupo de economistas, que militaba entonces en la oposición, afirmaba que como Chile era en gran parte una economía cerrada, el control de la inflación requería (solamente) de la reducción del déficit fiscal y de una estricta política monetaria.[7] La posición del gobierno sobre la inflación y su erradicación se resume claramente en la siguiente cita tomada de Cauas (Méndez, 1979: 109).

La política monetaria que hemos estado aplicando reconoce que existe una estrecha relación entre el ritmo de crecimiento en el nivel de precios y la tasa de expansión de la oferta monetaria... El alto grado de sensibilidad de la oferta monetaria a las variaciones en el déficit fiscal implica necesariamente que el éxito de esta política está íntimamente ligado con el mantenimiento de una firme disciplina en materia fiscal.

En consonancia con la idea de que la creación de moneda fiscalmente inducida era la causa fundamental de la inflación, el programa de estabilización de abril de 1975 no consideraba el uso del tipo de cambio como una herramienta antinflacionaria. De hecho, se resolvió mantener un sistema de cambio que consistía en ajustar periódicamente la tasa de cambio nominal aproximadamente a la misma tasa registrada por la inflación rezagada.[8] Como el mismo ministro Cauas lo expresó en su discurso del 24 de abril, "el tipo de cambio se seguirá ajustando en relación con los precios internos" (Méndez, 1979: 161). Las motivaciones que se encontraban detrás de esta

---

[6] Véase también Harberger, 1981b. Otros expertos —por ejemplo, Alejandro Foxley— están de acuerdo también en que no hubo contracción monetaria en Chile. Véase Cline y Weintraub, 1981: 233. La razón principal de que en 1975 se haya observado una reducción del déficit fiscal, mientras continuaba la creación de crédito por parte del Banco Central (véase el cuadro II.2), fue que las empresas gubernamentales —que no formaban parte del sector fiscal— todavía presentaban considerables déficit. Véase Harberger, 1982, y Foxley, 1981, discusión. Con respecto a la política monetaria seguida durante 1975-1979, véase también Barandiarán, 1977.

[7] Véase Bardón, Carrasco y Vial, 1985, para una larga exposición acerca del diagnóstico monetarista anterior al golpe de Estado. Como lo hicieron notar Bardón et al., este documento, anterior al golpe, llegó a ser el borrador original del programa económico de Pinochet.

[8] Chile había utilizado con éxito esta clase de sistema de tipo de cambio de ajustes pequeños y lentos durante la década de 1960. Véase Ffrench-Davis, 1981.

política eran dos. En primer lugar, se trataba de contribuir a evitar una crisis en la balanza de pagos que estaba comenzando a surgir como resultado, entre otras cosas, de la drástica caída en el precio del cobre de más de 50% desde abril de 1974. En segundo lugar, esta política respondía al deseo de mantener un tipo de cambio real estable y "realista" que alentara las importaciones no tradicionales y ayudara al proceso de ajuste posterior a la reducción de los aranceles de importación, el cual ya se encontraba en curso.[9]

De hecho, como puede verse en el cuadro II.2, durante 1975 la tasa de devaluación nominal del peso con respecto al dólar norteamericano superó la tasa de inflación (354% contra 356%). En el capítulo V damos una explicación más detallada de la forma en que las políticas de reducción arancelaria y cambiaria interactuaban durante esta fase.

En lo que se refiere a la política de tasas de salarios, el programa de estabilización de abril de 1975 planteó la necesidad de actuar con prudencia. Aunque Cauas pidió a los asalariados compartir el "sacrificio", también señaló que continuaría la política iniciada en 1974, de ajustes periódicos automáticos en los salarios basados aproximadamente en la inflación pasada. De hecho, como resultado de esta política, durante 1975 los salarios reales registraron un incremento de 6.5% a partir del deprimido nivel que habían alcanzado en 1974 (véase el capítulo VI para una discusión detallada del comportamiento de los salarios).

El programa de estabilización de "choque" de 1975 pronto tuvo efecto en la inflación; la tasa de crecimiento de los precios descendió de 69% en el segundo trimestre en 1975 a 26% en el cuarto trimestre del mismo año. Por el lado de la producción, el efecto inmediato a corto plazo del programa de estabilización fue el agravamiento de la ya seria crisis, lo que generó una gran reducción en el nivel de la actividad económica en 1975. El choque fiscal más la aguda baja en los términos de intercambio de Chile dio como resultado una reducción en 1975 de 12.9% en el PIB y un elevado incremento en la tasa de desempleo a casi 20% en septiembre del mismo año. Aun cuando la economía comenzó a recuperarse rápidamente después de 1975, con un PIB real que en 1977 llegó al nivel que tenía en 1974, el desempleo siguió en niveles extraordinariamente altos durante el periodo. A pesar del éxito inicial del programa de estabilización de "choque", a principios de 1976 parecía que, a pesar de que se había reducido en gran medida la principal fuente de creación de dinero —el déficit fiscal—, la tasa de creci-

---

[9] Se pensó desde el principio que el mantenimiento de un elevado tipo de cambio real representaba un elemento importante en la estrategia de liberalización del comercio exterior (véase Bardón, Carrasco y Vial, 1985). Este objetivo se frustró posteriormente como resultado de la política del tipo de cambio preanunciado y fijo y de la preapertura de la cuenta de capital. Véase el tema en páginas posteriores y en el capítulo III, para una exposición adicional.

miento de los precios estaba recuperando su antiguo ritmo, con una inflación ascendente en el primer trimestre de 1976 que llegaba a 47 por ciento.

Con el déficit fiscal bajo control y una tasa más baja de crecimiento del dinero, las expectativas inflacionarias comenzaron a desempeñar un papel cada vez más importante en la perpetuación de la inflación. De hecho, parecía que las expectativas inflacionarias se habían estabilizado en un nivel cercano a 200% anual. También se hizo evidente por ese tiempo que el comportamiento del tipo de cambio se había convertido en un elemento importante en el proceso de formación de las expectativas inflacionarias.[10] No resulta muy sorprendente, dada la larga tradición inflacionaria del país, que la gente se percatara rápidamente de que la inflación y la devaluación nominal del tipo de cambio estaban estrechamente vinculadas; los banqueros, los hombres de negocios y las amas de casa empezaron cada vez más a observar el tipo de cambio para formarse sus expectativas acerca de la inflación. En junio de 1976, como una medida para romper las expectativas inflacionarias, el gobierno revaluó el peso en 10%.[11] Después de esta revaluación, volvió a ponerse en marcha el proceso de minidevaluaciones, en el que el tipo de cambio nominal se ajustó aproximadamente a la misma tasa de la inflación pasada. En marzo de 1977, a fin de apoyar la ruptura de las expectativas inflacionarias, otra vez se revaluó en 10% el tipo de cambio nominal. Una vez más a esta revaluación le siguieron devaluaciones periódicas que, como se expone en el capítulo V, trataron de compensar a las empresas, dada la pérdida de competitividad generada por el proceso de reducción arancelaria.

Durante 1976 y 1977 se realizó un progreso considerable en la batalla contra la inflación. La tasa de incremento de los precios se había reducido casi a la mitad en cada uno de esos años (véase el cuadro II.2). Sin embargo, a finales de 1977 la inflación todavía era muy alta en niveles absolutos: 87 por ciento.

La revaluación del peso de 1976 y 1977 marcó los primeros pasos hacia un cambio de importancia en la estrategia de estabilización chilena y en la concepción de las autoridades acerca del papel de la política macro-

[10] Las expectativas han desempeñado un papel importante en el análisis de los procesos hiperinflacionarios (véanse por ejemplo Sargent, 1983, y Dornbusch y Fischer, 1986). Cuando se tienen expectativas racionales, lo importante es el camino que el público espera que tome el comportamiento futuro de los determinantes de la inflación. En el caso chileno, el público utilizó la tasa de devaluación como una señal de la tasa esperada de creación de dinero. Durante 1976, aunque ya se encontraba bajo control el déficit fiscal, la rápida acumulación de reservas internacionales se convirtió en una fuente importante de creación de dinero. Véase el capítulo III.

[11] En ese tiempo, y como resultado del programa de estabilización de 1975 y de la recuperación parcial del precio del cobre, la acumulación de reservas se convirtió en la fuente principal de creación de dinero. Esta revaluación pretendía también desacelerar este proceso de acumulación de reservas. De hecho, como veremos en el capítulo III, en ese tiempo el control de la acumulación de reservas llegó a ser una preocupación importante de las autoridades.

económica. A fines de 1977, con la tasa de inflación en un nivel anual de 84%, las autoridades gubernamentales alegaron que dado el carácter cada vez más abierto de la economía chilena, los programas antinflacionarios tradicionales basados en premisas de una economía cerrada se estaban tornando claramente ineficaces. Entonces se hizo notar que era necesario un cambio drástico en la orientación de la política de estabilización para realizar un mayor progreso contra la inflación.

EL MONETARISMO DE ECONOMÍA ABIERTA: 1978-1982

El manejo del tipo de cambio

En febrero de 1978 la manipulación del tipo de cambio se transformó definitivamente en la herramienta antinflacionaria más importante. Por esas fechas se introdujo una novedosa política de anuncio previo de la tasa descendente de devaluación por un periodo bastante largo (hasta un año), como una forma de reducir todavía más la tasa de inflación. Este sistema, conocido popularmente como la "tablita", deliberadamente estableció la tasa de devaluación en un nivel inferior al de la inflación prevaleciente. Con la reforma al comercio exterior que redujo sustancialmente la mayoría de las barreras a la importación, se esperaba que este sistema de devaluaciones previamente anunciadas produjera dos efectos importantes sobre la inflación. En primer lugar, reduciría las expectativas inflacionarias durante un periodo bastante largo. En segundo lugar, y de más importancia, se esperaba que el sistema funcionara en una forma semejante al régimen de tipo de cambio fijo que contemplan los libros de texto, en los cuales se cumple la ley de un solo precio. Consecuentemente, se pensó que la inflación nacional convergería rápidamente al nivel de inflación mundial más la tasa de devaluación del peso.[12]

Este nuevo enfoque de economía abierta sobre las políticas de estabilización se vio influido en gran parte por la versión más simple del enfoque monetario de la balanza de pagos (EMBP). Esta visión, que gozaba de alguna popularidad en los Estados Unidos y en otros círculos académicos a principios de la década de 1970, se centra en la relación entre la balanza de pagos y su sector monetario. En su más simple expresión el enfoque mone-

[12] Históricamente, desde luego, ésta no era la primera vez que se utilizaba la manipulación del tipo de cambio como instrumento para tratar de abatir una inflación considerable. Por ejemplo, el fallido intento de estabilización de febrero/abril de 1923, durante la hiperinflación alemana, recurrió a la fijación del tipo de cambio (Dornbusch y Fischer, 1986). Con todo, lo nuevo en el caso chileno consistió en que en vez de fijar el valor del peso, se anunció una tasa decreciente de devaluación. Barandiarán, 1977, de hecho, sugirió en noviembre de 1977 la adopción de un esquema del tipo de la tablita.

tario postula, entre otras cosas, que la ley de un solo precio se cumple en forma permanente y que la tasa interna de inflación será igual a la tasa mundial de inflación más la tasa de devaluación. En un nivel más general, el EMBP tiene importantes implicaciones con respecto a la efectividad de la política macroeconómica en una economía abierta. Por ejemplo, en un conjunto de supuestos básicos, si existen tipos de cambio fijos (o previamente anunciados), la cantidad nominal de dinero se convierte en una variable endógena y la política monetaria no ejerce efecto alguno sobre la inflación ni sobre el resto de la economía aun a corto plazo. Todo lo que pueden esperar hacer las autoridades monetarias es afectar la composición de dinero de mucho movimiento; los cambios en el crédito interno dan lugar a cambios instantáneos y contrapuestos en el acervo de reservas internacionales en donde no se ve afectada la cantidad nominal de dinero total.

El enfoque monetario cuenta con una larga tradición que se remonta por lo menos a Hume. Este enfoque proporciona sólo un marco de referencia muy general para analizar el comportamiento de la balanza de pagos. Su proposición central es que la balanza de pagos reflejará las condiciones de demanda u oferta excesiva de dinero, en la economía interna; esta proposición es, desde luego, una tautología derivada del balance del sistema monetario. Para que el EMBP sea de interés analítico, tendrá que agregársele alguna estructura a través de un modelo macroeconómico sobre el comportamiento de la economía. La versión de libro de texto del EMBP, que parece haber influido en algunas de las autoridades chilenas, utiliza un macromodelo caricaturesco que supone que existen sólo bienes comerciales con el exterior, que la ley de un solo precio se cumple en forma permanente, que se mantiene continuamente el arbitraje del interés, y que tanto la producción como el crédito interno son variables exógenas.[13]

Las autoridades económicas, de acuerdo con las predicciones del EMBP, esperaban que, dada la tablita, cualesquiera intentos de las empresas locales por aumentar los precios a un ritmo mayor que la tasa preanunciada de devaluación más la tasa de inflación mundial se verían frustrados por el mecanismo de arbitraje de los precios, en el cual importaciones más baratas desplazarían a los bienes producidos internamente. La forma en que se esperaba que funcionara este mecanismo de arbitraje de los precios fue explicada por el ministro De Castro en 1978 (Banco Central de Chile, *Boletín mensual*, octubre de 1978: 1677):

---

[13] Para un examen de los aspectos analíticos del EMBP véanse los ensayos incluidos en la recopilación dirigida por Frenkel y Johnson, 1976. Para un análisis acerca del papel del EMBP en los programas de estabilización latinoamericanos de la década de 1970, véase Barleta, Blejer y Landau, 1984.

Hemos modificado nuestra política cambiaria... la tasa de devaluación... ha sido fijada en 21.4% para 1978. Conforme avanza el año se reducirán tanto las tasas mensuales de devaluación como las tarifas de importación. En consecuencia, si existe una inflación más elevada... los costos de las importaciones descenderán... De esta manera la competencia extranjera... aumentaría.

Además, en su discurso del 3 de febrero de 1978, en el cual anunció la adopción de la tablita, el ministro De Castro presentó una visión más completa de la manera en que se esperaba que el sistema funcionara (Banco Central, *Boletín mensual*, febrero de 1978: 241):

La apertura de la economía al comercio internacional y el preanuncio de la tasa de devaluación hasta fines de 1978 generarán rápidamente importaciones competitivas para aquellos productos nacionales cuyos precios internos aumenten por encima de límites razonables... Este mecanismo nos permitirá también generar importantes incrementos en la liquidez interna, sin el riesgo de presiones inflacionarias más elevadas.

La orientación de las expectativas fue el otro objetivo del sistema de devaluación preanunciada conocido como la tablita. En palabras del ministro De Castro (Méndez, 1979: 287): "la política cambiaria ha brindado una razonable orientación de las expectativas inflacionarias por parte del público, porque estuvo firmemente apoyada por la ausencia de la necesidad de creación de dinero para el sector público".

El uso del tipo de cambio preanunciado como la forma fundamental de combatir la inflación también se adoptó posteriormente en Argentina y Uruguay.[14] Sin embargo, una diferencia crucial entre Chile y estos países fue que en Chile, antes de que se adoptara la tablita, el déficit fiscal había sido ya controlado. Por ello, el mantenimiento de la política de preanuncio del tipo de cambio era (en parte) creíble. De hecho, las autoridades chilenas hicieron notar en repetidas ocasiones que la estrategia de la tablita era posible solamente porque ya habían sido eliminadas las presiones fiscales. Por otro lado, en el caso de Argentina se hizo evidente en un principio que las políticas fiscal y cambiaria eran incompatibles y que sólo gracias a las entradas masivas de capital podría mantenerse la tablita.[15]

En junio de 1979, con un nivel de inflación a una tasa anual de 34%, el gobierno puso fin al sistema de la tasa descendente preanunciada de deva-

[14] Sobre el caso de Argentina, véanse Fernández, 1985, y Calvo, 1986a. Sobre el caso de Uruguay, véanse Hanson, 1985, y Hanson y De Melo, 1983, 1985. Para una comparación entre los casos de Argentina, Chile y Uruguay véase Corbo, De Melo y Tybout, 1986.

[15] Véase Cumby y van Wijnbergen, 1983, para un análisis de la manera en que la persistencia del déficit fiscal en Argentina afectó el resultado de la crisis devaluatoria de 1981. Véase también Conolly y González, 1986.

luación y fijó el tipo de cambio a 39 pesos por dólar. Inicialmente se hizo la declaración de que la tasa fija duraría hasta febrero de 1980, cuando se suponía que iba a diseñarse otro periodo preanunciado de devaluación. Sin embargo, poco antes de esa fecha se anunció que la tasa fija sería mantenida "para siempre".[16] Se esperaba que esta medida, que establecía una tasa fija, reforzaría y aceleraría la convergencia de la inflación interna a la mundial, en términos de su paridad con el poder adquisitivo de la moneda.

La utilización del dólar norteamericano como la moneda de referencia en la formulación de la política cambiaria introdujo cierta volatilidad no buscada en la economía chilena. Esto sucedió porque durante el periodo 1977-1981 el valor del dólar norteamericano varió significativamente con respecto a otras monedas. Por ejemplo, entre 1977 y 1979, el dólar se depreció en términos reales casi 12% con respecto a la canasta de monedas MERM del FMI. Esto, desde luego, significó que durante ese lapso el peso chileno se estaba depreciando con respecto a esa canasta a una tasa superior a la que pretendían las autoridades. A principios de febrero de 1980, el dólar comenzó a revaluarse en comparación con las principales monedas internacionales y así lo hizo también el peso chileno. En cierto sentido, en vez de tener un tipo de cambio fijo, durante los siguientes dos años y medio Chile presentó un tipo de cambio que se había *revaluado*, en términos nominales, con respecto a una canasta de monedas de otras partes del mundo. Lo anterior puede verse en el cuadro II.3, el cual contiene índices para el tipo de cambio nominal de Chile con respecto al dólar estadounidense y con respecto a una canasta de 18 monedas de los socios comerciales más importantes de Chile. Como puede verse en el cuadro, mientras que entre el tercer trimestre de 1979 y el segundo trimestre de 1982 el tipo de cambio nominal con respecto al dólar permaneció constante, el índice más amplio de la tasa nominal con respecto a la canasta de monedas experimentó una revaluación nominal superior a 31 por ciento.

Además de la adopción del régimen del tipo de cambio, durante 1979 se dieron otros dos acontecimientos importantes. En primer lugar, se dio un paso hacia la liberalización de flujos de capital, cuando en junio de ese año se permitió que los bancos comerciales incrementaran fuertemente su proporción de obligaciones extranjeras con respecto al activo. Este relajamiento en los controles impuestos a los flujos de capital —que más tarde se complementó con liberalizaciones adicionales en 1980 y 1982— dio lugar a un incremento dramático en el nivel de la deuda externa en la segunda mitad

---

[16] En junio de 1979 el camino anteriormente preanunciado que iba a seguir el tipo de cambio todavía tenía seis meses más por delante. A fin de cumplir (parcialmente) con sus compromisos, justo antes de fijar el tipo de cambio, el gobierno llevó a cabo una devaluación que colocó el precio del dólar en el nivel que habría tenido en diciembre de ese año, si no se hubiera abandonado la tablita.

CUADRO II.3. *Índice de los tipos de cambio nominales: 1979-1983*
(1979.3 = 100)

Año y trimestre	Índice del tipo de cambio nominal con respecto al dólar	Índice del tipo de cambio nominal con respecto a la canasta de monedas
1979.3[a]	100.0	100.0
1979.4	100.0	95.9
1980.1	100.0	92.3
1980.2	100.0	90.8
1980.3	100.0	90.7
1980.4	100.0	88.1
1981.1	100.0	83.9
1981.2	100.0	76.4
1981.3	100.0	71.8
1981.4	100.0	72.1
1982.1	100.0	68.9
1982.2	100.0	68.7
1982.3[b]	141.1	88.9
1982.4	177.6	109.9
1983.1	192.2	119.2
1983.2	193.2	116.2
1983.3	204.5	119.0
1983.4	218.7	126.2

FUENTES: Elaborado por los autores utilizando datos preliminares de *International Financial Statistics* del FMI. Los siguientes países fueron utilizados para elaborar el índice de la canasta (las ponderaciones se señalan entre paréntesis): Estados Unidos (0.23), Alemania (0.14), Japón (0.10), Argentina (0.10), Reino Unido (0.07), Italia (0.03), Holanda (0.05), España (0.03), Brasil (0.07), Francia (0.03), Colombia (0.01), México (0.01), Ecuador (0.03), Perú (0.02), Suecia (0.01), Bélgica (0.02), Venezuela (0.02), y Arabia Saudita (0.03).
[a] En este trimestre el tipo de cambio se fijó a 39 pesos por dólar.
[b] En este trimestre se abandonó el tipo de cambio fijo de 39 pesos por dólar.

de 1979 y en los dos años siguientes. Como se verá de manera detallada en el capítulo III, la mayor parte de estos fondos externos la obtuvo el sector privado sin garantía del gobierno. El otro acontecimiento importante, y de hecho crucial, fue la promulgación de la Ley del Trabajo. Esta legislación, que se analiza de manera más detallada en el capítulo VI, institucionalizó la rigidez real de los salarios, estableciendo un procedimiento jurídico mediante el cual los salarios de los trabajadores sujetos a contratación colectiva se indizarían totalmente con la inflación pasada.[17]

[17] Como se expone extensamente en el capítulo VI, el sistema de indización salarial para todos los trabajadores se echó a andar en 1974 y se aplicó de manera algo flexible hasta 1982. Por otra parte, la Ley del Trabajo de 1979 era muy rígida. Véase el capítulo VI para mayores detalles.

El misterio de las tasas de inflación no convergentes

Contra lo que esperaban los arquitectos del plan de estabilización para una economía abierta , una vez que se fijó el tipo de cambio a mediados de 1979, la tasa interna de inflación no convergió rápidamente a su contraparte mundial. El cuadro II.4 contiene datos para el periodo 1978-1983 sobre el comportamiento de la tasa de devaluación nominal con respecto al dólar norteamericano, de las dos medidas de la inflación norteamericana y de la tasa chilena de inflación.

Como puede verse en el cuadro, a lo largo de este periodo la tasa de inflación interna sobrepasó la tasa de inflación norteamericana (más la tasa de devaluación). Utilizando el cambio en el índice de precio al por mayor norteamericano como indicador de la inflación internacional, entre 1978 y 1981 la divergencia acumulada entre las tasas de inflación chilena e internacional pasó de 120%.[18] De hecho, el uso del tipo de cambio como herramienta de estabilización contribuyó a generar una sostenida sobre-valuación real del peso, la cual, entre otras cosas, lesionó gravemente el grado de competitividad de las empresas productoras de bienes en el sector de comercio exterior, entre ellas las exportaciones no tradicionales. Como veremos en el capítulo III, esta revaluación real cobró particular importancia después de junio de 1979.

Si bien la fijación del tipo de cambio no fue el único factor determinante —y como se verá más adelante, probablemente ni siquiera el más importante— de la sobrevaluación real del peso, en 1980 muchas empresas comenzaron a presionar para que se abandonara la política del tipo de cambio fijo. Desde luego, las empresas cuyos precios finales se encontraban más estrechamente vinculados con el tipo de cambio realizaron esfuerzos para persuadir al gobierno de que volviera a adoptar una política cambiaria más flexible. Sin embargo, algunos de los grandes conglomerados o grupos que habían contraído fuertes deudas con el exterior en moneda extranjera se opusieron decididamente a cualquier modificación de la política cambiaria. En la medida en que se agravó el grado de sobrevaluación, las posturas de estos dos grupos se hicieron cada vez más antagónicas al tratar de influir en el comportamiento de las autoridades económicas. El hecho de que no fuera aplicable la ley de un solo precio —y que la inflación interna no convergiera rápidamente al nivel de la inflación mundial una vez que se fijó el tipo de cambio—, se consideró inicialmente como el mayor enigma por

---

[18] El uso de los índices de precios norteamericanos para la inflación internacional no es del todo correcto. Sin embargo, como lo hacemos notar más adelante, incluso si se usaran tasas promedio ponderadas de inflación para los socios comerciales de Chile, se observaría una gran divergencia entre las tasas de inflación internas e internacionales.

CUADRO II.4. *La devaluación, la inflación chilena y la inflación*
norteamericana: 1978-1983 (en porcentaje)

Año	(A) Tasa anual de devaluación con respecto al dólar	(B) Tasa anual de inflación del índice de precios al por mayor de los Estados Unidos	(C) Tasa anual de inflación del índice de precios al consumidor de los Estados Unidos	(D) Tasa anual de inflación (índice de precios al consumidor)
1978	21.4	9.6	9.1	37.2
1979	14.9	14.9	13.3	38.0
1980	0	12.3	12.4	31.2
1981	0	5.6	8.9	9.5
1982	88.3	1.5	3.9	20.7
1983	19.2	1.8	3.8	23.1

FUENTES: Todos los datos se refieren a las tasas de cambio de diciembre a diciembre. Las columnas A y D se obtuvieron del cuadro II.1. Las columnas B y C se obtuvieron de *International Financial Statistics* del FMI.

los partidarios del sistema, y se emprendió una búsqueda frenética de posibles explicaciones.

Se popularizaron dos explicaciones para el misterio de las "tasas divergentes de inflación". La primera, prohijada por las autoridades del gobierno, simplemente negaba el hecho de que hubiera fallado la ley de un solo precio. Se sostenía que si hubieran utilizado los indicadores adecuados para la "inflación externa pertinente" de Chile, habría continuado teniendo validez la ley de un solo precio. Por ejemplo, en su informe de 1981 el entonces ministro de Hacienda, Sergio de Castro, declaró que si se hubiera medido correctamente la inflación internacional, "la inflación externa pertinente... agregada a la devaluación interna, superó a la inflación interna" (De Castro, 1981: 26). Desde luego, esta explicación tenía el problema de que no quedaba claro cómo deberían construirse estos indicadores "adecuados". En realidad, si en vez de utilizar los datos norteamericanos, se utiliza un promedio ponderado de los índices de precios al por mayor de los socios comerciales de Chile como índice de la inflación internacional, y un promedio ponderado de los tipos de cambio nominales bilaterales para elaborar un índice de devaluación del peso, aun fallaría la ley de un solo precio por un margen considerable. En este caso, entre 1977 y 1981 la suma de la tasa acumulada de devaluación más la inflación internacional asciende a 99%, muy por debajo de la tasa acumulada de inflación interna de 171 por ciento.

La segunda explicación de la falta de convergencia rápida de las tasas de inflación interna e internacional era más complicada. Se sostenía que aun cuando la ley de un solo precio tendía a cumplirse para los bienes del comercio exterior, las tasas de inflación interna y externa divergían a causa de un aumento de *equilibrio* en el precio relativo de los bienes chilenos no comercializables en el exterior.[19] Los partidarios de este punto de vista señalaban acertadamente que el cambio en los precios relativos era consecuencia del aumento en el nivel del gasto agregado, el cual, a su vez, era posible gracias al mayor grado de endeudamiento externo.[20] Aunque este argumento identificaba correctamente el acelerado crecimiento de las entradas de capital como fuente de los cambios en los precios relativos, no reconocía que dichos cambios eran sólo temporales y estaban generando un grave desequilibrio macroeconómico a largo plazo. Como se explicará detalladamente en el capítulo III, la razón de lo anterior era que el aumento en la tasa de entradas de capital no representaba una situación macroeconómica sostenible a largo plazo y, a la postre, el ritmo de entrada de capitales tenía que bajar, como en efecto lo hizo en 1982. Una segunda limitación de esta explicación "complicada" consistía en que pasaba por alto los posibles papeles desempeñados por otros factores. El más importante de los factores ignorados fue el esquema de indización salarial con respecto al pasado.

La indización salarial, la devaluación y la estabilización

En condiciones de inflación decreciente, un mecanismo de indización salarial que ajuste los salarios a la inflación pasada dará origen a un incremento secular en salarios reales y generará una sobrevaluación real. En este caso, aun cuando la ley de un solo precio siga siendo válida para los bienes comercializables en el exterior, la convergencia de la inflación interna con la internacional puede ser muy lenta. Este hecho puede ser ilustrado mediante el uso del siguiente modelo de inflación en una economía de dos sectores

---

[19] Véase por ejemplo De la Cuadra, 1980. De acuerdo con esta postura la inflación interna P_t es un promedio ponderado de la tasa de crecimiento de los precios de bienes no comercializables y comercializables en el exterior: $\hat{P}_t = \beta \, \hat{P}_{Nt} + (1 - \beta) \, \hat{P}_{Tt}$. Si se cumple la ley de un solo precio para los bienes comercializables, $\hat{P}_{Tt} = \hat{E}_t + \hat{P}_{Tt}^*$, donde $\hat{E}_t$ es la tasa de devaluación y $\hat{P}_{Tt}^*$ es la inflación internacional para los bienes comercializables, la inflación interna puede volver a escribirse como $\hat{P}_t = (\hat{P}_{Tt}^* + \hat{E}_t) + \beta \, (\hat{P}_{Nt} - \hat{P}_{Tt})$. Si no hay cambios en los precios relativos (es decir, $\hat{P}_{Nt} = \hat{P}_{Tt}$), la tasa interna de inflación será igual a la inflación internacional más la devaluación ($\hat{P}_t = \hat{P}_{Nt}^* + \hat{E}_t$). Sin embargo, si hay incremento en el precio relativo de los bienes no comercializables en el exterior ($P_{Tt} - P_{Tt}$) > 0, entonces $\hat{P}_t > (\hat{P}_{Tt} + \hat{E}_t)$.

[20] Sin embargo, es sorprendente que después de reconocer la naturaleza de la liberalización de las entradas de capitales como de "enfermedad holandesa", el entonces presidente del Banco Central, Sergio de la Cuadra, en 1980, sostuvo que el tipo de cambio nominal debería ser revaluado.

con un tipo de cambio fijo (o preanunciado) y un mecanismo de indización salarial con respecto al pasado:

$$\hat{P}_t = \alpha\,\hat{P}_{Tt} + (1-\alpha)\,\hat{P}_{Nt} \qquad\qquad (\text{II.1})$$

$$\hat{P}_{Tt} = \hat{E}_t + \hat{P}_{Tt}^* \qquad\qquad (\text{II.2})$$

$$D^N[(P_N/P_T)_t,\, Z_t] = S^N((W/P_N)_t) \qquad\qquad (\text{II.3})$$

$$\hat{W}_t = k\hat{P}_{t-1} \qquad\qquad (\text{II.4})$$

$\hat{P}_t$ es la tasa porcentual de cambio del nivel de precios internos; $\hat{P}_{Tt}$ es la tasa porcentual de cambio del precio de los bienes comercializables en el exterior expresada en moneda nacional; $\hat{P}_{Nt}$ es la tasa de cambio de los precios de los bienes no comercializables en el exterior; $\hat{E}_t$ es la tasa de devaluación, y $\hat{P}_{Tt}^*$ es la tasa de cambio del precio internacional de los bienes comercializables en el exterior, D^N y S^N son las funciones de demanda y oferta correspondientes a los bienes no comercializables en el exterior; W es la tasa salarial nominal, y $\hat{W}_t$ es su tasa de cambio en el periodo t; por último, Z_t es el gasto real agregado.[21] La ecuación II.1 expresa que la tasa de cambio del nivel general de precios viene a ser un promedio ponderado de la tasa de cambio de la inflación de los bienes comercializables y no comercializables en el exterior, donde α y $(1-\alpha)$ son las ponderaciones. La ecuación II.2 es la ley de un solo precio para los bienes comercializables en el exterior. La ecuación II.3 es la condición de equilibrio para el mercado de bienes no comercializables en el exterior. La demanda depende negativamente de los precios relativos y positivamente del gasto real agregado. La oferta de bienes no comercializables en el exterior, por otra parte, depende negativamente de la tasa salarial del producto. La ecuación II.4 es la regla de indización salarial y expresa que en cada periodo los ingresos nominales se ajustan en un porcentaje k de la inflación pasada. Si, como sucedió en Chile, se da una indización total con respecto al pasado, $k = 1$ y $\hat{W}_t = \hat{P}_{t-1}$.

De la condición de equilibrio para el mercado de bienes no comercializables en el exterior podemos obtener la siguiente expresión para la tasa de cambio en el precio de los no comercializables:

---

[21] Con el fin de simplificar la exposición hemos supuesto que Z_t es exógena. Un supuesto más adecuado sería vincular Z con el ingreso permanente. En ese caso sería posible introducir la distinción entre perturbaciones permanentes y transitorias en el tipo de cambio real.

$$\hat{P}_{N_t} = \left(\frac{\eta}{\eta + \varepsilon}\right)\hat{P}_{Tt} + \left(\frac{\varepsilon}{\eta + \varepsilon}\right)\hat{W}_t - \left(\frac{\delta}{\eta + \varepsilon}\right)\hat{Z}_t \qquad (II.5)$$

donde η y δ son las elasticidades de la demanda con respecto al precio y al gasto real para los no comercializables (es decir, $\eta < 0$, $\delta > 0$) y donde ε es la elasticidad de la oferta de los bienes no comercializables con respecto al salario del producto ($\varepsilon < 0$). Combinando II.5 con la definición de la inflación II.1, se obtiene lo siguiente:

$$\hat{P}_t = \left(\frac{\alpha\varepsilon + \eta}{\eta + \varepsilon}\right)\hat{P}_{Tt} + \left(\frac{(1-\alpha)\varepsilon}{\eta + \varepsilon}\right)\hat{W}_t - \left(\frac{(1-\alpha)\delta}{\eta + \varepsilon}\right)\hat{Z}_t \qquad (II.6)$$

Suponiendo, como fue el caso de Chile desde mediados de 1979, que hay un tipo de cambio fijo ($E_t = 0$) y que existe una indización de 100% con respecto al pasado ($k = 1$) y suponiendo además para simplificar la exposición que no hay presiones de demanda ($Z_t = 0$), se obtiene la siguiente ecuación para la tasa de inflación:[22]

$$\hat{P}_t = \left(\frac{\alpha\varepsilon + \eta}{\eta + \varepsilon}\right)\hat{P}_{Tt}^* + \frac{(1-\alpha)\varepsilon}{\eta + c}\hat{P}_{t-1} \qquad (II.7)$$

Ésta, desde luego, es una ecuación en diferencia de primer grado, cuya solución indica que (mientras no haya presiones de demanda) la tasa interna de inflación convergerá lentamente en el curso del tiempo a la tasa internacional de inflación $\hat{P}_{Tt}^*$. La velocidad a la cual ambas tasas de inflación converjan realmente dependerá de la magnitud del coeficiente $(1-\alpha)\varepsilon/(\eta + \varepsilon)$. Sin embargo, nótese que si hay presiones de demanda positiva para los bienes no comercializables en el exterior —provenientes, por ejemplo, de un incremento del endeudamiento externo— $\hat{Z}_t > 0$ y la convergencia de ambas tasas de inflación será mucho más lenta e incluso puede no presentarse durante un largo periodo.

La lenta convergencia de la tasa de inflación interna a la internacional en presencia de la indización salarial rezagada que se muestra en la ecuación II.7 tiene dos consecuencias importantes: en primer lugar, en caso de una inflación decreciente los salarios reales aumentarán en el curso del tiempo y, en segundo lugar, se producirá una revaluación real de la moneda nacional. Al combinar las ecuaciones II.4 y II.7 encontramos que el cambio en el salario real puede describirse como

---

[22] Sin embargo, en el capítulo III se abandona el supuesto de que $\hat{Z}_t = 0$, al exponer detalladamente el papel de las entradas de capital.

$$\hat{W}_t - \hat{P}_t = (\hat{P}_{t-1} - \hat{P}^*_{Tt}) \left(\frac{\alpha \varepsilon + \eta}{\eta + \varepsilon} \right) \tag{II.8}$$

Como puede observarse en esta expresión, mientras la inflación rezagada sobrepasa la inflación internacional (es decir $\hat{P}_{t-1} > \hat{P}^*_{Tt}$), como generalmente será el caso en una situación de inflación decreciente, los salarios reales aumentarán en el curso del tiempo. Al igual que en este ejemplo, el alza de los salarios reales no tiene relación alguna con los incrementos de la productividad, dicha alza ejercería una presión considerable sobre el grado de rentabilidad del sector de bienes comercializables en el exterior.

Definiendo el tipo de cambio real (e) a la manera tradicional:

$$e^*_t = \frac{E_t P^*_{Tt}}{P_t} \tag{II.9}$$

encontramos que su tasa de cambio es igual (manteniendo el supuesto del tipo de cambio nominal fijo) a

$$\hat{e}_t = \frac{\varepsilon(1-\alpha)}{\eta + \varepsilon} (\hat{P}^*_{Tt} - \hat{P}_{t-1}) \tag{II.10}$$

Esta expresión indica que bajo el régimen de un tipo de cambio fijo con indización al pasado, mientras la tasa internacional de inflación se encuentre por debajo de la tasa interna rezagada de inflación, habrá una revaluación del tipo de cambio real.

Como se sugiere en el modelo anterior, después de la adopción del tipo fijo y de la legalización del esquema de indización salarial en 1979, se observaron un elevado incremento en los salarios reales de Chile y una revaluación real considerable del peso. Mientras que entre 1979 y 1981 la tasa salarial real aumentó 31%, durante el mismo periodo el tipo de cambio real experimentó una revaluación real (es decir, una sobrevaluación real) de casi 30 por ciento.[23]

La macroeconomía pasiva y el ajuste automático

Después de que se fijó la cotización del peso con respecto al dólar estadounidense en 1979, la política monetaria se volvió cada vez más pasiva. Dentro

[23] Ha de observarse que este modelo, y particularmente la ecuación II.8, explican la dinámica de los salarios reales sin hacer referencia a su *nivel*. En el capítulo VI, exponemos con algún detalle el movimiento del nivel sostenible de equilibrio a largo plazo de los salarios reales durante este periodo.

del estricto contexto del simple enfoque monetario de la balanza de pagos, las autoridades sostuvieron que en una economía abierta y pequeña con tipos de cambio fijos, la política monetaria era completamente ineficaz a corto plazo.[24] El ministro de Hacienda, Sergio de Castro, declaró en 1981 que como el déficit fiscal se hallaba bajo control y el país contaba con un sistema de tipo de cambio fijo, no había necesidad de que el Banco Central se embarcara en una política monetaria activa del tipo que fuera; el plan consistía en que de esa fecha en adelante, el Banco Central siguiera una "política neutral" en la que el acervo de crédito interno permaneciera inalterado en términos nominales. De acuerdo con este programa, los incrementos en la demanda de dinero tendrían que verse completamente satisfechos a través de la acumulación de las reservas internacionales que, a su vez, sería un reflejo de mayores préstamos internacionales.[25] Durante la segunda mitad de 1980 y la mayor parte de 1981 el Banco Central trató de seguir en forma neutral y, por ello, una gran proporción del incremento en los agregados monetarios durante este periodo fue resultado de la deuda externa siempre creciente.

En 1981, después de casi dos años de tener un tipo de cambio fijo —y en parte gracias a la aguda revaluación del dólar en los mercados financieros internacionales—, la tasa de inflación interna empezó a converger al nivel de inflación internacional. En ese año la tasa de cambio del IPC fue de 9%.[26] Sin embargo, por esas fechas el grado de sobrevaluación real del peso había alcanzado proporciones considerables y cada vez se hizo más evidente que la situación era insostenible. Como se muestra en el capítulo III, comenzaron a cobrar fuerza expectativas generalizadas de devaluación y, a fines de 1981 y principios de 1982, se desató una especulación masiva contra el peso. En parte como resultado de estas elevadas expectativas de devaluación se dispararon las tasas de interés y numerosas empresas contemplaron la perspectiva de la quiebra. De manera sorprendente, aun estando frente a un considerable desequilibrio macroeconómico, el gobierno resolvió continuar observando la "política neutral" y se negó a tener una postura activa respecto a las políticas monetarias y cambiarias. Se recalcó con fuerza que sin ninguna intervención de las autoridades monetarias la economía se ajustaría de manera automática. Basadas en la interpretación de los libros de texto más elementales sobre la ley de un solo precio, las autoridades económicas alegaron reiteradamente que el único efecto de las devaluacio-

[24] Véase por ejemplo Bardón y Bacigalupo, 1980. Sin embargo Corbo, 1982, utilizó un modelo empírico de esterilización para analizar esta cuestión y concluyó que durante todo este periodo el Banco Central era capaz de esterilizar.

[25] Véase por ejemplo De Castro, 1981.

[26] Una consecuencia importante de esta drástica caída de la inflación en 1981 fue que los salarios reales dieron un salto importante. Esto fue el resultado de que los salarios nominales fueran ajustados por la inflación rezagada.

nes nominales era generar una inflación interna equivalente sin afectar los precios relativos ni el tipo de cambio real.[27]

El papel que las autoridades asignaron al mecanismo macroeconómico del "ajuste automático" se expresa claramente en la siguiente cita del principal encargado de esta política, el ministro de Hacienda, Sergio de Castro (De Castro, 1981: 27).

> La política monetaria neutral del Banco Central implica que el dinero sólo se crea como resultado de las entradas de divisas. Si dichas entradas no ocurren a través de un nivel más elevado de préstamos extranjeros, el deseo del sector privado de financiar un alto déficit en la cuenta corriente se reflejará simultáneamente en una pérdida de las reservas internacionales y en una equivalente contracción monetaria. Esto elevará la tasa de interés, generando una baja en el costo y en la demanda de importaciones al nivel requerido para financiar un déficit en la cuenta corriente compatible con el nivel de endeudamiento externo que el país pueda sostener.

A partir de esta posición De Castro siguió diciendo que las devaluaciones carecían totalmente de eficacia, ya que generarían una inflación proporcionalmente equitativa y no ejercerían efecto alguno sobre el tipo de cambio real. Posteriormente declaró que "el tipo de cambio fijo puede mantenerse y se mantendrá por muchos años" (De Castro, 1981: 27).

Esta posición marcadamente pasiva con respecto a la política monetaria y cambiaria ignoró el hecho de que, en la mayoría de los acontecimientos históricos, cuando el tipo de cambio real inicial está muy sobrevaluado, las devaluaciones nominales, si van acompañadas de políticas macroeconómicas adecuadas, son muy efectivas para generar ajustes en los precios relativos o devaluaciones reales.[28] En el caso de Chile en 1981, el problema no era que la devaluación hubiera sido ineficaz *per se*, sino que el esquema de indización salarial de 100% habría reducido en gran medida la efectividad de un ajuste del tipo de cambio nominal. Bien se sabe que en una situación de salarios totalmente indizados una devaluación nominal se traspasará a salarios más elevados. Entonces, en 1981 la solución del problema requería tanto un abandono de la desafortunada ley de indización salarial como un ajuste del tipo de cambio. El gobierno no hizo ninguna de estas dos cosas y aunque la situación se agravó dramáticamente, se insistió en que sin necesidad alguna de intervención, el proceso de "ajuste automático" restauraría el equilibrio macroeconómico.

---

[27] Véanse De la Cuadra, 1981, y De Castro, 1981. En un estudio econométrico, Corbo, 1982, afirmó que las devaluaciones nominales no tenían efecto alguno sobre el tipo de cambio real en las condiciones económicas existentes en Chile. Sin embargo, para resultados contrapuestos utilizando un modelo similar y puntos de datos adicionales, véase Corbo, 1986c.

[28] Para una exposición sobre numerosos episodios devaluatorios, véase S. Edwards, 1987.

En cierta forma el mecanismo de "ajuste automático" casi funcionó. A fines de 1981 y principios de 1982, en espera de la devaluación la gente empezó a especular activamente contra el peso, haciendo compras masivas de divisas. Esta situación más el nivel algo reducido de créditos externos dio lugar, como lo había declarado De Castro, a un descenso en el nivel nominal de la base monetaria en el segundo y tercer trimestres de 1981 (véase cuadro II.5). Esta contracción de la liquidez y de las expectativas generalizadas de devaluación contribuyeron a generar una elevación sostenida de las tasas de interés y una reducción considerable en el gasto. La magnitud de este ajuste automático fue a todas luces insuficiente, y la sobrevaluación real no fue corregida. Asimismo, este mecanismo de ajuste estaba cobrando un alto costo en términos de la actividad económica y del empleo. Por ejemplo, durante los primeros tres meses de 1982, la producción industrial registró bajas con respecto a los mismos meses del año anterior de 16%, 13% y 12%. También en marzo de 1982 la tasa de desempleo abierto subió a 18.4% en comparación con el 11% que registró en marzo de 1981.

Esta situación insostenible estalló finalmente en 1982 después de una brusca caída en las entradas de capital. Por ese tiempo, la economía necesitaba desesperadamente de una devaluación real y de un reajuste macroeconómico. En junio de 1982 el gobierno decidió finalmente abandonar el enfoque del "ajuste automático" y aplicar una política más activa. El peso fue devaluado 18%, se modificó la cláusula de indización de la Ley del Trabajo y se abandonó la política de indización salarial generalizada. Sin embargo, esto fue demasiado poco y demasiado tarde. En este punto, la pérdida de credibilidad en las políticas gubernamentales era casi completa y la devaluación incluso aceleró la especulación contra el peso, con la consiguiente caída de las reservas internacionales. Además, la comunidad financiera internacional reaccionó negativamente a estas medidas y se redujo aún más la afluencia de fondos externos hacia Chile. La devaluación de junio se vio seguida por un breve experimento con tasas flexibles y un sistema de tasas duales. En noviembre de ese año se impuso a algunas categorías de importaciones una sobrecarga de hasta 30%. En diciembre de 1982 un nuevo ministro de Hacienda —el tercero desde que De Castro había renunciado casi un año antes— declaró la inconvertibilidad del peso e impuso severos controles de cambio. En marzo de 1983 se decretó un alza general (temporal) de los aranceles a la importación a un nivel uniforme de 20%. En 12 meses —entre junio de 1982 y junio de 1983— el peso chileno se devaluó 99% y la inflación alcanzó 32.7%. De esta manera llegó a un fin embarazoso el sistema de tipo de cambio fijo, el que, de acuerdo con algunos funcionarios del gobierno debería haber durado décadas —e incluso otros desearon incluirlo en la Constitución. Por otra parte, la inflación retornó a su promedio histórico.

CUADRO II.5. *Tasa de cambio de diferentes agregados monetarios nominales: 1977-1981 (por trimestre)*

	(A) Tasa de cambio de la base monetaria (%)	(B) Tasa de cambio de M1 (%)	(C) Tasa de cambio de M2 (%)	(D) Tasa de cambio de M3 (%)	(E) Tasa de inflación (%)
977.1	33.1	45.1	58.3	58.4	19.4
977.2	23.2	22.9	28.7	30.1	18.9
977.3	7.7	14.4	16.6	18.6	12.7
977.4	13.0	11.8	13.7	13.8	12.0
978.1	18.5	30.2	12.2	32.5	8.4
978.2	14.1	17.1	18.3	18.5	9.0
978.3	3.5	6.6	15.9	17.0	9.4
978.4	14.0	9.6	21.1	21.3	6.4
979.1	12.7	21.9	24.3	26.2	5.7
979.2	10.1	9.9	9.0	10.6	7.4
979.3	4.8	7.2	13.3	14.8	10.4
79.4	12.3	11.3	11.2	11.8	8.6
80.1	7.2	16.6	13.9	15.0	6.5
30.2	7.3	13.9	9.8	10.8	7.2
80.3	6.0	7.2	12.5	15.3	6.2
80.4	11.7	13.7	14.0	15.1	7.4
81.1	9.0	10.5	14.0	17.0	4.2
81.2	−11.2	1.4	17.7	17.4	2.8
81.3	−3.7	−3.5	11.7	11.9	2.1
81.4	7.0	7.3	6.3	1.7	1.8

ENTE: Banco Central de Chile, 1981, 1983, 1984.

LOS COSTOS DE LA DESINFLACIÓN

l programa de estabilización casi tuvo éxito. Redujo la inflación de un vel superior a 600%, a un dígito en poco más de siete años. Sin embargo, ta meta se logró a un costo considerable en términos de desempleo, reucción de la producción y desplome total del sector financiero (véase el pítulo III). Lo peor de todo fue que el control de la inflación tuvo corta da; entre 1982 y 1984 la inflación osciló en torno a 25%, no lejos de su romedio histórico.

Es posible afirmar que hasta fines de 1979 y a pesar de la recesión generada por el plan antinflacionario de "choque" de abril de 1975, el programa de estabilización tuvo éxito. Se habían roto las expectativas inflacionarias, el déficit fiscal se hallaba bajo control y la tasa de inflación se había reducido a su promedio histórico de cerca de 30% anual.[29] Hasta junio de 1979 la tasa preanunciada de devaluación había generado sólo una pequeña revaluación real al medirla con respecto al dólar norteamericano. Además, en parte gracias a la depreciación del dólar norteamericano en el mercado internacional, el tipo de cambio no se revaluó en términos reales con respecto a una canasta de monedas entre enero de 1978 y junio de 1979. Sin embargo, en el desafortunado año de 1979, se tomaron una serie de medidas de políticas mal concebidas e incongruentes entre sí, incluyendo la fijación del valor del peso con respecto al dólar norteamericano, la legalización de un rígido esquema de indización al pasado y un relajamiento de los controles sobre movimientos de capitales. Todas estas políticas conspiraron para dar origen a una severa situación de desequilibrio en el sector externo que, como ya se apuntó, se reflejó en la masiva sobrevaluación real del peso. El mantenimiento por largo tiempo de este tipo de cambio sobrevaluado y, lo más grave, la insistencia en recurrir a un esquema automático para resolver el desequilibrio macroeconómico agudizaron significativamente lo que de otra manera debería haber sido una crisis seria pero no devastadora, originada en choques externos desfavorables.

Hay pocas dudas de que la manipulación del tipo de cambio y la fijación hasta el fin del peso con respecto al dólar cuando la inflación andaba todavía por una tasa anual de 30% fue una decisión política mal tomada. También es cierto que representa una burda sobresimplificación señalar exclusivamente a la política cambiaria —como lo hicieron muchas explicaciones populares del experimento chileno— como la única causa del colapso de la economía en 1982. Las complejas características del caso chileno van mucho más allá de una política particular. Aun cuando hay pocas dudas de que el tipo de cambio desempeñó un papel importante en los sucesos de 1973-1983, éste, como se verá en el capítulo VIII, fue sólo uno de los elementos que determinaron el resultado de los primeros 10 años del experimento chileno y es posible que ni siquiera haya sido el más importante.

[29] Véanse, sin embargo, S. Edwards, 1985a, 1985b, para un comentario más detallado sobre los costos del plan de 1975.

III. LA LIBERALIZACIÓN FINANCIERA, LAS TASAS DE INTERÉS Y EL TIPO DE CAMBIO REAL

DURANTE la década de los sesenta y principios de la de los setenta, el mercado financiero de Chile padecía de subdesarrollo y grandes distorsiones; de hecho, se trataba de un caso consignado en los libros de texto como "represión financiera". El grado de intermediación financiera era pequeño, las tasas de interés real eran negativas, los requisitos de reservas eran extremadamente elevados y el crédito era racionado y asignado conforme a criterios ineficientes y arbitrarios. A fines de 1973, y como resultado del proceso de nacionalización que llevó a cabo la Unidad Popular, el gobierno era propietario de la mayoría de los bancos o tenía el control sobre ellos.[1]

La liberalización del sector financiero interno y la creación de un dinámico mercado de capitales representaba una importante prioridad del gobierno militar. Las metas fundamentales de esta reforma eran liberar las tasas de interés internas, hacer que el mercado asignara el crédito y alentar la creación de nuevos bancos e instituciones financieras. Conforme a los lineamientos de la bibliografía sobre liberalización financiera —en la que fueron pioneros Edward Shaw y Ronald McKinnon de la Universidad de Stanford— se esperaba que, como resultado de estas reformas, aumentaría el volumen de la intermediación financiera, se asignaría eficientemente el crédito, se incrementaría el volumen del ahorro interno y, en consecuencia, mejorarían las perspectivas de crecimiento. El papel crucial que las autoridades asignaron a la reforma financiera fue resumido acertadamente por el ministro Cauas en su informe de 1974 (Méndez, 1979: 92):

El desarrollo del mercado de capitales posee especial importancia para incrementar la tasa de ahorros... esto se logra a través de los intermediarios financieros... la necesidad de aumentar considerablemente la tasa de ahorro interno y de garantizar el mejor uso de los recursos de inversión son requisitos indispensables para acelerar el crecimiento económico. Por esta razón, se ha dado especial énfasis al desarrollo del mercado de capitales.

[1] Sobre la represión financiera véase por ejemplo el libro clásico de McKinnon, 1973. En 1973 el grado de monetización de la economía chilena era muy bajo a juzgar por las normas internacionales.

En este capítulo se analizan algunos de los aspectos más importantes de las reformas de liberalización financiera: las características institucionales más sobresalientes de las reformas del mercado interno de capitales y de la apertura de la cuenta de capital; la evolución de la intermediación financiera, el comportamiento de las tasas de interés durante el periodo, los efectos de las reformas financieras sobre la acumulación de una deuda externa gigantesca, con especial énfasis en los efectos de la apertura de la cuenta de capital sobre el tipo de cambio real así como algunos de los aspectos más significativos de la crisis financiera de 1981-1982.

LA REFORMA DEL MERCADO FINANCIERO

La liberalización del mercado financiero interno comenzó a principios de 1974, cuando disminuyeron los requisitos de reservas y se permitió la operación de nuevas instituciones financieras no bancarias, las llamadas *financieras*. En mayo de ese año, el Banco Central permitió a las financieras determinar libremente las tasas de interés en las operaciones de corto plazo y, más de un año después, en octubre de 1975, se liberaron también las tasas de interés que cargaban y pagaban los bancos comerciales. La liberalización de las tasas de interés representaba un cambio de gran relieve en un país donde por más de 20 años las operaciones financieras habían sido objeto de control estricto, y significaba un desplazamiento de tasas de interés reales negativas a positivas (y muy elevadas).

En abril de 1975 el gobierno echó a andar un proceso de privatización de los bancos nacionalizados durante el periodo de Allende. Algunos de estos bancos fueron comprados por conglomerados privados (o sea, los grupos) tanto de antigua como de reciente formación, que vieron el proceso de privatización generalizada promovido por el gobierno como una excelente oportunidad para una rápida expansión.[2] En el capítulo IV exponemos de manera más detallada el proceso de privatización y la manera en que operaron los grupos. Además de fomentar la creación de nuevas instituciones financieras y la liberalización de las tasas de interés, el gobierno también puso en marcha un proceso que disminuyó grandemente los requisitos de reservas de los bancos de más de 100% en 1973 a 42% en 1979 y a un nivel final de 10% hacia fines de 1980.

Durante el periodo de 1973-1981, la liberalización del mercado financiero

[2] Inicialmente el gobierno trató de establecer normas para evitar la excesiva concentración de la propiedad bancaria. El sector privado pronto evadió estas normas, estableciendo innumerables compañías tenedoras interconectadas, cada una de las cuales era propietaria de una pequeña parte de activos bancarios (véase Arellano, 1985). La función y el comportamiento de estos grupos se analiza de manera más detallada en el capítulo IV.

interno se movió mucho más rápido que la liberalización de controles sobre movimientos de capitales dentro y fuera del país. De hecho, durante los primeros años del régimen militar la cuenta de capital fue estrictamente controlada. Si bien el grado de los controles se tornó menos restrictivo con el curso del tiempo, hasta 1982 el capital financiero no podía circular libremente ni dentro ni fuera del país. Durante el primer periodo fueron especialmente severas las restricciones impuestas a los bancos en lo referente a la intermediación de fondos externos.

Inicialmente, como los bancos internacionales se mostraban muy reticentes para prestar a Chile, no había problemas respecto a las afluencias de capital. Por el contrario, durante el periodo inicial fue muy preocupante la perspectiva de la fuga masiva de capitales. Sin embargo, a principios de 1976 y conforme fueron mejorando las condiciones económicas, las autoridades comenzaron a preocuparse por el control de los movimientos de capital *hacia* el país. Esta inquietud se derivaba del hecho de que a principios de 1976 los incrementos en las reservas internacionales, generadas principalmente por entradas de capitales, llegó a ser una fuente importante de creación de la base monetaria, poniendo en entredicho el esfuerzo antinflacionario.

Los movimientos de capital fueron controlados mediante una serie de mecanismos. En primer lugar, todos los movimientos de capital que entraran al país tenían que ser registrados en el Banco Central. Los prestamistas extranjeros que deseaban tener asegurado el acceso a las divisas en el futuro encaraban, de acuerdo con el artículo 14 de la Ley de Cambios, restricciones adicionales en forma de vencimientos mínimos y tasas de interés máximas. Por ejemplo, se prohibieron los préstamos externos con vencimientos inferiores a los 24 meses y los préstamos con vencimientos entre 24 y 66 meses quedaron sujetos a requisitos de reservas que no producían interés y que oscilaban entre 10 y 25% del valor del préstamo. Dado el gran volumen de estos depósitos, hasta 1982 la abrumadora mayoría de los préstamos y vencimientos no sobrepasó los 66 meses. De hecho, el vencimiento promedio para los préstamos otorgados conforme al artículo 14 fue de 54 meses en 1979, de 64 en 1980 y de 60 en 1981. Al contrario de Argentina y Uruguay Chile prohibió los movimientos de capital a corto plazo hasta los desesperados días de la crisis de 1982.[3]

Las restricciones a la intermediación bancaria de fondos externos constituyeron la segunda herramienta de importancia para controlar el nivel de las entradas de capital. Estas restricciones funcionaron de dos maneras

---

[3] Desde luego una excepción fue el financiamiento del comercio exterior. En 1982, como forma de acelerar el proceso de "ajuste automático" se aumentó la restricción relacionada con el vencimiento. Sin embargo, en ese entonces, la comunidad financiera internacional tenía muy escaso interés en prestarle a Chile.

en primer término, se estableció un límite al nivel de obligaciones extranjeras de los bancos; y en segundo lugar, y más importante, se estableció una cantidad máxima en la que los bancos podían incrementar sus obligaciones externas cada mes. Hasta diciembre de 1978 las obligaciones (brutas) en moneda extranjera no podían sobrepasar 1.6 veces el activo del banco. Después de esa fecha límite se incrementó a 1.8 veces el activo del banco.

En junio de 1979 se dio un paso considerable hacia la liberalización de la cuenta de capital cuando se eliminó la restricción sobre la proporción máxima de las obligaciones externas de un banco con respecto a su activo. La eliminación de esta restricción a mediados de 1979 tuvo un efecto importante sobre las entradas de capital, y los préstamos del artículo 14 aumentaron casi 100% durante ese año. Sin embargo, los bancos siguieron sujetos a una severa restricción en cuanto al *incremento* máximo en el nivel de obligaciones externas permitidas mensualmente. A fines de 1979 el incremento mensual máximo en las obligaciones externas (brutas) de un banco se ubicó en 5% del activo, o sea 2 millones de dólares norteamericanos. En esa fecha esta restricción sobre el incremento mensual máximo en obligaciones externas se tornó obligatoria, ya que los bancos podían obtener del exterior grandes sumas que sólo podían entrar lentamente al país. En abril de 1980 se eliminó esta restricción a la afluencia de capital y los bancos pudieron incrementar sus obligaciones externas tan rápidamente como lo desearan. Esta medida generó un crecimiento sorprendente en pasivos extranjeros de los bancos. Por ejemplo, como se describe detalladamente más adelante, los créditos externos de los bancos que entraron al país en virtud del artículo 14 subieron en 1980 ¡más de tres veces!

LA INTERMEDIACIÓN FINANCIERA

Un resultado importante de las reformas del sector financiero fue que aumentaron en forma sustancial tanto el número de instituciones financieras como el volumen de la intermediación. Por ejemplo, en 1981 había 26 bancos nacionales, 19 bancos extranjeros y 15 financieras, un número significativamente más elevado que los 18 bancos nacionales y un banco extranjero que existían en septiembre de 1973. Por otra parte, entre 1973 y 1981 el volumen real del crédito total al sector privado ¡aumentó más de 1100%! En el cuadro III.1 se presentan algunos indicadores de la evolución del sector financiero. Como puede observarse, el volumen de la intermediación financiera —medido mediante el crédito al sector privado en términos reales, la proporción del dinero respecto al PIB, y la proporción del dinero de reserva respecto a la masa total de dinero— experimentó un incremento espectacular durante los 10 primeros años del gobierno militar.

CUADRO III.1. *El comportamiento del sector financiero: indicadores seleccionados, 1970-1981*

Año	(A) Crédito al sector privado en términos reales (1975 = 100)	(B) M2/PIB (%)	(C) Proporción de la base monetaria/M2 (%)
1970	63.2	8.8	55.7
1971	91.2	13.1	63.2
1972	93.2	13.6	71.9
1973	77.2	10.7	69.9
1974	88.2	5.4	58.4
1975	100.0	5.6	49.7
1976	136.8	5.9	64.8
1977	270.0	8.3	66.2
1978	444.3	10.4	55.7
1979	585.0	12.0	46.4
1980	817.2	13.2	41.1
1981	983.7	21.2	28.9[a]

FUENTES: La columna A se tomó de Ramos, 1984; la columna B se tomó de Banco Central de Chile, 1981, 1983, 1984; la columna C se tomó de Fondo Monetario Internacional (FMI).

[a] Esta reducción de la proporción entre base monetaria y M2 se relaciona con los cambios en las regulaciones sobre requisitos de reservas en el caso de depósitos del gobierno central (cuenta única fiscal).

A pesar del acelerado crecimiento y mayor complejidad del mercado interno de capitales, la mayoría de las operaciones financieras en moneda nacional tenía vencimientos muy cortos, de los cuales el más común era de 30 días. En 1982, por ejemplo, sólo 22% de los depósitos totales a plazo en moneda nacional tenía un vencimiento superior a un año. Por el lado de los préstamos, los vencimientos eran ligeramente mayores; en 1982, 55% del crédito total tenía vencimientos inferiores a un año.

Durante el periodo de 1976-1980, aumentó el volumen de crédito real, y también creció sustancialmente el nivel de transacciones en el mercado bursátil y los precios de las acciones experimentaron una fuerte alza (véase el cuadro III.2). Gran parte de la actividad en el mercado bursátil consistía en acciones llevadas a cabo por fondos de mutualidades de reciente formación, que se volvieron cada vez más activos durante el periodo. Sin embargo, a pesar de su acelerado crecimiento, a principios de la década de 1980 el mercado bursátil todavía era pequeño en términos relativos. Además, durante todo el periodo de 1973-1983, fueron muy limitadas las nuevas emisiones de acciones.

CUADRO III.2. *Los precios reales de las acciones y el volumen de transacciones: 1976-1983*

Año	Índice del valor real de las transacciones en la bolsa de valores (1976 = 100)	Índice real de los precios de las acciones (1976 = 100)
1976	100.0	100.0
1977	202.1	184.4
1978	310.8	364.8
1979	713.9	421.6
1980	1 300.7	780.8
1981	1 623.9	625.7
1982	3 964.4	475.9
1983	2 385.6	305.3

FUENTE: Los valores nominales se elaboraron con base en la información proporcionada por la Bolsa de Comercio de Santiago. Las cifras reales que aparecen en el cuadro se elaboraron deflactando los valores mediante un índice corregido de precios al consumidor.

No hay duda de que, al menos en términos del aumento del grado de intermediación financiera, la reforma de liberalización fue un éxito. Sin embargo, desde el principio se hizo evidente que la reforma de liberalización del mercado de capitales enfrentaba tres problemas principales. En primer lugar, como se verá detalladamente más adelante, las tasas de interés eran muy elevadas. En segundo lugar, a pesar del crecimiento muy significativo del grado de intermediación financiera, el ahorro interno no aumentó, como lo habían esperado quienes propusieron las reformas (véase el cuadro III.3). De hecho, como se hizo notar en el capítulo I, el ahorro interno se situó en uno de sus niveles históricos más bajos. En tercer lugar, y tal vez lo de mayor importancia, el acelerado crecimiento del sector financiero se dio en un medio ambiente no supervisado por las autoridades monetarias. Como resultado de ello, numerosos bancos acumularon un volumen sin precedente de préstamos malos, lo que finalmente condujo a la profunda crisis financiera de 1982.

La intermediación financiera y el ahorro

El bajo nivel de ahorro interno puede explicarse a través de algunos factores interrelacionados. El primero de ellos se relaciona con el comportamiento de los precios de los activos. A fines de la década de los setenta estos precios registraron una aguda alza que generó un aumento importante en la rique-

CUADRO III.3. *La inversión y el ahorro en Chile: 1970-1983 (en porcentaje)*

Año	(Inversión interna bruta/PIB)	Formación bruta de capital en capital fijo/PIB	Depreciación/PIB	(Ahorro interno neto/PIB)	(Ahorro interno bruto/PIB)	(Ahorro externo/PIB)
1970	23.4	20.4	11.0	10.6	21.6	1.7
1971	20.8	18.3	11.9	6.0	17.8	2.9
1972	15.2	14.8	10.4	-0.1	10.4	4.8
1973	14.3	14.7	19.2	-9.7	9.5	4.8
1974	25.8	17.4	11.8	13.5	25.3	0.5
1975	14.0	15.4	15.7	-7.2	8.5	5.6
1976	13.6	12.7	14.1	1.4	15.4	-1.9
1977	14.4	13.3	11.7	-1.0	10.7	3.7
1978	16.5	14.5	10.5	1.1	11.6	4.8
1979	19.6	15.6	11.0	2.7	13.7	5.9
1980	23.9	17.6	11.4	4.1	15.5	8.5
1981	27.6	19.5	8.7	-1.2	7.5	14.5
1982	11.1	15.0	s.d.	-8.6	s.d	9.2
1983	9.3	12.9	s.d.	-6.8	s.d.	5.4

FUENTE: Banco Central de Chile, 1981, 1983, 1984.

za percibida y en el consumo. Naturalmente este fenómeno se reflejó en un descenso del ahorro privado.[4] Los mayores precios de los activos y el consecuente incremento en la riqueza percibida tuvieron su origen en un optimismo creciente que acompañó los años del "boom" sobre las perspectivas futuras de la economía. Las altas tasas de crecimiento de la producción, la abundancia de capital extranjero y la modernización de la economía fueron la base de este optimismo. La medida de esta revaluación de los activos se ilustra claramente mediante la evolución del índice de precios reales de las acciones mostrado en el cuadro III.2. En buena medida, esta revaluación representó una "burbuja" que finalmente estalló, generando considerables costos.[5]

El bajo nivel de ahorro interno tuvo que ver asimismo con la política de privatización aplicada por el gobierno. Como se hará notar en el capítulo IV, a partir de 1974, a fin de reducir la importancia del sector público, se llevó a cabo un proceso de privatización de las empresas que eran propiedad del gobierno, y éstas fueron subastadas a postores privados tanto nacionales como extranjeros. En general, el gobierno utilizó el producto de estas ventas para financiar el gasto corriente. Desde un punto de vista práctico, el ahorro privado que se utilizó para adquirir estas empresas fue compensado con el ahorro gubernamental *negativo*. Por último, otros dos factores de importancia afectaron el grado de intermediación y de ahorro. En primer lugar, el aumento del endeudamiento externo, del que hablaremos detalladamente más adelante, contribuyó al incremento de la intermediación financiera sin un correspondiente incremento en el ahorro *interno*. En segundo lugar, después de 1975 el gobierno canalizó proporciones cada vez mayores de su ahorro a través del sector financiero, aumentando así el grado de intermediación sin producir efecto alguno sobre el ahorro agregado.

[4] Las expectativas de desempeño económico futuro afectarán el ahorro a través del mecanismo metzleriano, en el cual el ahorro depende de la brecha existente entre la riqueza deseada y la riqueza real. El mejoramiento de las expectativas acerca del crecimiento de la producción se traduce en una mayor riqueza percibida y, consecuentemente, en una reducción del ahorro. Para una exposición del caso chileno, véanse Harberger, 1982; Barandiarán, Montt y Pollack, 1982; S. Edwards, 1985; y Arellano, 1985. Sin embargo, debe hacerse notar que durante este periodo los chilenos aumentaron mucho su consumo de bienes duraderos (véase el capítulo V). En la medida en que esta acumulación de bienes duraderos representa ahorro parcial, las cifras de las cuentas nacionales presentadas en el cuadro III.3 subestiman el ahorro real.

[5] La *burbuja* se define como la diferencia de cambio real en el precio de un activo particular y el cambio de precio que responde a los básicos. Recientemente, han aparecido varios estudios que se ocupan de las burbujas racionales. Véase por ejemplo Singleton, 1986, y la bibliografía citada en este trabajo. La revaluación de los precios de los activos desempeña un papel crucial en el análisis certero que realiza Barandiarán, 1983, de la crisis financiera chilena.

La reglamentación del sector financiero

Indudablemente el problema institucional más grave relacionado con la reforma del mercado interno de capitales consistió en la falta de una supervisión y reglamentación efectivas. Por ejemplo, a principios de 1974 fue bien sabido por todos los involucrados —incluidos desde luego los "reguladores"— que los grandes conglomerados (los grupos) estaban encontrando las formas de no cumplir con las reglas tendientes a evitar una concentración excesiva de la propiedad en el sector financiero (véase el capítulo IV). El relajamiento del sistema de supervisión se reflejó primero en 1974 y a principios de 1975, cuando algunas instituciones financieras informales comenzaron a operar con la aprobación implícita del gobierno y absolutamente sin ningún control. Asimismo, muchos bancos propiedad de los grupos concentraron grandes proporciones de sus carteras de préstamo en "empresas relacionadas", que eran propiedad o estaban bajo el control de ese conglomerado particular. Como se explica en el capítulo IV, el esquema básico que siguieron muchos de estos grupos fue el uso de los recursos financieros obtenidos a través de los bancos recientemente adquiridos para crecer rápidamente, sobre todo a través de la adquisición de empresas que se estaban privatizando; posteriormente, algunos de estos fondos se utilizaron también para ampliar el nivel de operaciones de estas y otras empresas. Al mismo tiempo, los bancos se embarcaron en una carrera frenética tratando de crecer lo más aceleradamente posible. Como se explica más adelante, muchos de los préstamos a las empresas relacionadas no representaban, desde un punto de vista puramente financiero, prácticas bancarias sanas.[6]

A fines de 1976 y principios de 1977, al estallar una grave crisis financiera, se hizo evidente que eran insuficientes los esquemas de supervisión y reglamentación del sector financiero. Algunas financieras formales e informales de menor importancia se fueron a la quiebra. Sin embargo, lo más grave fue que un banco importante —el Banco Osorno, propiedad del grupo Fluxa— enfrentó serios problemas y tuvo que ser intervenido por el gobierno.[7]

Como resultado de esta crisis, se adoptaron algunas medidas para reforzar supuestamente la estructura del sector financiero. En primer lugar, cerraron

[6] Una cuestión interesante es la de explicar analíticamente el comportamiento de los grupos que utilizan la teoría moderna de la organización industrial. Aunque no se ha desarrollado bien la teoría de los conglomerados, parte del trabajo sobre el aprender haciendo y sobre la fijación de precios depredadores puede retomarse para explicar el comportamiento de los grupos en los países latinoamericanos. Leff, 1978, ofrece varias observaciones certeras con respecto al tema.

[7] Harberger, 1985, en su interpretación sobre el experimento chileno señala que la quiebra del Banco Osorno fue uno de los eventos negativos más importantes que ocurrieron en ese periodo.

las instituciones informales. En segundo lugar, el capital mínimo requerido para establecer financieras formales aumentó a 75% con respecto al capital mínimo de los bancos. En tercer lugar, el gobierno estableció un esquema obligatorio de aseguramiento de los depósitos que, en teoría, cubrían hasta el equivalente de 3 000 dólares norteamericanos por cada depositante; sin embargo, en la práctica y dado el comportamiento del gobierno durante la crisis del Banco Osorno en la que se pagó a todos los depositantes, el público supuso que este seguro cubriría la cantidad que fuera. De hecho, esta garantía implícita generalizada en los depósitos dio lugar a un clásico caso de "riesgo moral" en el que los depositantes, tanto grandes como pequeños, no tenían estímulo alguno para distinguir entre aquellos bancos que habían sido debilitados por sus préstamos malos, de las pocas instituciones que poseían una sólida base financiera. Sin embargo, después de la crisis del Banco de Osorno no se tomaron medidas serias para reducir el grado de interrelación entre los bancos y los grupos. De hecho, después de ese episodio el porcentaje de préstamos otorgados por cada banco a las empresas de los grupos creció significativamente, alcanzando en algún caso cerca de 50% de los préstamos totales (véase el capítulo IV). De esta manera, y tal vez no sorprende, esta falta de reglamentación desempeñó un papel crítico en la crisis financiera de 1981-1982 y en el desplome total del experimento chileno.

Las tasas de interés, el "boom" y la devaluación esperada

El comportamiento de la tasa de interés representa una de las características más fascinantes de la experiencia chilena. Durante la mayor parte del periodo 1975-1982, tanto las tasas de interés nominales como las reales se mantuvieron en un nivel muy alto. El cuadro III.4 contiene datos trimestrales sobre las tasas de interés nominales, los depósitos, la inflación, las tasas de interés internacionales (LIBOR) y la tasa de devaluación correspondiente al periodo de 1977 a 1983. Como puede verse a través de estos datos, incluso después de que la cuenta de capital se abrió en forma significativa y de que se fijó el tipo de cambio respecto al dólar en junio de 1979, existía todavía un diferencial muy considerable entre las tasas de endeudamiento interno y la tasa externa (LIBOR). Sólo una pequeña parte de este diferencial puede ser explicada mediante la prima de riesgo de país cargada por la comunidad financiera internacional a los prestatarios chilenos. Las primas promediaban 1.55 puntos porcentuales en 1978; 0.99 puntos porcentuales en 1979; 0.99 puntos porcentuales en 1980; 0.89 puntos porcentuales en 1981, y 0.97 puntos porcentuales en 1982.[8] Los datos sobre las tasas de interés nominales

[8] Estas cifras se refieren a préstamos recibidos por el sector bancario; véase Banco Central

que se presentan en el cuadro III.4 se refieren a las tasas promedio de depósito del sistema bancario. El cuadro III.5 muestra diferencias muy grandes entre las tasas pasivas y las activas, reflejando en parte la ineficiencia del sistema bancario chileno, que tenía costos de operación mucho más elevados por unidad de depósito que los bancos de tamaño comparable en los Estados Unidos y en otros países industrializados.[9]

Hasta mediados de 1979, cuando se aceleró el proceso de apertura de la cuenta de capital, se mantenían también en un nivel elevado las tasas de interés reales, *ex post*. Como puede verse en el cuadro III.6, la tasa de interés real activa de los bancos promedió 8.8 anual en 1977, 18.9% al año en 1978 y 13.2% anual durante la primera mitad de 1979. La apertura (parcial) de la cuenta de capital y la gran afluencia resultante de capital foráneo afectaron rápidamente las tasas de interés real; entre el tercer trimestre de 1979 y el cuarto trimestre de 1980 las tasas pasivas reales cayeron significativamente, promediando tan sólo 4.1% anual. Hacia fines de 1980 la situación cambió drásticamente. En diciembre de ese año la tasa pasiva real subió hasta 15% anual, mientras que la tasa activa real sobrepasó 20% anual. Las cosas empeoraban aún más en 1981 cuando, a pesar del hecho de que las entradas de capital alcanzaron un alto nivel, promediando 1 100 millones de dólares por trimestre, la tasa pasiva *ex post* aumentó a un promedio anual de 27% y la tasa de interés activa real *ex post* promedió 37%. En la primera mitad de 1982, inmediatamente antes de la devaluación del peso, la tasa pasiva real promedió 37%, mientras que la tasa activa real llegó a la notable cifra de 43 por ciento.

El sorprendente comportamiento de las tasas de interés durante el régimen militar en Chile respondió a factores complejos e interrelacionados. Sin embargo, pueden destacarse dos elementos principales. El primero es la demanda siempre creciente del crédito, que a su vez respondía a una serie de factores, incluyendo el comportamiento de los grupos y los niveles considerablemente más elevados de gasto que tuvieron su origen en el optimismo al observar el futuro de la economía. El segundo elemento está relacionado con las expectativas de devaluación que aumentaron consecuentemente después del primer trimestre de 1980. Mientras que los continuos incrementos en la demanda de crédito explican principalmente el comportamiento de la tasa de interés real, las expectativas de devaluación

de Chile, *Boletín Mensual* (varios números). Debe hacerse notar que en virtud de las restricciones a los movimientos de capital, los fondos extranjeros que entraron lo hicieron sólo para periodos a mediano y largo plazo. Véase S. Edwards, 1984*b*, para un análisis empírico de los determinantes de la diferencia en la LIBOR para un grupo de países en desarrollo durante el periodo 1976-1980. Siendo los valores internos y externos sustitutos imperfectos, no hay razón alguna para esperar una igualdad entre ambas tasas.

[9] Arellano, 1985, hace notar también este punto.

CUADRO III.4. *Las tasas de interés, la tasa de devaluación y la tasa de inflación: 1977-1983 (datos trimestrales en porcentaje)*

Año y trimestre	(A) Tasa de inflación anual nominal sobre depósitos	(B) Tasa anual de devaluación	(C) Tasa de interés LIBOR	(D) Tasa anual de inflación
1977.1	124.6	71.4	6.3	103.2
1977.2	83.6	23.4	6.8	100.0
1977.3	70.8	71.9	7.0	61.2
1977.4	99.8	85.5	7.8	57.4
1978.1	70.7	57.4	8.0	37.9
1978.2	55.6	33.1	8.5	41.2
1978.3	55.5	19.7	9.3	43.0
1978.4	70.0	11.2	11.5	28.1
1979.1	47.3	14.3	11.8	24.9
1979.2	44.1	18.7	11.8	32.9
1979.3	42.7	33.8	12.3	48.8
1979.4	46.1	0	15.5	39.2
1980.1	52.0	0	16.3	28.5
1980.2	32.7	0	14.0	32.0
1980.3	31.8	0	11.5	27.0
1980.4	34.2	0	17.8	33.0
1981.1	45.0	0	19.0	18.0
1981.2	40.9	0	20.5	11.6
1981.3	38.8	0	20.5	8.5
1981.4	38.5	0	16.0	7.4
1982.1	38.9	0	15.6	7.0
1982.2	32.4	14.3	16.2	4.2
1982.3	37.8	245.1	12.1	26.1
1982.4	73.2	152.0	9.5	55.8
1983.1	33.1	36.9	9.5	18.7
1983.2	28.9	1.3	9.7	25.4
1983.3	25.0	26.2	10.5	26.8
1983.4	24.9	30.8	9.9	26.5

FUENTES: Elaborado con datos obtenidos del Banco Central de Chile, de *International Financial Statistics* del FMI y de Cortázar y Marshall, 1980. La tasa anual de devaluación fue calculada con respecto al dólar norteamericano como $(1 + \text{devaluación real})^4$. La tasa de interés sobre los depósitos denominados en moneda nacional (columna A) se refiere a depósitos a 30 días.

CUADRO III.5. *Diferencias anuales entre las tasas de interés pasivas y las activas: 1979-1983 (en porcentaje)*

Año	1er. trimestre	2o. trimestre	3er. trimestre	4o. trimestre
1979	20.0	16.4	39.3	14.0
1980	9.8	10.9	9.2	7.8
1981	7.2	9.7	12.1	15.4
1982	16.2	15.3	26.3	15.0
1983	17.0	15.2	14.2	12.8

FUENTE: Calculado con datos presentados en el Banco Central de Chile, *Boletín Mensual* (varios números).

CUADRO III.6. *Las tasas de interés real anuales* ex post: *1977-1983 (tasas de depósito reales, en porcentaje anual)*

Año	1er. trimestre	2o. trimestre	3er. trimestre	4o. trimestre	Promedio
1977	10.5	−8.2	6.0	26.9	8.8
1978	23.8	10.2	8.7	32.7	18.9
1979	17.9	8.4	−4.1	5.0	6.8
1980	18.3	0.5	3.8	1.0	5.9
1981	22.8	26.3	27.9	29.0	26.5
1982	29.8	27.6	9.3	11.2	19.5
1983	12.1	8.6	−1.4	−1.2	4.5

FUENTE: Elaborado por los autores con datos preliminares obtenidos de Banco Central de Chile, 1981, 1983, 1984, y de Cortázar y Marshall, 1980. Las tasas reales *ex post* fueron elaboradas como $r = (1 + i)/(1 + \pi) - 1$ donde r es la tasa real *ex post*, i es la tasa nominal anual y π es la tasa real anual, de inflación.

afectaron tanto la tasa de interés nominal como la real *ex post*. Otros factores que también desempeñaron un papel en el comportamiento de las tasas de interés fueron la existencia de costos de las transacciones y, especialmente en 1981, la política monetaria pasiva que siguió el Banco Central.

La demanda de crédito

Muy en los comienzos del intento de liberalización, la demanda de crédito experimentó aumentos importantes, que sobrepasaron la expansión de la oferta de crédito. Inicialmente esta demanda mayor provenía principalmente de los grupos que, después de la adquisición de algunos de los bancos recientemente privatizados, comenzaron a utilizar los fondos obtenidos a través de los propios bancos para financiar la compra, modernización y expansión de otras empresas que se estaban privatizando.[10] En la primera etapa de este proceso se registró también una fuerte demanda de crédito por parte de empresas de toda clase para financiar el capital de trabajo. Una de las consecuencias del gobierno de la Unidad Popular fue que la mayoría de las empresas se encontraba muy descapitalizada y atravesaba por una gran necesidad de capital de trabajo fresco para financiar la acumulación de inventarios. Asimismo, una parte no trivial de la demanda de crédito durante este periodo tuvo su origen en los esfuerzos realizados por diferentes empresas para evitar la quiebra como resultado de la recesión de 1975.[11]

Harberger (1985) ha sostenido que esta demanda de crédito por parte de los grupos pronto se convirtió en una creciente "demanda falsa".[12] Muchas de las empresas adquiridas por los grupos no eran rentables y recurrían de manera creciente a endeudamiento adicional con el sector bancario para poder mantenerse a flote. En vez de reconocer la "baja calidad" de estos préstamos, los bancos continuaron incrementando su otorgamiento, complicando el problema hasta fines de 1981, fecha en que la situación ya estaba fuera de control. La renuencia de los bancos a poner fin a este esquema y a hacer efectivas las garantías establecidas por las empresas prestatarias fue causada en parte por el hecho de que a fines de 1981 y en 1982 el valor en libros de las garantías era muy superior a su valor de mercado, lo que implicaba que, de hecho, los bancos tendrían que cancelar una fracción de estos préstamos. Desde luego, en cualquier parte del mundo los bancos se muestran muy renuentes a cancelar sus préstamos malos, ya que ello invariablemente implica la reducción del crédito total por un múltiplo muy elevado de la cantidad cancelada.[13] La importancia real de los grupos en la generación de una presión ascendente de la demanda de crédito se refleja, por ejemplo, en el hecho de que hasta diciembre de 1982 el segundo

[10] En 1977 se suscitó en Chile un interesante debate acerca de si era un error haber privatizado los bancos antes de privatizar las empresas manufactureras. Véase por ejemplo la entrevista con el ministro Sergio de Castro en *Qué pasa*, 14 de abril de 1977: 14.

[11] En Chile la cancelación de los préstamos malos habría dado lugar a una disminución del *acervo* de crédito igual a cerca de 40 veces el valor de los préstamos malos.

[12] Como se explica en el capítulo IV, la Corfo requirió entre 20 y 40% como enganche en estas ventas de bancos y empresas. La mayoría de los grupos nuevos tuvo que endeudarse mucho para cubrir este enganche.

[13] Sjaastad y Cortez, 1978, han sostenido que durante el primer periodo podría haber una explicación parcial para las tasas altas mediante los costos financieros resultantes de la existencia de elevados requisitos de reservas en condiciones de inflación muy alta. Sin embargo, ésta es sólo una explicación posible para el primer periodo, ya que posteriormente los requisitos de reservas fueron reducidos de manera drástica a un nivel final de 10%, mientras que las tasas de interés siguieron siendo por lo general muy altas.

banco más grande de Chile había concedido de manera directa más de 40% de todos sus préstamos a los grupos. Los seis mayores conglomerados, por otra parte, habían recibido, sólo a través de los bancos directamente controlados por cada uno de ellos, casi 14% del crédito total.[14] Como es evidente, la proliferación de estos préstamos malos por un periodo considerablemente largo sólo fue posible gracias a la actitud tímida que las autoridades mantuvieron con respecto a la supervisión bancaria.

A mediados de 1979, un sentimiento bastante generalizado de prosperidad y de muy brillantes perspectivas económicas comenzó a invadir a la población chilena. Basados en las aceleradas tasas de crecimiento de los dos años anteriores y en la abundancia de financiamiento externo, y alentados por una propaganda implacable del gobierno y por la adulación de banqueros y expertos extranjeros, los chilenos comenzaron a formarse expectativas muy optimistas sobre la trayectoria del crecimiento futuro de la economía. A los ojos del público, las rápidas tasas de crecimiento de estos años confirmaban dicho optimismo. Durante los años del "boom" se pensó que Chile crecería a largo plazo a un promedio de entre 7 y 8%. De hecho, 1980 y principios de 1981 se caracterizaron por una euforia del tipo descrito por Kindleberger (1978).[15]

Este optimismo dio lugar a la percepción de una riqueza considerablemente mayor —que, como se hizo notar, se reflejaba en las dramáticas alzas de los precios de los activos, incluyendo existencias y bienes raíces— y le siguió el jolgorio de un gasto de grandes dimensiones por parte de la gente perteneciente a la mayoría de los estratos de la sociedad. El aumento en el gasto (consumo y en menor medida inversión) fue financiado en gran parte a través de mayor crédito —denominado tanto en moneda nacional como extranjera— obtenido del sector bancario. Esta demanda más intensa de crédito para financiar un mayor gasto tuvo tres consecuencias principales: en primer lugar, ejerció presiones adicionales sobre las tasas de interés internas por encima de las generadas por la "falsa demanda" de crédito que presentaron los grupos; en segundo lugar, como se documenta más adelante, generó aumentos muy considerables en el endeudamiento externo; y, en tercer lugar, contribuyó a crear una estructura financiera peligrosamente

[14] Esta cifra, que se calculó con datos proporcionados por la Superintendencia de Bancos, se refiere sólo a los préstamos que cada grupo recibió de sus propios bancos, porque desde luego se efectuó una cantidad importante de préstamos cruzados, en los que los bancos controlados por el grupo A prestan dinero a empresas propiedad del grupo B. No es posible cuantificar la importancia de dichos préstamos.

[15] Barandiarán, 1983, fue tal vez el primero en señalar que Chile estaba siguiendo el patrón de una crisis financiera más o menos típica en los términos descritos por Kindleberger. El papel desempeñado por la mayor riqueza percibida en la explicación del bajo nivel de ahorro y de las elevadas tasas de interés han sido subrayados también por Harberger, 1983a; S. Edwards, 1985a, 1985b; y Arellano, 1985.

frágil, en la que una elevada proporción de los préstamos del sector bancario se concedía utilizando precios de garantías muy inflados.

Durante 1981 se agregó otra fuente importante al incremento de la demanda de crédito. La gente percibió el ambiente externo en deterioro como fenómeno transitorio y trató de ajustarse a él, emparejando temporalmente su consumo mediante un endeudamiento externo aún más elevado. Como, según veremos más adelante, los activos nacionales y extranjeros eran sustitutos muy imperfectos, esta demanda más fuerte de crédito ejerció una presión adicional al alza sobre las tasas de interés a fines de 1981 y principios de 1982, conforme las condiciones financieras de las empresas se fueron debilitando sobremanera, las empresas intensificaron su demanda de crédito a fin de evitar la quiebra.

Las expectativas de devaluación

Hacia el segundo semestre de 1980, las expectativas de devaluación comenzaron a jugar un papel cada vez más importante. Aunque el tipo de cambio nominal vigente había sido fijado a 39 pesos por dólar desde junio de 1979, las expectativas de devaluaciones fueron aumentando de manera congruente conforme se fue haciendo evidente que la sobrevaluación real estaba imponiendo un alto precio a la economía y que dicha sobrevaluación no era sostenible. Por ejemplo, Le Fort (1985) determinó mediante el uso de métodos bayesianos que en mayo de 1982 la probabilidad percibida por el público de que las autoridades abandonarían el sistema de tipo de cambio fijo sobrepasaba 90%. De acuerdo con sus cálculos, la tasa esperada de devaluación subió continuamente de cerca de 2% en julio de 1979 —un mes después de fijada la paridad— hasta más de 26% en mayo de 1982, justo antes de la devaluación de ese año (véase el cuadro III.7).

A pesar del hecho de que durante 1980, 1981 y los primeros meses de 1982 todavía existían ciertos controles sobre los movimientos de capitales, conforme subió la tasa de devaluación esperada, también aumentó la tasa de interés nominal interna. Al hacerse cada vez más y más grande la devaluación esperada, algunas empresas particulares empezaron a remplazar el crédito externo acudiendo al crédito interno, ejerciendo presiones adicionales sobre las tasas de interés internas. En un artículo reciente, S. Edwards (1986a) mostró que, además de otros factores, las tasas de interés internacionales sumadas a la devaluación esperada desempeñaron un papel importante para explicar el comportamiento de la tasa de interés nominal de Chile. Con base en el modelo de economía semiabierta sobre el comportamiento de la tasa de interés en países en desarrollo, elaborado por S. Edwards y Khan (1985), se obtuvo el siguiente resultado de la estimación

CUADRO III.7. *La devaluación esperada: 1979-1982 (en porcentaje)* [a]

Año	Marzo	Mayo	Septiembre	Diciembre
1979	–	–	1.3	1.1
1980	1.0	1.2	1.7	9.8
1981	17.1	17.6	30.5	30.6
1982	32.7	26.3	–	–

FUENTE: Le Fort, 1985.
[a] Estas cifras se calcularon como la probabilidad percibida de abandonar el tipo de cambio fijo multiplicada por la devaluación esperada condicional.

de una ecuación de forma reducida para la tasa de interés nominal, utilizando el OLS corregido mediante una correlación seriada de datos trimestrales para el periodo 1971-1982 (los números entre paréntesis son la estadística de t):

$$i_t = 0.039 + 0.239 \ (i_t^* + D_t^e) -0.442 \log m_{t-1}$$
$$(0.418) \quad (1.965) \quad (-2.030)$$

$$- \ 0.153 \ \log y_t - 0.378 \ \pi_t + 0.090 \ \text{ficticia} \qquad (III.1)$$
$$(-0.175) \quad (-1.130) \quad (0.905)$$

$$R^2 = 0.905$$
$$D.W. = 1.932$$
$$N = 18$$
$$RHO = -0.389$$

en donde i_t es la tasa de interés nominal interna; $(i_t^* + D_i^e)$ es la suma de la tasa nominal internacional (LIBOR) más la tasa esperada de devaluación; m_{t-1} es una medida del dinero real en el periodo $t-1$ que representa la disponibilidad de liquidez real en la economía; y_t es una medida del ingreso real; π_t es la inflación real, que se usa como una representación de la inflación esperada; y la variable ficticia (*dummy*) que tomó un valor de cero a partir de 1977 hasta mediados de 1979 y un valor de 1 de esa fecha en

---

[16] Esta ecuación de forma reducida puede derivarse de la combinación de la expresión de una economía cerrada para la determinación de la tasa de interés con una ecuación de economía abierta. En este modelo el grado de apertura financiera de la economía no se impone de modo exógeno pero puede obtenerse a partir de los datos reales. En el presente caso se trata de la tasa nominal pasiva; i^* es la tasa LIBOR; D^e es una tasa que sustituye la tasa esperada de devaluación construida como la tablita entre enero de 1978 y junio de 1979 y como el grado de sobrevaluación real acumulada después de junio de 1979. Hay que hacer notar que un problema con dicha tasa sustituta es que la tasa esperada de devaluación debería ser a largo plazo. Véase la tercera sección más adelante y el apéndice de este capítulo. Y es el PIB trimestral

adelante para dar cabida a una distinción entre los subperiodos de tipos de cambio fijos y no fijos.[16]

Los resultados obtenidos de este análisis de regresión son interesantes. El hecho de que el coeficiente de $(i_t^* + D_t^e)$ y de log m_{t-1} sean significativos en niveles convencionales y tengan los signos esperados respalda la hipótesis de que durante este periodo el comportamiento de la tasa de interés nominal en Chile se vio influido tanto por factores de economía abierta como por condiciones de liquidez real interna. De particular importancia es el hallazgo de un coeficiente significativamente positivo para el término $(i_t^* + D_t^e)$. Esto significa que tasas mayores esperadas de devaluación pronto pasaban a reflejarse en mayores tasas internas nominales de interés. Por ejemplo, si la tasa esperada de devaluación aumentaba de 2% en un determinado mes a 26% en otro mes, como sugieren los cálculos de Le Fort, la tasa nominal *mensual* de interés se incrementaría en casi ocho puntos porcentuales. Otro elemento de importancia indicado por esta ecuación en la explicación del comportamiento de i_t consiste en las tasas de interés externas internacionales, que durante 1980 y 1982 tuvieron un incremento sustancial. Los coeficientes de la constante y de la variable ficticia confirman la hipótesis de que los activos nacionales y foráneos no eran sustitutos perfectos durante el periodo. Asimismo, el coeficiente significativamente negativo de la variable de liquidez real (m_{t-1}) señala con claridad que durante el periodo las tasas de interés nominales no sólo resultaron afectadas por factores externos, sino que también respondieron al comportamiento del mercado interno.[17] Sin embargo, los otros coeficientes de la ecuación III.1 no se estiman de manera precisa, lo que sugiere que algunos elementos aún se encuentran ausentes en nuestro análisis del comportamiento de la tasa de interés en Chile.

El incremento sostenido en la tasa esperada de devaluación entre fines de 1980 y mediados de 1982 es de particular importancia para entender la dramática alza en las tasas reales *ex post* durante este periodo. Desde luego, un aspecto clave de este problema es la diferencia entre la tasa esperada y la tasa real de devaluación. Mientras que en una economía semiabierta la tasa de interés nominal depende críticamente de la tasa *esperada* de devaluación, la tasa real de inflación —que se utiliza para medir la tasa de interés real *ex post*, como las representadas en el cuadro III.6— depende

elaborado por la Universidad de Chile; m es la definición M1 de dinero y π es la tasa actual de inflación, que en expectativas racionales es la tasa sustituta adecuada para las tasas esperadas de devaluación. Si se hubieran utilizado medidas alternativas de liquidez real, se hubieran logrado resultados semejantes. Véanse S. Edwards y Khan, 1985 y S. Edwards, 1985c para comentarios sobre el modelo, y S. Edwards, 1986a, para una descripción de los datos.

[17] Honson y De Melo, 1985, llegaron a una conclusión similar en el análisis que realizaron sobre el caso de Uruguay.

principalmente de la tasa real de devaluación. Puesto que a pesar de las crecientes expectativas de devaluación las autoridades mantuvieron la tasa fija hasta junio de 1982, la tasa real de inflación se encontraba muy por debajo de la tasa esperada de devaluación y las tasas de interés reales *ex post* que fueron calculadas resultaron ser muy elevadas a fines de 1980.[18]

Resumen

Existen indicios claros de que las elevadas tasas nominales durante la mayor parte del periodo respondieron principalmente a un continuo aumento en la demanda de crédito —que respondió a su vez a varios factores diferentes y sobrepasó la expansión de la oferta de crédito— y, a partir de los primeros meses de 1981, a incrementos muy importantes en la tasa esperada de devaluación. Otros factores jugaron también cierto papel en el comportamiento de las tasas de interés, entre ellos, la existencia de costos de transacción que impidieron a los bancos tomar posturas respecto a las divisas (Sjaastad, 1983); el incremento en las tasas de interés mundiales; el aumento de la prima de riesgo que la comunidad financiera internacional asignó a Chile y que se inició a mediados de 1981 después de quebrar el grupo CRAV (S. Edwards, 1985a; Arellano, 1985), y la estrategia macroeconómica de "ajuste automático" que siguieron las autoridades económicas en 1980 y 1981.

Aun cuando la construcción de un modelo formal de las tasas de interés de Chile ha resultado ser difícil y elusiva, en el apéndice de este capítulo se presenta un modelo de determinación de la tasa de interés en una economía semiabierta que capta los aspectos más importantes en el caso chileno. Ese modelo combina la demanda de crédito y los factores de devaluación esperada con otros elementos para ofrecer una explicación del comportamiento de las tasas de interés en un país como Chile.

La liberalización de la cuenta de capital, el endeudamiento externo y el tipo de cambio real

En junio de 1979 se dieron los primeros pasos importantes hacia la apertura de la cuenta de capital. Sin embargo, como se explicó antes, los impedimentos de mayor cuantía para los movimientos de capitales a largo y mediano plazos no desaparecieron hasta abril de 1980. La combinación de menores

---

[18] Por supuesto, en la medida en que la gente esperaba una devaluación *real* aumentaba también la tasa de interés real *ex ante*.

LA LIBERALIZACIÓN FINANCIERA

CUADRO III.8. *La deuda externa chilena: 1973-1982 (millones de dólares)*

			Deuda del sector privado		
Año	Deuda total	Deuda del sector público	Sistema bancario	Resto	Total privado
1973	3 667	3 244	n.d.	n.d.	423
1974	4 435	3 966	n.d.	n.d.	469
1975	4 854	4 068	154	632	786
1976	4 720	3 762	168	790	958
1977	5 201	3 917	309	975	1 284
1978	6 664	4 709	660	1 295	1 955
1979	8 484	5 063	1 968	1 453	3 421
1980	11 084	5 063	3 497	2 524	6 021
1981	15 542	5 542	6 516	3 561	10 077
1982	17 153	6 660	6 613	3 880	10 493

FUENTE: Banco Central de Chile, 1981, 1983, 1984. n.d. = no disponible.

controles de capital y un entusiasmo renovado para prestar dinero a Chile por parte de la comunidad financiera internacional dio lugar a un aumento enorme en la deuda externa de Chile. En el cuadro III.8 se presenta la evolución del endeudamiento chileno. Tres cosas destacan en ese cuadro. En primer lugar, el incremento extraordinariamente acelerado del endeudamiento externo total, que casi se triplicó entre 1978 y 1982. En segundo, el cambio en la importancia relativa de la deuda pública y privada. Mientras que en 1973 la deuda privada representaba menos de 12% de la deuda externa total, en 1981 constituía casi 65%. Entre 1973 y 1981 la deuda externa privada (nominal) aumentó más de 23 veces. Cuando se expresa en dólares constantes, el aumento es aún mayor 11 veces, lo que representa una tasa anual promedio de crecimiento real de casi 40%. En tercer lugar, las cifras del cuadro III.8 destacan el acelerado crecimiento en el nivel de endeudamiento externo del sistema *bancario privado.*

Por supuesto, la importancia creciente del endeudamiento externo privado no fue una casualidad. Por el contrario, era parte de la política gubernamental encaminada a frenar el involucramiento del sector público en las transacciones financieras internacionales y a alentar la participación del sector privado en ese sector. En consonancia con la idea de que el gobierno no debería involucrarse activamente en tratos financieros o productivos, la mayoría de los empréstitos privados se obtuvo sin *garantía del gobierno;* de hecho, en ese tiempo las autoridades económicas y otros observadores pensaron que, como la mayor parte de la deuda había sido contratada por el sector privado sin ninguna garantía gubernamental, el acelerado incremento en la deuda externa no representaba una amenaza para el país en su conjunto: si un prestatario particular nacional no podía pagar sus obligaciones con el exterior, ése era un problema privado entre el prestatario y el prestamista foráneo que se resolvería mediante un procedimiento de quiebra normal.

La idea de que no deberían verse con preocupación los aumentos, inclusive los de mayor cuantía, en el endeudamiento externo privado se refleja de la manera más certera en la cita siguiente que se sacó de un documento elaborado por Walter Robischek, entonces director del Departamento del Hemisferio Occidental del FMI, en una conferencia organizada por el Banco Central chileno (Banco Central de Chile, 1981: 171):

> En el caso del sector privado, yo sostendría que la diferencia entre deuda interna y externa no es significativa... si es que existe... En términos más generales, puede esperarse que las empresas privadas tengan cuidado en el cálculo del rendimiento neto que van a obtener de los recursos prestados, en comparación con el costo neto, ya que su supervivencia como empresas se encuentra comprometida.

En su informe de 1981 sobre la situación económica de la nación, el ministro De Castro (1981: 23) llegó incluso a sostener que el endeudamiento privado foráneo debería ser fomentado activamente ya que representaba un mayor ahorro externo. De acuerdo con De Castro "no hay duda de que los déficit en cuenta corriente... son muy favorables para el país, y que debemos hacer un esfuerzo por mantenerlos en el más alto nivel posible por el mayor tiempo posible".

Como lo demostraron los acontecimientos posteriores, la distinción entre deuda pública y privada era muy artificial, ya que en 1983 el gobierno chileno terminó nacionalizando una proporción muy considerable de la deuda privada no garantizada, independientemente del hecho de que hubiera quebrado el prestatario privado original.

Aunque los bancos nacionales aumentaron en buena medida su intermediación en los fondos provenientes del exterior, no se les permitió asumir el riesgo cambiario, y todos sus préstamos financiados con fondos externos tuvieron que ser documentados en divisas y el prestatario final aceptaba en su totalidad el riesgo cambiario. Estas normas generaron un mercado crediticio muy segmentado, donde sólo algunos agentes tenían acceso al crédito "relativamente barato" denominado en moneda extranjera. De hecho, Zahler (1980) y Tybout (1985) han afirmado que estas normas dieron lugar inicialmente a grandes rentas que fueron captadas por los que tenían acceso a los fondos del exterior (o sea, los grupos).

El repentino y sustancial incremento en el nivel de entradas de capital, después de que se relajaron los controles de capitales en junio de 1979 y abril de 1980, respondió a dos factores fundamentales. En primer lugar, la adopción de un número creciente de políticas de libre mercado, y el éxito de la economía en los años del "boom", aumentó la rentabilidad percibida de la inversión interna, vista desde el exterior. Esto, a su vez, provocó un desequilibrio en la cartera en los mercados financieros internacionales, en los que los inversionistas deseaban ahora mantener una parte significativamente mayor de instrumentos financieros chilenos como parte de sus carteras. En el caso de Chile este desequilibrio fue muy evidente, por lo menos desde mediados de 1978, cuando los bancos extranjeros estaban muy ansiosos de incrementar sus riesgos en Chile pero no lo podían hacer por los controles impuestos a los capitales. Inmediatamente después de la liberalización, los inversionistas internacionales trataron de resolver su desequilibrio en la composición de su cartera, aumentando su adquisición de valores internos (o sea, chilenos). Como consecuencia de ello, las entradas de capital al país "dieron un salto", como vemos en el cuadro III.8.

El segundo factor que explica el aumento en las entradas de capital tiene que ver con el lado de la demanda y su relación con la diferencia entre las tasas de interés internas y las tasas internacionales ajustadas por la devaluación esperada. Desafortunadamente, como no hay datos confiables sobre las tasas esperadas de devaluación *a largo plazo*, resulta difícil evaluar a plenitud la importancia de este factor. Este problema de datos es particularmente complicado, ya que necesitamos tener una buena idea de la tasa esperada de devaluación por parte del público para un periodo de alrededor de cinco años en el futuro. Como es evidente, la razón de esto es que en virtud de las normas que regían los movimientos de capital en ese tiempo, una empresa o banco chileno que deseaba decidir si endeudarse en pesos o en dólares habría tenido que comparar el costo *total* de obtener un préstamo *con el mismo vencimiento* en pesos o en dólares. Puesto que desde 1979 y 1981 el vencimiento mínimo requerido para importar libremente capital era de 66 meses, la devaluación esperada que debería tenerse en cuenta era la correspondiente a ese periodo.[19] Como se aprecia en el cuadro III.7, hay pocas dudas de que, incluso en fecha tan temprana como 1980, las

[19] En rigor, una empresa o banco neutral en materia de riesgo, para decidir si se endeudaba en pesos o en dólares, compraría $1 + i_k$ con $(1 + i_k^*) E(S_k)/S$, donde i_k es la tasa de interés cargada a un préstamo denominado en pesos que vence en periodos k a partir de la fecha actual (es decir, se trata de un préstamo de vencimiento k); i_k^* es la tasa de interés sobre un préstamo denominado en dólares, también de vencimiento k; S es el tipo de cambio nominal —medido como pesos por dólar— en el periodo actual; y $E(S_k)$ es el valor del tipo de cambio que se espera que prevalezca en periodos k a partir de ahora. Si $(1 + i_k)$ sobrepasa $(1 + i_k^*) E(S_k/S)$, entonces la empresa preferirá endeudarse en dólares. Aunque es cierto que a fines de 1979 la gente esperaba que el tipo de cambio permaneciera fijo por un corto periodo de tiempo, no hay duda de que las expectativas de devaluación durante el correspondiente periodo de 66 meses eran significativamente mayores que cero. Véase Le Fort, 1985.

expectativas de devaluación para un periodo de 66 meses eran significativamente mayores que cero. Una vez introducido este elemento (el vencimiento), resulta claro que el costo a largo plazo *ex ante* (es decir, 66 meses) del crédito foráneo superó con mucho los cálculos basados en la tabla de devaluación real *ex post* a corto plazo.

Algunos investigadores han tratado de evaluar empíricamente la importancia de la diferencia entre las tasas de interés nacionales y extranjeras como posible causa del incremento masivo de las entradas de capital a partir de 1979. Tal vez lo más sorprendente de este estudio es que las pruebas disponibles sugieren que para el periodo 1979-1981 las entradas de capital no eran particularmente sensibles a los cambios producidos en las diferencias de las tasas de interés. Sjaastad (1983), por ejemplo, informa que entre agosto de 1979 y diciembre de 1980 había una débil respuesta de la tasa de entradas de capital a la diferencia entre las tasas de interés internas y externas. Entre enero de 1981 y marzo de 1982, sin embargo, esta relación básicamente desapareció. Además, Corbo (1985*a*), en lo que posiblemente sea el intento más ambicioso por explicar econométricamente el comportamiento de los flujos de capital en Chile, no encontró un papel significativo para los diferenciales en las tasas de interés. En una aplicación del modelo de Kouri y Porter (1974), Corbo encontró consecuentemente que el coeficiente de la tasa de interés internacional más la tasa de devaluación era negativo y muy insignificante.[20]

La liberalización de la cuenta de capital y el tipo de cambio real

El incremento en la disponibilidad de fondos externos que siguió a la apertura de la cuenta de capitales paralelo a la indización salarial retroactiva y la fijación del tipo de cambio se convirtieron en una causa importante de la sobrevaluación real persistente del peso que tuvo lugar desde mediados de 1979. De hecho, el incremento en el nivel de los flujos de capital que entraban al país *requirió* una revaluación real del peso. Desde una perspectiva analítica la razón de ello es que conforme una parte del incremento en el gasto resultante de la importación de capital se gasta en bienes no comercializables en el exterior, se creará un excedente incipiente de la de-

---

[20] En las regresiones de Corbo, 1986*b*, la estadística de *t* para este coeficiente nunca fue superior (en valor absoluto) a 0.7. Nuestros propios intentos por explicar econométricamente el comportamiento de la tasa neta de flujos de capital hacia Chile, durante 1977-1981, no redundaron en resultados significativos. Las regresiones indican que la tasa de capital no era significativamente sensible durante ese periodo a los diferenciales no cubiertos de la tasa de interés. Morandé, 1986, ha utilizado recientemente el análisis causal para mostrar que en Chile la afluencia de capital antecedió a la revaluación real del peso.

manda de este tipo de bienes; para restaurar el equilibrio los precios relativos de los bienes no comercializables tendrán que aumentar y se producirá una revaluación real.[21] En realidad, esto fue lo que sucedió en Chile, donde una gran proporción del capital externo recientemente importado se utilizó para financiar el auge en el sector de la construcción.

En el cuadro III.9 se presentan datos trimestrales acerca del comportamiento del tipo de cambio real efectivo —elaborado con respecto a una canasta de monedas— entre 1977 y 1984. Un aumento en este índice refleja una devaluación real, en tanto que una baja muestra una revaluación real. Una característica sobresaliente de esta información es que durante la primera fase del periodo de la tablita (es decir, hasta junio de 1979) no se produjo una revaluación real significativa del peso. Además, de acuerdo con este índice, entre el segundo trimestre de 1978 y el tercero de 1979 se produjo una devaluación real efectiva, que respondió en parte al hecho de que se había establecido una tasa preanunciada de devaluación respecto al dólar norteamericano y, en ese entonces, el dólar se estaba devaluando de manera importante en términos reales respecto a otras monedas principales. De hecho, si utilizamos una medida más sencilla del tipo de cambio real calculada respecto al dólar exclusivamente, durante este periodo se produce una pequeña revaluación real.[22] Solamente en 1979, después de que el esquema de la tablita entró en su segunda fase y de que se abrió la cuenta de capital, se aceleró la sobrevaluación real. Entre el tercer trimestre de 1979 y el segundo de 1982, la revaluación real ascendió a 35%.[23] El hecho de que el tipo de cambio real no experimentara una revaluación real (significativa) durante los primeros 18 meses de la tablita es congruente con la metodología utilizada para calcular el tipo de cambio real. Por ejemplo, usando seis índices alternativos para el precio relativo interno de bienes comercializables a no comercializables en el exterior, Corbo (1982) encontró que entre el cuarto trimestre de 1977 y el segundo de 1979 no se había registrado cambio significativo alguno en esta variable. Así sucedió a pesar del hecho de que Corbo incluyó reducciones arancelarias a las importaciones

[21] Esto se sigue del tradicional "problema de transferencia" en la economía internacional. Véanse Dornbusch, 1958; Harberger, 1982; S. Edwards, 1984c; y S. Edwards, 1985b. Condon, Corbo y De Melo, 1986; y Barandiarán, Montt y Pollack, 1982. Véase también Obstfeld, 1986.

[22] Entre 1976 y 1979 el tipo de cambio real norteamericano, calculado a través de las ponderaciones MERM de IFS, se devaluó casi 12%. En un mundo en el que las monedas principales flotan, si un pequeño país determina su política cambiaria (es decir, fija la paridad) con respecto a una moneda importante, variará también con respecto a las otras monedas (véase S. Edwards, 1987).

[23] Debe hacerse notar que aun cuando el tipo de cambio real se revaluó de manera significativa entre mediados de 1979 y mediados de 1982, su valor absoluto todavía seguía siendo mayor que en 1973. Sin embargo, como lo expresamos en el capítulo V, como resultado de la liberalización del comercio y del deterioro en los términos de intercambio, había aumentado el tipo de cambio real de equilibrio sostenible a largo plazo.

Cuadro III.9. *El índice del tipo de cambio real efectivo en Chile: 1977-1983 (1975 = 100)*

Año	1er. trimestre	2o. trimestre	3er. trimestre	4o. trimestre
1977	83.6	78.5	81.8	89.5
1978	97.5	100.3	103.3	105.1
1979	106.3	105.8	109.4	102.5
1980	100.2	95.9	93.8	87.1
1981	82.1	75.2	71.3	72.8
1982	69.9	70.8	82.8	97.2
1983	103.2	96.6	95.9	97.1

NOTAS: Este índice se construyó como la proporción entre un promedio ponderado de los índices de precios al mayoreo (IPM), expresados en pesos, de los diez principales socios comerciales de Chile, y el índice de precios al consumidor (IPC). Para Chile se utilizó el IPC corregido por Cortázar y Marshall, 1980. Ha de hacerse notar que medidas alternativas del tipo de cambio real arrojaron resultados muy semejantes. Para mayores detalles acerca del índice, véase S. Edwards, 1987.

en su índice de precios de bienes comercializables. Además, de acuerdo con tres de estos índices, había habido una devaluación real de aproximadamente 4% durante este periodo; los otros tres índices indicaban una revaluación real de 2%. Asimismo, de acuerdo con un índice complejo, calculado por connotados economistas del Cieplán entre 1977 y 1979, Chile no experimentó una revaluación real.

La manera en que el incremento acelerado en las entradas de capital después de junio de 1979 conspiró con el tipo de cambio nominal y la tasa de salarios para generar la sobrevaluación real puede ilustrarse fácilmente utilizando el modelo de inflación del capítulo II. Supongamos ahora que gracias a la cada vez mayor disponibilidad de fondos externos, el gasto real aumenta en el tiempo (o sea $Z_t > 0$). Entonces, la ecuación de la inflación (II.7) se convierte en

$$\hat{P}_t = \left(\frac{\alpha\,\varepsilon + \eta}{\eta + \varepsilon}\right)\hat{P}^*_{Tt} + \frac{(1-\alpha)\,\varepsilon}{\eta + \varepsilon}\,\hat{P}_{t-1} - \left(\frac{(1-\alpha)\,\delta}{\eta + \varepsilon}\right)\hat{Z}_t \qquad (\text{III.2})$$

y la ecuación correspondiente a la dinámica del tipo de cambio real se convierte en

$$\hat{e}_t = \left(\frac{\varepsilon\,(1-\alpha)}{\eta + \varepsilon}\right)(\hat{P}^*_{Tt} - \hat{P}_{t-1}) + \left(\frac{(1-\alpha)\,\delta}{\eta + \varepsilon}\right)\hat{Z}_t \qquad (\text{III.3})$$

CUADRO III.10. *El efecto de los flujos de capital en la inflación y en el tipo de cambio real (un ejemplo)*

Año	Caso A: Inexistencia de flujos de capital			Caso B: Flujos de capital positivos		
	$\hat{P}_t$	$\hat{e}_t$	Índice del tipo de cambio real	$\hat{P}_t$	$\hat{e}_t$	Índice del tipo de cambio real
0	30.0%	–	100.0	30.0%	–	100.0
1	12.6	–4.6%	95.4	16.1	–11.2%	92.8
2	9.0	–1.0	94.4	13.2	–6.3	87.0
3	8.2	–0.2	94.2	12.6	–5.3	82.3

NOTAS: Un valor negativo de $\hat{e}$ significa revaluación real. El caso A supone que $\hat{Z}_1 = \hat{Z}_2 = \hat{Z}_3 = 0$. El caso B, por otra parte, supone que $\hat{Z}_1 = \hat{Z}_2 = \hat{Z}_3 = 10\%$. Ambos casos suponen que $\alpha = 0.5$, $\eta = -1.0$, $\delta = 1.2$, $\varepsilon = -0.7$, $\hat{P}^*_{Tt} = 8\%$. Las simulaciones utilizan las ecuaciones III.2 y III.3.

Es fácil ver a través de estas ecuaciones que mientras exista un incremento en el gasto real, $\hat{Z}_t > 0$, la convergencia de la inflación interna a la mundial será más lenta y aumentará en gran medida el grado de sobrevaluación real.[24] Esto es lo que ilustra el cuadro III.10, donde los comportamientos de $\hat{P}_t$ y e_t se comparan para dos escenarios hipotéticos. En el caso A no existen entradas de capital que generen presiones de gasto real (es decir, $\hat{Z}_t = 0$), mientras que en el caso B suponemos que en cada periodo, gracias a las entradas de fondos externos, el gasto real aumenta en 10% (es decir, $\hat{Z}_t = 10.0$). En ambos casos se supone que la tasa inicial de inflación interna es igual a 30% y que la inflación internacional es constante e igual a 8%. Los supuestos en relación con las diferentes elasticidades aparecen en la parte baja del cuadro. Los resultados obtenidos de este ejercicio son muy reveladores. En primer lugar, muestran que ante la existencia de entradas de capital la inflación interna se mueve de manera significativamente más lenta hacia la inflación internacional que en el caso de no existir entradas de capital. En segundo lugar, y más importante, con la existencia de entradas de capital (caso B) el grado de sobrevaluación real del tipo de cambio puede llegar a ser muy significativa. En el caso hipotético de flujos de capital que se ilustra en el cuadro III.10, después de tres años de sobrevaluación real acumulada es mayor que 20 por ciento.

Con el objeto de evaluar empíricamente de mejor manera la medida de

---

[24] Como es evidente, si $\hat{Z}_t$ es suficientemente elevada, la convergencia de $\hat{P}$ a $\hat{P}^*_T$ puede incluso fallar.

esta relación entre flujos de capital y tipo de cambio real, se llevó a cabo un análisis de regresión utilizando datos trimestrales correspondientes al periodo que va del primer trimestre de 1977 al cuatro trimestre de 1982. Además de la tasa (rezagada) de flujos de capital netos, otros determinantes posibles del tipo de cambio real como los términos de intercambio y el crecimiento real se incluyeron también en las regresiones. Se obtuvieron los siguientes resultados en los que el TCRE es el índice del tipo de cambio real efectivo y los números entre paréntesis son la estadística de t.[25]

$$\log TCRE_t = 0.014 - 0.078 \log [\text{flujos de capital netos}]_{t-1}$$
$$ (3.458) \quad (-3.801)$$

$$+ 0.798 \log TCRE_{t-1} \qquad R^2 = 0.897$$
$$ (10.376) \qquad\qquad\qquad D.W. = 1.887 \qquad\qquad (III.4)$$

$$\log TCRE_t = 0.016 - 0.076 \log [\text{flujos de capital netos}]_{t-1}$$
$$ (3.973) \quad (-3.521)$$

$$- 0.218 \log [\text{términos de intercambio}]_{t-1} + 0.271 [\text{crecimiento}]_{t-1}$$
$$(-1.935) \qquad\qquad\qquad\qquad\qquad\qquad (1.250)$$

$$+ 0.005 [\text{variable ficticia de devaluación}]_t + 0.964 \log TCRE_{t-1}$$
$$(0.194) \qquad\qquad\qquad\qquad (7.889)$$

$$R^2 = 0.946$$
$$D.W. = 1.753 \qquad\qquad (III.5)$$

Como puede verse, en ambas especificaciones el coeficiente del valor rezagado de los flujos de capital netos es significativamente negativo, como se esperaba. Se ve también por los resultados que se presentan en la ecuación (III.5) que el coeficiente de la variable de los términos de intercambio es negativo, según se esperaba. Sin embargo, el coeficiente correspondiente al crecimiento real resultó ser positivo e insignificante, sugiriendo que el efecto Ricardo-Balassa no desempeñó un papel importante en la determinación del comportamiento del tipo de cambio real en Chile durante este periodo. Por último, el coeficiente de la variable dependiente rezagada fue bastante alto en ambas especificaciones, indicando que después de un cho-

[25] D.W. es la estadística de Durbin-Watson. R^2 es el coeficiente de determinación. Estas regresiones se hicieron corrigiendo la existencia de autocorrelación de primer grado. Observemos que, como se usan variables colaterales derechas rezagadas, no se presentan problemas de simultaneidad con la estimación que se maneja aquí. La devaluación ficticia en la ecuación (III.5) asume un valor de 1 en junio de 1979 y marzo de 1982 y de cero si no es el caso. Acerca de la relación entre los tipos de cambio reales y sus determinantes reales, véase S. Edwards, 1987.

que el tipo de cambio real apenas se movió de manera lenta hacia su nuevo equilibrio. En cierto sentido, esto no es sorprendente, ya que estas regresiones se estimaron utilizando datos trimestrales. En suma, los resultados aquí presentados brindan apoyo a la hipótesis de que el tipo de cambio real ha sido afectado negativamente por la tasa de flujos de capital en Chile.

LA FRUSTRACIÓN DEL MILAGRO: LA CRISIS FINANCIERA DE 1981-1982

A fines de 1981, estalló la burbuja que se originó con la euforia de los años del "boom" y se desató una crisis financiera de consideración. Ya a fines de 1980 y principios de 1981, segmentos bastante amplios de la población empezaron a preguntarse si el ritmo al que había estado creciendo la economía, y en particular el gasto, era sostenible. La atmósfera de crisis creció grandemente a mediados de 1981, cuando un conglomerado de tamaño medio, el grupo CRAV, no pudo pagar sus deudas y se fue a la bancarrota. A pesar de la propaganda optimista del gobierno, la gente empezó a preguntarse ahora de manera seria sobre la solidez del sector financiero. Sin duda, la quiebra del grupo CRAV representó el punto decisivo que marcó el final de la euforia (véase al respecto el capítulo IV).

A mediados de 1981, como las tasas de interés seguían en ascenso, los precios de los activos comenzaron a descender y algunas empresas que no pertenecían a ningún grupo se fueron a la quiebra cuando ya no pudieron hacer frente a la competencia extranjera o al pago de los intereses. Las cosas se complicaron todavía más en noviembre de ese año, cuando dos bancos importantes —el Banco Español y el Banco de Talca— enfrentaron grandes problemas y tuvieron que ser rescatados por el gobierno. El problema de las quiebras alcanzó proporciones de crisis en 1982, cuando ocurrieron 810 casos de quiebra, más del doble que el promedio de los cinco años anteriores.[26] Entre tanto, el gobierno alegó que no había motivo alguno para preocuparse, ya que las elevadas tasas de interés eran un reflejo de que el proceso de "ajuste automático" estaba funcionando conforme a lo previsto. Además, el ministro De Castro señaló categóricamente que, dadas las circunstancias, las quiebras eran muy sanas para la economía chilena, ya que facilitarían el proceso de ajuste. En sus propias palabras (1981: 23): "Es importante no olvidar que las quiebras constituyen el canal apropiado a través del cual una economía se deshace de inversiones ineficientes. Si el gobierno interfiere en este proceso... se prolonga el periodo de ineficien-

[26] El número de quiebras por año fue el siguiente: 1975, 81 empresas; 1976, 131 empresas; 1977, 224 empresas; 1978, 312 empresas; 1979, 344 empresas; 1980, 415 empresas; 1981, 431 empresas; 1982, 810 empresas. Estos datos fueron obtenidos de Frankel, Froot y Mizala-Salces, 1986.

cias." En la medida en que la situación financiera de la mayoría de las empresas llegó a ser peligrosamente endeble y los precios de los activos se desplomaron, los banqueros, funcionarios de grupos y otros deudores se negaron a reconocer sus pérdidas de capital y comenzaron a luchar por una solución del gobierno. Éste se negó a intervenir, aludiendo una vez más a las ventajas del "ajuste automático". En una tentativa por reducir las tasas de interés, los ejecutivos de los grupos comenzaron desesperadamente a ir y venir entre Santiago y Nueva York, tratando de obtener fondos extranjeros adicionales. En la segunda mitad de 1981, algunos bancos internacionales, en una actitud que todavía desconcierta a la mayoría de los observadores, convinieron en inyectar aún mayores cantidades de recursos en la economía chilena que se hundía.

En 1982, la situación cambió drásticamente en el momento en que los bancos extranjeros decidieron repentinamente que Chile ya no representaba una buena opción. En la primera mitad de ese año, los flujos de capital netos cayeron casi 65% con respecto a la segunda mitad de 1982.[27] Los bancos comerciales recibieron un golpe particularmente fuerte cuando su importación total de los préstamos, al amparo del artículo 14, descendió 75% en ese año. Desde luego, este descenso en el nivel de los flujos de capital significó que el gasto total tuviera que bajar y que el proceso macroeconómico generado por las grandes inyecciones de capital durante los años anteriores tuviera que revertirse. A fin de mantener el equilibrio, fue necesaria una devaluación real. El mecanismo que operó en este caso es totalmente simétrico al efecto de revaluación real que tiene el incremento en los flujos de capital a los que nos referimos antes. Sin embargo, un problema grave al respecto era que el esquema de indización salarial dificultó especialmente el ajuste en los precios relativos (es decir, la devaluación real). Como una forma de atacar este problema, algunos observadores empezaron a plantear la necesidad de abandonar la política del tipo de cambio fijo.

Con todo, parecía que en relación con la política cambiaria, los grupos no se encontraban en situación de ganar. Por una parte, la sobrevaluación real del peso estaba dañando mucho la rentabilidad de sus empresas, la mayoría de las cuales estaban orientadas hacia el sector exportador. A fin de mejorar esta rentabilidad, una condición necesaria, pero ciertamente no suficiente, era instrumentar una devaluación real mediante el abandono de la política del tipo de cambio fijo.[28] Por otra parte, los grupos habían

---

[27] Asimismo, en los primeros meses de 1982 y en parte como resultado de las expectativas de devaluación y de una pérdida de credibilidad, se produjo una fuga significativa de capitales. Véase Arellano y Ramos, 1986.

[28] Hay pocas dudas de que, dado el grado de sobrevaluación del peso, una devaluación nominal acompañada de las políticas macroeconómicas adecuadas y del abandono simultáneo del mecanismo de indización salarial hubiera dado lugar a una devaluación real.

contraído niveles muy altos de deuda externa y una devaluación —especialmente una gran devaluación— habría dado lugar a un incremento significativo en el valor en pesos de esa deuda y en ciertos casos habría significado insolvencia. Los dos grupos más grandes decidieron hacer frente a esta situación de maneras opuestas. Uno (el grupo Cruzat) trató de sustituir las obligaciones externas por internas y presionó intensamente al gobierno buscando una devaluación; el otro (el grupo Vial) apostó al mantenimiento del tipo de cambio fijo e intercedió por un ajuste mediante el cual el gobierno impondría una reducción a los salarios nominales.

La devaluación de junio de 1982 llegó demasiado tarde y no brindó mayor ayuda a los bancos y empresas en conflicto. Por el contrario, muchos deudores no pudieron pagar el servicio de sus deudas al nuevo tipo de cambio. Además, como la magnitud de la devaluación fue considerada por lo general como insuficiente, las expectativas de devaluación aumentaron, ejerciendo presión adicional sobre las tasas de interés internas. Como resultado de ello, y en contraposición con la política previamente anunciada por el gobierno de que no favorecería a grupos particulares mediante legislación económica, se estableció un tipo de cambio preferencial más bajo para los deudores que tenían obligaciones externas. Las tasas de interés siguieron siendo altas, a pesar de algunos esfuerzos realizados por el gobierno, como el relajamiento de la prohibición impuesta a la entrada de flujos de capital a corto plazo. Los bancos continuaron acumulando préstamos malos y la estructura financiera de los grupos principales empeoró de manera sostenida. La única medida que evitó un mayor desplome del sistema financiero fue la inyección masiva continua de recursos a los bancos por parte del Banco Central.

En enero de 1983 el gobierno reforzó su intervención y liquidó dos bancos a la vez que nacionalizó otros. Los dos grupos principales fueron también intervenidos y los funcionarios de uno de ellos fueron acusados de fraude. En ese tiempo se descubrió, para sorpresa de algunos, que la proporción de préstamos que los bancos habían hecho a las empresas propiedad de los grupos era extraordinaria. Por ejemplo, casi 50% de los préstamos del mayor banco privado (el Banco de Chile) se había concedido a empresas que eran propiedad de ese grupo. Acaso la medida más controvertida que se adoptó por esas fechas fue la nacionalización de la deuda externa de los bancos liquidados, deuda que se había contraído con el exterior sin garantía gubernamental. Como respuesta a las presiones de los bancos internacionales, el gobierno chileno decidió asumir esa deuda, garantizando ahora su pago.

Paradójicamente, hacia fines de 1983 el sector financiero se encontraba de alguna manera en la misma coyuntura en que había estado 10 años antes de haber sido nacionalizado y de haber sido sometido a un rígido control por parte del Estado.

APÉNDICE III.A

Un modelo para analizar el comportamiento de la tasa de interés real en una economía semiabierta

En este apéndice se bosqueja un modelo simple de determinación de la tasa de interés en una pequeña economía semiabierta en desarrollo, pensando en el caso de Chile. Se supone que esta economía no tiene restricciones comerciales pero sí algunas restricciones a los movimientos de capitales internacionales. En particular se supone que, como sucedió en Chile hasta 1982, se permiten los movimientos de capital a largo plazo, no así los flujos de capital a corto plazo. Se supone fijo el tipo de cambio nominal. El modelo tiene tres bloques de construcción principales:

a) *La determinación de la tasa de interés real a corto plazo:* Se supone que la tasa de interés real a corto plazo desplaza el mercado de crédito. La demanda de crédito tiene las características habituales. Sin embargo, la oferta de crédito está compuesta de dos fuentes: el crédito interno y el crédito externo. Se supone que como los flujos de capital internacionales (aumentos en el crédito internacional) se permiten sólo cuando tienen vencimientos a largo plazo, dependerán del diferencial de intereses *a largo plazo* ajustado por las expectativas de devaluación en un país con prima de riesgo. Dadas sus diferentes características, el crédito interno y el externo no son sustitutos perfectos.

b) *Los diferenciales de las tasas de interés a largo plazo:* Se supone que debido a las restricciones institucionales sólo se permiten los movimientos de capital a largo plazo. Como ya se mencionó, estos flujos dependen, entre otras variables, de un diferencial *ajustado* de la tasa de interés a largo plazo, en el que el ajuste es producido por expectativas a largo plazo de devaluación, una prima de riesgo para el país y los costos de las transacciones. Si la tasa de interés interna a largo plazo aventaja la tasa de interés externa a largo plazo, *más* las expectativas de devaluación, *más* la prima de riego para el país, *más* una prima de riesgo, sobrevendrá un flujo de capitales positivo (neto), que tendrá un efecto positivo sobre la oferta total de crédito. La tasa de interés interna a largo plazo se relaciona con la tasa de interés interna a corto plazo a través de la estructura de plazos que tienen las tasas de interés. La existencia de primas de riesgo refleja el supuesto de la sustitución no perfecta. Se supone también que existe un máximo en la relación entre deuda externa y PIB, después del cual se llega a un tope de endeudamiento externo. Este tope es una variable endógena.

c) *La estructura de plazos de la tasa de interés:* La tasa de interés a largo plazo depende de la tasa presente a corto plazo, de las tasas esperadas futuras a corto plazo y de un premio de liquidez. Así, un incremento en la tasa a corto plazo (en el que las tasas futuras esperadas a corto plazo permanecen constantes) generará un incremento en la tasa a largo plazo, produciendo un diferencial positivo en la tasa de interés a largo plazo. Esto, a su vez, inducirá una entrada de capital proveniente del exterior.

NOTACIÓN

r Tasa de interés real a corto plazo

C^d Cantidad real de crédito demandado

C^s Cantidad real de crédito ofrecido

π^e Inflación esperada

y^P Ingreso real permanente

y Ingreso real

F Flujos reales de capital extranjero

d Diferencial "ajustado" de la tasa de interés

i Tasa de interés nominal a corto plazo

π^* Inflación externa

δ Factor de descuento

$E_t(\ )$ Expectativa formada con toda la información disponible

D^e Expectativas de devaluación a largo plazo (esta expectativa se refiere a los vencimientos mínimos a los que puede ser importado el capital)

i_L Tasa de interés nominal a largo plazo

R^e Prima de riesgo para el país

T Costos de las transacciones

CA Cuenta corriente

I Relación inversión/PIB

i_L^* Tasa de interés externa a largo plazo

k Incremento en el crédito interno

S Tipo de cambio

IR Acervo de reservas internacionales

P Prima de riesgo

L Deuda externa

EL MODELO

En esta sección se presenta el modelo. La manera en que opera el modelo se ilustra mediante el uso de un análisis diagramático. El modelo se describe a partir de las ecuaciones (III.A.1) hasta (III.A.10), en donde los signos entre paréntesis representan los signos que toman las respectivas derivadas parciales:

Demanda de crédito real:

$$C_t^d = f(r_t, y_t^P, \pi^e, r_{t+i}^e) \tag{III.A.1}$$
$$(-)$$

Oferta real de crédito total:

$$C_t^S = C_{t-1} + F_t + k_t \qquad \text{(III.A.2)}$$

Flujos de capital externo netos:

$$F_t = F(d_{t-1}, ...) \qquad \text{(III.A.3)}$$
$$(+)$$

Tasa nominal a corto plazo:

$$i_t = r_t + \pi_t^e \qquad \text{(III.A.4)}$$

Inflación esperada:

$$\pi^e = E_t(\pi_{t+k}) \qquad \text{(III.A.5)}$$

Tasa de interés nominal a largo plazo:

$$i_L = i_t + \sum_{j=1} \gamma^j i_{t+j}^e \qquad \text{(III.A.6)}$$

Diferencial ajustado de la tasa de interés a largo plazo:

$$d_t = i_{T_t} - [i_{T_t}^* + D^e + R^e + T + P_t] \qquad \text{(III.A.7)}$$

Deuda externa:

$$L_t = \sum_{i=0}^{t} F_i(1+\delta)^{t-1} \qquad \text{(III.A.8)}$$

Expectativas de evaluación:

$$D_t^e = f(L_t / y_t, (\pi^e - \pi^{*e}), CA_t, I_t^e, ...) \qquad \text{(III.A.9)}$$
$$(+) \qquad (+) \qquad (+) \; (-)$$

Prima de riesgo para el país:

$$R^e = g(L_t / Y_t, CA, I_t, IR_t, ...) \qquad \text{(III.A.10)}$$
$$(+) \qquad (+) \; (-) \quad (-)$$

La tasa de interés real a corto plazo, r, está determinada por las condiciones de desplazamiento del mercado crediticio (ecuación III.A.1) que iguala a la ecuación (III.A.2). Con el objeto de simplificar la exposición diagramática, hemos supuesto que la oferta de crédito interno no depende de la tasa de interés real. Sin embargo, el relajamiento de este supuesto no afecta de manera sustancial la exposición que aquí se realiza. Para una π^e dada, la ecuación (III.A.4) determina la tasa de interés nominal a corto plazo i_t. Dadas las i_t y las tasas nominales esperadas futuras a

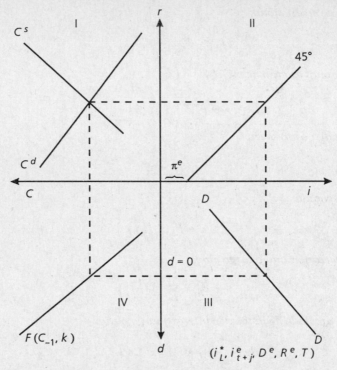

FIGURA III.A.1. *La determinación de la tasa de interés*
en una economía semiabierta

corto plazo, la ecuación (III.A.6) determina la tasa nominal interna a largo plazo i_L. De acuerdo con la ecuación (III.A.7), esta tasa a largo plazo i_L junto con i_L^*, D^e, R^e, P, y T, determinan el diferencial ajustado de la tasa de interés a largo plazo, que en condiciones de pleno equilibrio se supone igual a cero.

El equilibrio inicial en este modelo se puede ver de manera sintética en la figura III.A.1. En el cuadrante I la demanda y la oferta de crédito determinan la tasa real a corto plazo r. Para una expectativa inflacionaria dada π^e, la tasa nominal i se determina en el cuadrante II. La línea DD en el cuadrante III relaciona la tasa de interés d, *para valores dados* de i_L^*, i_{t+j}^e, D^e, R^e, P y T. La pendiente de esta línea indica que una i más elevada dará lugar, con i_L^*, i_{t+j}^e, D^e, R^e, y T dados, a un diferencial mayor en la tasa de interés. Por otra parte, valores más altos de i^{*L}, D^e o R^e, darán lugar a un desplazamiento hacia abajo de la línea DD. Por último, en el cuadrante IV la línea FF relaciona el diferencial de la tasa de interés d y la oferta de crédito para valores dados de C_{t-1} y k. La pendiente de esta línea indica que, para una k dada, un diferencial mayor de la tasa de interés dará lugar a una mayor oferta de crédito real. La razón de ello es que una d mayor inducirá un flujo de capital externo mayor.

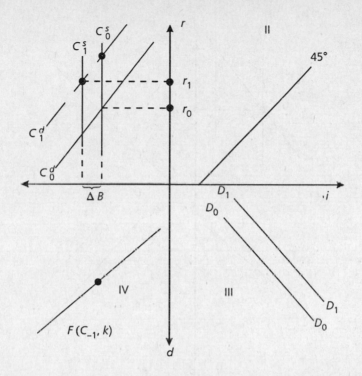

FIGURA III.A.2. *Aumento en la demanda de crédito y en las tasas de interés reales*

LA OPERACIÓN DEL MODELO

En esta sección se ilustra la manera en que opera este modelo. Se investigan los dos casos siguientes: *a)* Un incremento en la demanda de crédito real proveniente de un mayor nivel de consumo causado por una mayor riqueza real percibida, y *b)* un incremento en la devaluación esperada. A fin de mantener el análisis en un nivel sencillo estas perturbaciones se analizan una por una, como si fueran el único choque para la economía. Asimismo, para fines de exposición, suponemos que la oferta de crédito es inelástica, aunque se *desplace* en respuesta a cambios registrados en las entradas de capitales.

Caso A: Aumento en la demanda de crédito

Supongamos que en un periodo t se presenta un aumento exógeno en la demanda de crédito real y que en ese periodo la oferta de crédito interno permanece constante (es decir, $k = 0$). Este caso puede ilustrarse con la figura III.A.2. La curva de demanda

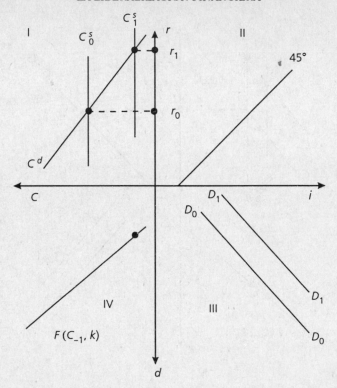

FIGURA III.A.3. *Un aumento en las expectativas de devaluación
y en las tasas de interés reales*

de crédito D se desplaza hacia arriba hasta C_1^d, generando un aumento inicial en la tasa real a corto plazo en el cuadrante I. Si las expectativas inflacionarias permanecen constantes, la tasa de interés nominal a corto plazo sube a i_1 en el cuadrante II.

Este aumento en i genera, para i_L^*, i_{t+j}^e, D^e, y R dados, un diferencial positivo en la tasa de interés a largo plazo $d_1 > 0$, que inducirá un flujo de capital ΔB, que incrementará la liquidez en la economía. Sin embargo, como los flujos de capital darán lugar a un mayor nivel de deuda externa, se elevarán la prima de riesgo para el país y tal vez las expectativas de devaluación, generando un desplazamiento en la curva DD en el cuadrante III hacia $D_1 D_1$. En este caso el nuevo diferencial de equilibrio de la tasa de interés a largo plazo irá asociado a un menor flujo de capital foráneo, y la nueva tasa de interés real a corto plazo será más elevada. De hecho, éste parece haber sido el caso de Chile hacia la segunda mitad de 1981.

Caso B: Aumento en las expectativas de devaluación

Supongamos ahora que se elevan las expectativas de devaluación D^e. Esto redituará, a través de la ecuación (III.A.7), un diferencial inicial *negativo* de la tasa de interés a largo plazo, que se reflejará en un desplazamiento hacia abajo de la curva DD en la figura III.A.3 hacia $D_1 D_1$. Como consecuencia de esta reducción d, el flujo neto de capital del exterior disminuirá, generando una reducción en la oferta de crédito real a C_1 en la figura III.A.3. Esto, a su vez, dará lugar a una r mayor y *para una π_1^e dada*, a una tasa mayor de interés nominal a corto plazo i_1. En la segunda corrida de efectos, esta i más elevada induce a través de una d positiva flujos adicionales de capital, que aumentan la liquidez, pero no lo suficiente para restablecer la antigua r. La nueva tasa real de equilibrio será r_2. Observemos que este análisis será válido sólo si la expectativa de devaluación no va asociada a una inflación esperada mayor. Sin embargo, si una D^e mayor se relaciona con una π^e más alta, el resultado final dependerá de las magnitudes relativas de estos dos efectos. Es importante hacer notar que los incrementos en i_L^*, o r, y los decrementos en i_i^e, j producirán los mismos efectos sobre la tasa de interés real a corto plazo que las expectativas de devaluación más elevadas.

A pesar de su simplicidad, este modelo puede captar las principales características de la experiencia chilena durante 1979-1983. Por ejemplo, conforme al modelo la combinación de diversos factores —*1)* un aumento en la demanda de crédito real, *2)* mayores expectativas de devaluaciones, *3)* prima de mayor riesgo asignado al país por la comunidad financiera internacional, *4)* una reducción en las expectativas de inflación interna, y *5)* una tasa de interés mundial más elevada— dará lugar a un aumento considerable en la tasa de equilibrio de interés real a corto plazo.

IV. LA PRIVATIZACIÓN Y LA DESREGULACIÓN

DESDE el principio, el tema que unificó las políticas de los militares fue el anhelo de circunscribir el papel del gobierno en materia económica. La posición de la Junta con respecto al tema se reflejó certeramente en su Declaración de Principios de marzo de 1974, en la que se afirmaba que el "Estado sólo debería asumir la responsabilidad directa de aquellas funciones que los particulares no puedan manejar de manera adecuada" (Méndez, 1979: 30). Esta postura contra la intervención del gobierno en materia económica fue una reacción a las fallidas políticas populistas de los treinta o más años anteriores y, en particular, contra la acrecentada importancia del gobierno durante la Unidad Popular. Sin embargo, inicialmente los militares no estaban seguros de qué tan lejos deseaban llevar adelante esta postura.[1] Al principio, no quedó claro si planeaban establecer un sistema tradicional orientado hacia el mercado o si optarían por un tipo menos ortodoxo de organización económica. De hecho, a la luz de las drásticas reformas de libre mercado que se pusieron en marcha después, es desconcertante encontrar en la Declaración de Principios de 1974 un párrafo dedicado al sistema administrativo de tipo yugoslavo aplicable a las empresas: "El estatuto que rige la organización de empresas, [y] el desarrollo e integración de la fuerza de trabajo... establecerá métodos de participación efectiva de los trabajadores en las empresas en que trabajan" (Méndez, 1979: 41).

La evolución de la postura del gobierno hacia un programa más fuerte de libre mercado guardó relación directa con la influencia creciente del grupo de economistas popularmente conocido como los "Chicago Boys". Durante el primer año militares de alto rango fueron asignados a todos los puestos clave tanto económicos como financieros en el gobierno, mientras que empresarios y economistas civiles desempeñaron papeles de asesoría en puestos administrativos de nivel inferior.[2] A fines de 1974, sin embargo, un equipo integrado principalmente por civiles tomó posesión de la mayoría de los puestos gubernamentales importantes relacionados con el sector de la economía y, en abril de 1975, Jorge Cauas se convirtió en el "supermi-

---

[1] Por el contrario, en el ámbito político fue claro desde entonces que los militares rechazaban el sistema democrático liberal tradicional para Chile, así como un sistema permanente a largo plazo. En cambio, plantearon la necesidad de una democracia "protegida". Véase por ejemplo la Declaración de Principios de la Junta.

[2] Los ministros de Hacienda y Economía fueron un almirante y un general del ejército; el primer presidente del Banco Central fue también un general del ejército.

nistro" a cargo del programa de estabilización. A fines de 1976, cuando el ministro de Economía Sergio de Castro sustituyó al ministro de Hacienda Cauas, los Chicago boys habían acrecentado mucho su influencia y tenían ya el control de casi todos los puestos económicos clave en el gobierno, incluyendo el Ministerio de Economía, el Banco Central, la Oficina del Presupuesto y la Oficina de Planificación Nacional.[3] Durante 1977, el impulso hacia la ampliación de las políticas de libre mercado tuvo un importante éxito cuando, entre otras cosas, Chile se retiró del Pacto Andino y comenzó a entrar en la etapa final de la reforma al comercio internacional, que a la larga redujo los aranceles a un nivel uniforme de 10%. Durante los años siguientes, los Chicago boys cobraron todavía mayor fuerza al tomar control del Ministerio del trabajo, del de Minas y otras posiciones clave en los Ministerios de Educación y de Salud Pública.

Una pregunta interesante, que en cierta forma se encuentra fuera del alcance de este libro, es la de por qué los militares, que tradicionalmente no habían participado en política y cuando mucho mantenían una postura populista con respecto a la política económica, adoptaron el enfoque de libre mercado con tanto entusiasmo. Un elemento importante, y ciertamente no el único, para explicar esta influencia creciente de los defensores del libre mercado es que por la época del golpe los Chicago boys habían ya elaborado un programa económico coherente y bien sazonado en torno a la fuerte reducción de la importancia gubernamental en los asuntos económicos.[4] Por otra parte, las fuentes alternativas posibles de asesoría económica (es decir, otras no pertenecientes a los grupos de la Unidad Popular) o no contaban con un programa coherente o presentaban planes no convincentes a Pinochet y a otros generales de alto rango. Por ejemplo, los representantes de la industria tradicional carecían de un proyecto coherente e innovador a largo plazo y sus políticas a corto plazo —ensayadas brevemente durante 1974 bajo el mandato de los ministros Léniz y Sáez— no hicieron mella en la inflación. También resulta de interés que los demócrata cristianos —que básicamente constituían el único otro grupo posible en que los militares

[3] Como se mencionó en el capítulo I, el apodo de "Chicago boys" fue el nombre genérico dado a un grupo de economistas, la mayoría de ellos educados en la Universidad de Chicago o en otras instituciones norteamericanas, que sostenían posiciones muy similares respecto al papel de la intervención gubernamental en la economía. Los miembros más prominentes de este grupo fueron Sergio de Castro que, a su vez, era ministro de Economía y Hacienda, Jorge Cauas (ministro de Hacienda), Miguel Kast (ministro de Planificación y en ese entonces presidente del Banco Central), Sergio de la Cuadra (presidente del Banco Central y en ese entonces ministro de Hacienda), José Piñera (ministro de Trabajo y ministro de Minas) y Álvaro Bardón (presidente del Banco Central).

[4] Obviamente, éste es sólo un elemento en la explicación del problema. Se encuentra muy lejos del alcance de este libro el analizar completamente la transición del pensamiento de los militares acerca de la política económica. Un buen resumen de ese programa puede encontrarse en Bardón, Carrasco y Vial, 1985.

podían confiar políticamente— no fueron capaces de ofrecer un programa coherente que convenciera al gobierno. Esto se debió en parte a que la mayoría de los economistas más prominentes de la derecha de ese partido, a esas alturas ya se habían sumado a las filas de los Chicago boys.[5] Conforme pasó el tiempo y las políticas de los Chicago boys parecieron funcionar, los militares incrementaron su apoyo al programa hasta que en 1981 fue imposible distinguir entre el programa de los militares y el proyecto nacional a largo plazo de los Chicago boys.

La reducción del papel gubernamental en la actividad económica iba a lograrse a través de dos mecanismos principales: la privatización de algunas empresas estatales, nacionalizadas o expropiadas durante el régimen de Allende o que anteriormente habían sido propiedad del gobierno y, además, la desregulación de mercados y sectores clave. En términos del proceso de desregulación es posible distinguir dos fases. La primera abarcó las reformas fundamentales como la liberación de precios, la devolución de las empresas confiscadas por la Unidad Popular a sus dueños, la privatización de algunas empresas públicas y la liberalización del mercado financiero y del comercio internacional. Muchas de estas reformas estaban siendo contempladas desde hacia varios años por los defensores de una estrategia de desarrollo basada en incentivos de precios y habían sido trazadas de manera muy clara en un programa que los Chicago boys habían preparado durante los años de la Unidad Popular. La segunda fase, que se inició aproximadamente a mediados de 1979, consistió en reformas más radicales tendientes a la transformación de la estructura tanto social como económica de Chile.

Estas reformas, que se conocieron como "las siete modernizaciones", se pusieron en marcha una vez consolidado el poder de los militares y de los economistas que los apoyaban, y afectaron el mercado laboral, la educación, los servicios de salud, la agricultura y la organización administrativa del país.

EL PROCESO DE PRIVATIZACIÓN

A partir de 1939, con la creación de la Corporación de Fomento de la Producción (Corfo), las empresas en manos del Estado comenzaron a desempeñar un papel clave en el proceso productivo. En particular, el Estado

---

[5] Por otra parte, los demócrata cristianos de centro-izquierda tenían un programa económico muy coherente que, sin embargo, presentaba demasiados tintes de ideas socialistas como para ser del gusto de los militares. Este grupo formó después un conjunto de pensadores selectos, la oposición en Cieplán, donde se llevó a cabo gran parte del trabajo sobre políticas económicas alternativas. Véase la bibliografía de este libro para tener referencia del trabajo más importante realizado por los economistas de Cieplán.

adquirió un papel importante en la producción de acero, azúcar, carbón, productos agrícolas, fertilizantes, procesamiento del cobre y electricidad, igualmente en la prestación de servicios como transporte público y comunicaciones. Como se vio en el capítulo I, el papel del gobierno se amplió significativamente a principios de la década de los setenta, cuando la Unidad Popular emprendió un proceso masivo de nacionalización, expropiación y confiscación de empresas y bancos. En 1973, Corfo era una compañía tenedora gigantesca que se había expandido de ser propietaria de 46 empresas y ningún banco en 1970 a controlar 488 empresas y 19 bancos.[6] Más de la mitad de estas empresas (259) jurídicamente no eran propiedad de Corfo, sino que las mismas habían sido confiscadas —el término que se usó en ese tiempo era *intervenidas*— durante el gobierno de la Unidad Popular y Corfo controlaba sus operaciones productivas y financieras sin tener la propiedad real de ellas.[7]

Después del golpe los militares devolvieron con la mayor rapidez a sus propietarios las empresas que habían sido intervenidas por la Unidad Popular. En 1974, 202 empresas fueron devueltas a sus accionistas y en 1977 sólo 8 empresas "problema" no habían sido recuperadas por sus dueños originales. En 1974 se echó a andar un programa para la privatización de los bancos y de la mayoría de las empresas que habían sido nacionalizadas (más que intervenidas) durante el periodo de la Unidad Popular. Asimismo, y de acuerdo con la meta de reducir el papel del gobierno, se privatizaron también algunas de las empresas que habían sido originalmente fundadas por Corfo y que tradicionalmente habían estado bajo su control.

Los bancos comerciales —que habían sido nacionalizados durante la Unidad Popular mediante la adquisición por parte del gobierno de las acciones de pequeños y medianos accionistas— fueron privatizados primero. Conforme a la legislación recientemente establecida, los particulares no podían comprar más de 3% del capital accionario de un banco, mientras que las empresas y compañías tenedoras no podían ser propietarias de más de 5% del capital de un banco cualquiera. El propósito de estas normas era evitar la "excesiva" concentración de la propiedad. Sin embargo, el sector privado encontró la manera de evadir estas reglas y con gran rapidez diferentes grupos obtuvieron el control de los bancos recientemente privatizados mediante la adquisición de grandes paquetes de acciones por intermedio de innumerables compañías tenedoras interrelacionadas. Lo que en cierta forma es sorprendente es que lo anterior no era un misterio para aquellos que establecieron las reglas, quienes, de hecho, sabían que las medidas que

[6] Véase el capítulo I para una breve exposición de los mecanismos utilizados por la Unidad Popular para adquirir el control de diferentes empresas.

[7] Sin embargo, el gobierno había sido propietario durante mucho tiempo del principal banco comercial, el Banco del Estado.

habían establecido para evitar la concentración de la propiedad se estaban violando de manera persistente y sistemática.

Entre 1975 y 1978 un grupo importante de empresas, incluso algunas que tradicionalmente habían estado bajo control del gobierno, fue también privatizado. En este caso el gobierno no se recuperó por la concentración de la propiedad y, al contrario de lo sucedido con los bancos, puso en subasta pública todas las acciones que poseía en un paquete. En el cuadro IV.1 se incluyen los datos sobre la trayectoria de la privatización de las empresas. Tanto en el caso de los bancos como en el de las ventas de las empresas, el gobierno proporcionó cierto financiamiento, consistente típicamente en préstamos denominados en pesos por 10% en términos reales a dos años en el caso de la banca y a 10 años en el caso de las empresas.[8]

En 1978 todos los bancos menos uno y la mayoría de las empresas habían sido privatizados, y en 1980 Corfo controlaba solamente 23 empresas, 11 de las cuales se encontraban en proceso de venta al sector privado. Además, había 17 empresas propiedad del gobierno no controladas por Corfo, entre las que se encontraba la gigantesca empresa nacional del cobre, Codelco, que los militares decidieron mantener bajo el control del gobierno por razones "estratégicas".

Hubo discusión con respecto a los precios de renta de estas empresas. Algunos observadores, de hecho, sostuvieron que en promedio los compradores de estas empresas —la mayoría de los cuales fueron los grupos— recibieron un subsidio considerable del gobierno. Vergara (1981), por ejemplo, sostuvo que el monto del subsidio fluctuaba entre 23 y 37% del valor en libros de los bancos y empresas subastados. Dahse (1979), por otra parte, calculó que en el caso de 45 empresas importantes privatizadas, el subsidio promedio fue aproximadamente igual a 40% del valor en libros. Sin embargo, es interesante observar que no en todos los casos los precios de venta fueron menores al valor en libros. Por ejemplo, los precios pagados por algunas empresas del sector exportador fueron significativamente superiores a su valor en libros.[9] Esto, desde luego, es coherente con el hecho de que los grupos y otros que participaban en las subastas esperaban que como resultado de la política de liberalización estas dos áreas serían altamente redituables, como de hecho lo fueron al menos por algún tiempo. Aun cuando hay algunos problemas con el uso del valor en libros para calcular la magnitud del subsidio, podemos suponer que el momento escogido para vender las empresas —básicamente en medio de la recesión— dio lugar a precios inferiores a los que el gobierno podría haber obtenido si se hubiera pospuesto

8 Véase Vergara, 1981, para mayores detalles.

9 El cálculo del valor del subsidio que implican estas ventas ofrece especial dificultad, ya que el tamaño relativamente pequeño del mercado de valores a mediados de la década de los setenta hace del valor de mercado de las empresas una cifra engañosa.

CUADRO IV.1. *La trayectoria de la privatización*

Año	Número de empresas "intervenidas" devueltas a los accionistas	Número de empresas vendidas
1974	202	49
1975	39	28
1976	10	22
1977	6	7
1978	2	8
1979	—	8
1980	—	6
1981	—	3
1982	—	4
Total	*259*	*135*

FUENTE: Corfo, varios números.

el proceso de privatización.[10] No obstante, en cierta medida las fechas escogidas para estas privatizaciones respondieron a la decisión adoptada en 1975 de reducir rápidamente el déficit fiscal; la mayoría de estas empresas estaba pasando por flujos de caja negativos, que eran financiados por el gobierno. Desde luego, los compradores pensaban que podían sanear estas empresas mejorando los sistemas administrativos e invirtiendo en equipo nuevo y más moderno.

LA PRIVATIZACIÓN, LA CONCENTRACIÓN Y LOS GRUPOS

El proceso de privatización de los militares desempeñó un papel importante en la creación y expansión de los grupos, o sea, grandes conglomerados que controlaban los bancos y una serie de otras empresas importantes en diferentes sectores de la economía. Aun cuando este tipo de conglomerados había existido en Chile desde hacía mucho tiempo, el experimento militar permitió que surgiera y se expandiera un nuevo estilo dinámico de grupos.[11]

Hay algunas diferencias importantes entre los nuevos grupos que se

[10] Véase Dahse, 1979.
[11] Véase Lagos, 1961, para un comentario sobre el papel tradicional de los grupos en la economía chilena. Leff, 1978, 1979, presenta una exposición acerca del papel de los grupos en los países en vías de desarrollo, incluidos Sudamérica y el sureste de Asia.

formaron después de 1973 y los antiguos conglomerados de las décadas de 1950 y 1960. En primer lugar, mientras que los antiguos grupos efectuaban negociaciones principalmente familiares, la mayoría de los grupos nuevos recurrió menos a los vínculos de tipo familiar y consistían en pequeños grupos de capitalistas y empresarios. En segundo lugar, los grupos tradicionales eran financieramente conservadores y operaban con razones deuda/capital muy bajas. Los nuevos grupos, por el contrario, eran muy agresivos y hasta temerarios, al basar sus operaciones en un endeudamiento muy elevado. De hecho, algunos de los nuevos grupos eran decididamente audaces e iniciaban operaciones con muy escaso capital, basando su extraordinario crecimiento en el uso de recursos financieros obtenidos a través de los intermediarios financieros que ellos controlaban (es 'decir, bancos, financieras, fondos mutuos, compañías de seguros y fondos de pensiones, manejados privadamente), para construir pequeños imperios. En tercer lugar, mientras que los antiguos conglomerados eran administrativamente conservadores y en ocasiones guardaban incluso semejanza con pequeños negocios familiares, los nuevos grupos eran muy modernos y tecnocráticos. En realidad, estos nuevos grupos revolucionaron la manera en que se manejaban empresas y bancos en Chile, utilizando los servicios de profesionales altamente calificados. Estos nuevos directivos, formados en escuelas comerciales chilenas y extranjeras, llegaron a ser en cierta forma una señal de la revolución que tuvo lugar en el sector comercial de Chile. Eran jóvenes, arrogantes y bien pagados y se convirtieron de hecho en un símbolo de los tiempos de cambio. En cuarto lugar, al contrario de los antiguos conglomerados que se preocupaban principalmente por la rentabilidad a corto y mediano plazos, los nuevos grupos tenían una orientación mucho más de largo plazo en sus metas y estrategias. En ese sentido, los grupos nuevos más grandes mantenían una posición ideológica muy clara con respecto a los efectos de las políticas del gobierno, y reconocieron que aun cuando unas de ellas podrían lesionar sus intereses a corto plazo —como fue, por ejemplo, el caso de la reforma de reducción de aranceles— eran las políticas más adecuadas a largo plazo para generar un ambiente estable de libre mercado.

Todos los grupos importantes se organizaron alrededor de uno o varios bancos, los cuales fueron utilizados para canalizar crédito a las empresas propiedad de los grupos o controladas por ellos. En 1979, por ejemplo, los grupos controlaban directamente 10 bancos principales, cuyos activos representaban más de 80% de los activos de todos los bancos privados. Conforme fue avanzando el proceso de privatización, los grupos adquirieron más y más empresas. Si bien el gobierno otorgó en ciertos casos préstamos a 10 años, los grupos tuvieron que endeudarse fuertemente en los mercados de capital internos e internacionales para financiar estas operaciones. Más aún, como muchas de estas empresas se encontraban en condiciones financieras relativamente malas, los grupos también tuvieron que endeudarse para financiar programas de fuerte inversión y reequipamiento.

La mayoría de los grupos compró empresas en aquellos sectores cuyo crecimiento era esperado como consecuencia de las políticas de liberalización, como es el caso de los sectores exportador y financiero. En el sector financiero no sólo adquirieron bancos, sino que también crearon financieras, nuevos fondos mutuos y compañías de seguros. Después de la reforma del sistema de seguridad social que tuvo lugar en 1980, también hicieron fuertes inversiones en las fondos de pensiones administrados privadamente. En lo referente al sector exportador, se involucraron fuertemente en la industria de la madera, la minería, el papel y la pesca. Los grupos esperaban que como resultado de la reforma comercial y del elevado tipo de cambio real, la rentabilidad en este sector sería muy alta. De hecho, el interés de los grupos en estos campos se reflejó en los precios relativamente altos que se pagaron en las subastas de privatización por empresas en estas áreas. Por ejemplo, Dahse (1979) informa que empresas en las áreas de papel, pesca y forestal, al igual que los bancos, se encontraban entre las pocas que fueron vendidas a precios superiores a sus valores en libros. Sin embargo, al revaluarse el tipo de cambio real después de mediados de 1979, la rentabilidad de las exportaciones disminuyó considerablemente y se contrajo en gran medida la rentabilidad de las mismas.

Como consecuencia del mecanismo utilizado en el proceso de privatización —o sea la venta de empresas a un solo comprador en vez de vender en paquetes de acciones a muchos compradores— sobrevino un aumento importante en el grado de concentración de la propiedad.[12] Por ejemplo, en 1979 los 10 grupos más grandes controlaban 135 de las 250 compañías privadas más grandes. Además, estos grupos controlaban casi 70% de todas las compañías negociadas en la bolsa de valores.[13]

Asimismo, como consecuencia de las reformas estructurales establecidas por las políticas de liberalización, el grado de concentración en el mercado del sector manufacturero aumentó fuertemente. De Melo y Urata (1984) investigaron el tema de la concentración usando datos detallados a nivel de establecimiento con información de los censos manufactureros de Chile de 1967 y 1979. Estos autores encontraron que, entre ambas fechas, aumentó considerablemente el grado de concentración en el mercado del sector manufacturero a un ritmo más rápido que en otros países. Mediante el uso de los índices de concentración de Herfindahl para 45 industrias en el sector manufacturero, encontraron que en 1979 el grado de concentración en el

---

[12] Sin embargo, debe hacerse notar que no hay claridad respecto a si la tentativa de vender pequeños paquetes de acciones hubiera sido exitosa.
[13] Véase Dahse, 1979.

mercado había aumentado sustancialmente en comparación con 1967.[14] En 1979, se requirió un número significativamente menor de empresas equivalente (de igual tamaño) para generar el mismo porcentaje de producción total que en 1967. En cierto modo este aumento en el grado de concentración de la producción fue un resultado inevitable de la reforma comercial, ya que, como se expondrá de manera más detallada en el capítulo V, muchas empresas marginales no podían sobrevivir al aumento en el mayor grado de competencia del exterior y eran desplazadas del mercado. En otros casos, para poder sobrevivir, reducir costos y mejorar el nivel de eficiencia, las empresas se fusionaron incrementando su participación en la producción. Sin embargo, la existencia de competencia extranjera por sí misma significó que esta concentración mayor en el mercado no pudiera traducirse en un poder monopólico en la mayoría de los casos. De hecho, De Melo y Urata (1984) muestran que este aumento en el grado de concentración no guardó relación alguna con márgenes más amplios de utilidades.

Los grupos tuvieron completo éxito en el aumento de la productividad y de la eficiencia en la mayoría de sus empresas. Sin embargo, resultó que debido a varios factores algunas de las empresas adquiridas por ellos e incluso algunas de sus nuevas inversiones no fueron rentables. Algunas otras empresas, aunque tuvieron éxito inicialmente, experimentaron una baja en la rentabilidad con la revaluación del tipo de cambio real y el aumento de las tasas de interés. Hacia fines de 1980 varias empresas vinculadas a los grupos comenzaron a enfrentar serios aprietos financieros. Sin embargo, en casi todos los casos y principalmente por razones de imagen, los grupos decidieron simular que todo estaba bien. Las empresas con problemas fueron mantenidas a flote gracias a la renovación de préstamos incobrables. Existieron también otras razones, además de la imagen o señalización, para la decisión de evitar la quiebra. En primer lugar, como se mencionó en el capítulo III, la quiebra significaba la declaración de que esos préstamos no funcionaban al nivel de los bancos del grupo, con el consecuente efecto negativo sobre el activo de los bancos y, por ende, sobre la máxima cantidad legal de crédito que podían otorgar. En segundo lugar, y más importante, al generalizarse la crisis financiera los grupos comenzaron a esperar que el gobierno interviniera en algún momento, para rescatar las empresas que se encontraban en malas condiciones.[15]

---

[14] El índice de concentración de Herfindahl se define como $H = \Sigma S_i^2$, en donde S_i es la proporción de la empresa i en la producción de la industria.

[15] Aun cuando no hay modelos teóricos satisfactorios sobre el comportamiento de los conglomerados en los países en vías de desarrollo, la actitud de los grupos hacia las unidades en malas condiciones y la bancarrota pueden explicarse recurriendo a los modelos de señalización que se describen en la literatura sobre organización industrial. Para estos tipos de modelos, véase por ejemplo Milgrom y Roberts, 1982.

La fragilidad financiera de los grupos se hizo evidente en abril de 1981 cuando, en parte como consecuencia de una especulación propia de aficionados en el mercado internacional del azúcar, un conglomerado de tamaño medio, el grupo Crav, se fue a la bancarrota.[16] De hecho, el asunto del grupo Crav reveló claramente al público —así como a los banqueros extranjeros— que los grupos se habían construido realmente sobre bases extraordinariamente endebles y que cualquier empeoramiento de las condiciones del mercado, independientemente de su significancia, podría provocar problemas muy serios. Hay pocas dudas de que el escándalo Crav representó un punto crítico de importancia y, en cierta forma, marcó el final del "boom". Después del asunto Crav empezaron a aumentar las dudas del público, así como de los banqueros internacionales, sobre la viabilidad del experimento. Estas dudas se agrandaron rápidamente por la actitud pasiva del gobierno; con el paso del tiempo, las expectativas de devaluación comenzaron a ser mayores, las tasas de interés registraron un aumento más rápido y se multiplicaron las dificultades de las empresas.

Como se hizo notar, un resultado de la negativa de los bancos a reconocer que una proporción creciente de los "préstamos malos" no funcionaba o incluso era irrecuperable fue que el número de éstos aumentó, ejerciendo una presión alcista considerable sobre la demanda de crédito y la tasa de interés. A fines de 1982, la proporción de crédito que los bancos habían otorgado a las empresas directamente vinculadas con el grupo controlador se tornó alarmantemente alta. De hecho, algunos de los bancos habían otorgado casi la mitad de sus préstamos al grupo controlador (véase el cuadro IV.2). A principios de 1983, la situación financiera era claramente insostenible y el gobierno resolvió intervenir los principales grupos nacionalizando algunos bancos y liquidando otros. A mediados de 1986, después de tres años difíciles, los grupos, o lo que quedó de ellos, estaban intentando resarcirse de los daños sufridos y planeando, como en los viejos tiempos, participar en las subastas de privatización anunciadas por el gobierno.

EL PROCESO DE DESREGULACIÓN Y LAS SIETE MODERNIZACIONES

La estrategia de crecimiento basada en la sustitución de importaciones aplicada desde la década de los cuarenta hasta la de los sesenta se vio acompañada por un involucramiento importante del gobierno en decisiones económicas de toda índole. Este involucramiento ocurrió de manera tanto directa (a través de empresas propiedad del gobierno) como indirecta (a

---

[16] Acerca del escándalo del grupo Crav, véanse por ejemplo las historias relatadas en la revista semanal *Hoy*, 27 de mayo de 1981: 11-13.

CUADRO IV.2. *Los préstamos a grupos: bancos seleccionados, 1982*[a]

Banco	Préstamos a grupos como porcentaje de los préstamos totales
Banco BCH	27.4
Banco de Chile	18.6
Banco de Santiago	42.3
Banco H.F.N.	18.5
Banco de Crédito	11.9
Banco Sudamericano	22.8

FUENTE: Superintendencia de Bancos, varios números.

[a] Estos datos se refieren a diciembre de 1982 y corresponden únicamente a los préstamos otorgados por cada banco al grupo controlador de ese banco en particular. En las etapas posteriores del experimento hubo una cantidad considerable de préstamos cruzados a grupos.

través de un amplio conjunto de reglas y regulaciones). A mediados de 1973 el gobierno fijó y monitoreó de manera directa más de tres mil precios al menudeo, los precios de todos los servicios públicos y todas las tasas de interés. Estableció también reglas para la asignación del crédito y determinó a qué intermediarios financieros se permitiría la emisión de instrumentos específicos. El comercio internacional y el interno fueron también estrictamente regulados, así como todas las actividades que tienen relación con el transporte y la prestación de otros servicios. Muchos salarios fueron fijados por el gobierno y, como se explica en el capítulo VI, el mercado laboral fue sometido a una amplia reglamentación. Como sucede ordinariamente, muchas de las reglas y regulaciones acumuladas durante años no eran más que el resultado de actividades rentistas y a menudo se habían vuelto incongruentes y contradictorias.

Muy pronto el gobierno militar decidió reducir el grado de regulación. El primer paso consistió en liberar la mayoría de los precios al menudeo. A ello siguieron los procesos de liberalización del mercado interno de capital y de comercio internacional. Los principales aspectos de la liberalización del mercado de capital —tanto interno como con el resto del mundo— se trataron en el capítulo III, mientras que la desregulación del comercio internacional es el tema del capítulo V.

Con el paso del tiempo el proceso de desregulación se extendió y abarcó a los sectores agrícola y de transporte. En agricultura, se permitió que los precios variaran aproximadamente con los precios mundiales y se levantaron las restricciones existentes sobre las ventas de tierras por parte de los beneficiarios de la reforma agraria. En el transporte, se reformaron las regulaciones que restringían la entrada y establecían un monopolio gubernamental sobre diferentes áreas (véase Wisecarver, 1985).

A lo largo de la mayor parte del régimen militar, el mercado laboral fue tratado de manera asimétrica en comparación con los otros sectores. Mientras que el proceso de desregulación en la mayoría de los mercados se inició muy pronto, el mercado laboral —y en particular el comportamiento de los sindicatos— se mantuvo bajo un control muy rígido hasta mediados de 1979. Esto en buena medida fue el resultado de una decisión política; los militares deseaban mantener estrictamente bajo su control a los sindicatos, cuya mayoría había apoyado al gobierno de la Unidad Popular. Pero incluso en ausencia de actividades sindicales y de contratación colectiva, el gobierno siguió la tradición con respecto a la indización y a los reajustes salariales.

Las siete modernizaciones

Como se observó en páginas anteriores, es posible distinguir dos fases en el proceso de desregulación. La primera —por lo general asociada al nombre del ministro De Castro— tenía que ver con reformas más tradicionales e incluía la liberalización de los precios al menudeo, la liberalización del mercado interno de capital, la privatización de algunas empresas propiedad del gobierno y la reducción de las barreras arancelarias. La segunda fase comenzó a mediados de 1979 y se asoció a los nombres de los ministros Miguel Kast y José Piñera. Consistía en reformas más profundas que afectaban las relaciones laborales, la seguridad social, la educación, la salud y la administración de justicia, y tendía a la introducción de cambios fundamentales y estructurales en la sociedad chilena.

En enero de 1981, por primera vez el general Pinochet declaró que estas reformas más profundas formaban parte de un programa global a largo plazo para transformar a la sociedad chilena; él las llamó "las siete modernizaciones". También afirmó que para un mayor progreso en el "avance social que Chile está experimentando", el gobierno había desarrollado un plan que contribuiría a la materialización de nuevas instituciones sociales (Banco Central de Chile, *Boletín Mensual*, febrero de 1981: 269-284). El general siguió explicando que las siete modernizaciones eran: *1)* la Ley del Trabajo de 1979, *2)* la Ley de Seguridad Social, *3)* la reforma educativa, *4)* la reforma de los servicios de salud, *5)* la reforma del sector agrícola, *6)* la reforma del sistema judicial y *7)* las reformas administrativa y de regionalización.

La Ley del Trabajo introdujo cambios revolucionarios en las relaciones laborales de Chile. Regulaba la creación y operación de sindicatos, establecía reglas para la contratación colectiva y determinaba las características jurídicas de los contratos laborales. El aspecto más destacado de esta ley era que reducía mucho el poder de los sindicatos. Esto se llevó a cabo de varias maneras: en primer lugar, la afiliación a los sindicatos se tornó voluntaria; en segundo lugar, los sindicatos quedaron restringidos a las empresas y no se les permitía aunar fuerzas con el propósito de negociar a nivel industrial, como lo habían estado haciendo tradicionalmente; y en tercer lugar, las empresas podían ahora hacer paros patronales y despedir temporalmente a los trabajadores. El proceso de negociación colectiva cambió también profundamente. Después de que un sindicato presentaba su petición, la contraoferta de la dirección de la empresa debería incluir *por lo menos* un incremento en los salarios acorde con la inflación pasada (artículo 26). Si no se llegaba a ningún acuerdo sobre los términos del nuevo contrato podía declararse la huelga. Treinta días después de estallada la huelga, los miembros del sindicato tenían la libertad de negociar uno por uno con la gerencia, la cual seguía obligada por el mecanismo de indización de 100% con la inflación pasada. Si después de 60 días no se había llegado a acuerdo alguno, los trabajadores tenían que volver a su trabajo en los términos del antiguo contrato —con salarios totalmente ajustados por la inflación pasada— o se entendía que habían renunciado al mismo.

El gobierno atribuyó gran importancia a la aprobación de la Ley del Trabajo. En forma irónica, las autoridades pensaron que la incorporación del cambio de indización salarial con respecto al pasado en el proceso de negociación colectiva era uno de sus más importantes logros. El propio general Pinochet orgullosamente declaró que la nueva Ley del Trabajo "asegura a los trabajadores un incremento en su remuneración de por lo menos 100% del aumento en el costo de la vida".

Después de su primer año, la Ley del Trabajo fue exaltada por el gobierno como un gran éxito. En 1980 más de 600 mil trabajadores participaron en las negociaciones derivadas de este proceso de la contratación colectiva con sólo 52 huelgas que duraron un promedio de 33 días. Los trabajadores obtuvieron incrementos salariales promedio de 8% por encima de la inflación pasada. Durante su segundo año (1981) se registró aproximadamente el mismo número de huelgas y los incrementos salariales promediaron 2.6% sobre la inflación pasada. A mediados de 1981, la Ley del Trabajo pasó por su primera prueba de fuego cuando más de ocho mil trabajadores de una de las minas de cobre de propiedad gubernamental (El Teniente) se fueron a la huelga. Después de 30 días de tensas —y en ocasiones violentas— negociaciones, los trabajadores regresaron a sus labores habiendo obtenido tan sólo el ajuste mínimo establecido por la ley: la inflación pasada. Sin embargo, para la compañía ello representaba un incremento importante en los costos de trabajo reales, ya que el precio del cobre había bajado más de 20% desde el año anterior.

La modernización del sistema de seguridad social decretada en 1980 remplazó un sistema virtualmente arruinado de pago por retiro por un sistema de capitalización, basado en cuentas de retiro individuales de los trabajadores, al quedar el retiro temprano estrictamente limitado y la cantidad de pensiones determinada directamente por el fondo acumulado de cada individuo a través de los años. Sin embargo, se estableció una pensión mínima parcialmente financiada por el gobierno en favor de aquellos trabajadores cuyo fondo individual fuera demasiado pequeño.

Tal vez la diferencia más interesante entre el nuevo y el antiguo sistema de seguridad social consistía en que los nuevos fondos de pensiones eran administrados por compañías privadas (las denominadas AFP) que cobraban una pequeña comisión por hacer el trabajo. Los trabajadores podían decidir libremente a qué fondo de pensiones deseaban afiliarse y podían cambiarse a un fondo distinto tantas veces como lo desearan. Cada vez que variaban a una AFP diferente, se llevaban consigo sus recursos acumulados de pensión individual. Por otra parte, se suponía que las AFP se regían por una reglamentación estricta, y había reglas bastante rígidas acerca de los instrumentos en que podían invertir las cuotas de los trabajadores. Lo que tal vez no sorprenda es que la mayoría de estas AFP eran propiedad de los grupos.

La reforma de la seguridad social tuvo algunos efectos inmediatos de importancia. Como en la nueva Ley de Seguridad Social quedaban eliminadas todas las exenciones y se restringía severamente el retiro temprano, fue posible reducir los impuestos de seguridad social. Por ejemplo, las contribuciones totales de seguridad (las contribuciones de los patrones sumadas a las de los empleados) para los obreros bajaron de 50% de los salarios después de impuestos en 1977 a 20% en 1982. Estos impuestos más bajos, a su vez, dieron lugar a un incremento definitivo importante en los salarios para todos los trabajadores que optaban por afiliarse al nuevo sistema.

Entre 1979 y 1983 también hubo progreso en las modernizaciones educativa y de salud. En materia educativa se llevó a cabo una descentralización del papel del gobierno en el servicio de educación primaria y secundaria. Hasta 1979, cuando se promulgó el llamado Decreto Educativo, el gobierno central se encargaba directamente de la administración de las escuelas públicas primarias y secundarias. Esto, desde luego, representó una tarea importante realizada con una gran diversidad de instituciones, incluyendo una enorme compañía pública de construcción que hacía escuelas y una empresa de propiedad pública que proveía comidas escolares. Como resultado de la reforma, los gobiernos locales (o sea, los municipios) tomaron a su cargo las escuelas públicas y muchos de los servicios indirectamente relacionados con la prestación de la educación se obtuvieron ahora de contratistas del sector privado a través de sistemas de licitación abierta.[17]

[17] De particular interés es que la Iglesia católica haya expresado serias reservas en torno a la reforma educativa. *Hoy*, 3 de junio de 1981.

Asimismo, como resultado de la reforma educativa, los subsidios otorgados a la educación superior sufrieron una drástica reducción, se elevaron las cuotas de colegiatura universitaria y se estableció un sistema de becas y préstamos. Durante 1981 se dieron algunos pasos importantes hacia la reforma del sistema de salud pública. Hasta entonces todos los trabajadores pertenecían a planes de salud bastante ineficaces dirigidos por el Estado y financiados por las cuotas obligatorias de los trabajadores y por el gobierno. Sin embargo, la nueva reforma permitió que las compañías de seguros privadas (las Isapres) cobraran las cuotas de salud de los trabajadores y les ofrecieran cierto tipo de planes de salud. Los trabajadores seguían teniendo la libertad de permanecer en el antiguo sistema dirigido por el gobierno o tener sus primas de salud depositadas en compañías privadas, que generalmente cobraban una cuota adicional para inscribirlos en sus planes.[18] Una vez más, la mayoría de las nuevas compañías de seguro de salud era propiedad de los grupos.

El manejo de la crisis de 1982 requirió toda la atención de los funcionarios del gobierno, desacelerando el impulso dado a la reforma estructural. Además, a fines de 1982 los Chicago boys comenzaron a moverse a una posición claramente defensiva tratando de "proteger" las reformas ya decretadas para asegurar su irreversibilidad. Otros grupos, incluso los hombres de negocios particulares, trataron con relativo éxito de convencer a los militares de que impusieran controles a las importaciones y topes a las tasas de interés y que otorgaran subsidios a las empresas que se encontraban en malas condiciones. Durante 1984 los Chicago boys emprendieron un repliegue táctico, sólo para ser llamados de nuevo por Pinochet a ocupar los niveles más altos del gobierno en 1985. A principios de 1986 su poder e influencia entre los más altos rangos de la milicia siguieron siendo muy grandes.

---

[18] Como la prima obligatoria de salud era sólo igual a 4% de los salarios, una vez descontados los impuestos, no cubría las primas requeridas de seguro privado.

V. LA LIBERALIZACIÓN DEL COMERCIO INTERNACIONAL

Una de las políticas centrales del gobierno militar fue la apertura del comercio internacional. En cinco años todas las trabas cuantitativas impuestas al comercio fueron eliminadas y se redujeron los aranceles de importación de un promedio superior a 100% a un nivel uniforme de 10%. La liberalización del comercio internacional afectó a la economía chilena de manera profunda. Entre 1974 y 1979, Chile se transformó de una economía muy cerrada, en la que se reprimían severamente las transacciones internacionales, a una economía abierta cuyo régimen de comercio exterior correspondía muy estrechamente al ideal neoclásico. Como consecuencia de esta arrolladora reforma tuvieron que cerrar algunas empresas que tradicionalmente habían sido subsidiadas mediante elevados aranceles de importación, mientras que otras se embarcaron en importantes procesos de reorganización que aumentaron mucho su nivel de eficiencia y productividad. Asimismo, gracias a la reforma, algunos bienes importados, hasta ese entonces fuera del alcance de la mayoría de los chilenos, se tornaron accesibles a los obreros y a las clases medias bajas. La reforma comercial se vio acompañada inicialmente por un tipo de cambio real alto que contribuyó al desarrollo inusitado de las exportaciones no tradicionales, el cual continuó hasta 1980, cuando una combinación de factores —incluida la sobrevaluación del peso— inhibió una expansión ulterior. Por otra parte, la combinación de aranceles más bajos, una percepción mayor de la riqueza y el tipo de cambio sobrevaluado después de 1979, así como una abundancia de financiamiento externo dieron lugar a un crecimiento de las importaciones a tasas aún más rápidas que las exportaciones, generando así un déficit comercial cada vez más amplio.

En este capítulo nos ocuparemos de manera detallada de varios aspectos de la reforma al comercio internacional, incluyendo sus efectos sobre la reasignación de recursos y la manera en que el sector manufacturero se ajustó al más bajo nivel de protección. Subrayamos también el papel desempeñado por la política cambiaria y analizamos los efectos de la reforma sobre el comercio internacional, centrando particularmente nuestra atención en el desempeño de las exportaciones diferentes a las del cobre y el diluvio de importaciones que se dio en 1980-1981.

LA REFORMA

La liberalización del comercio internacional había sido durante mucho tiempo un proyecto contemplado por gran número de economistas chilenos, inclusive los Chicago boys.[1] Conforme a la teoría económica tradicional y con base en gran cantidad de pruebas empíricas, se esperaba que la apertura de la economía al resto del mundo iba a dar lugar a una reasignación de recursos hacia aquellos sectores en los que Chile tenía una ventaja comparativa, mayor eficiencia, exportaciones crecientes, más elevada ocupación a plazo más largo, crecimiento más acelerado y una distribución del ingreso mejorada.[2]

A fines de la década de los treinta y principios de la de los cuarenta el comercio exterior de Chile resultó cada vez más distorsionado por la imposición indiscriminada de aranceles, cuotas de importación y toda clase de regulaciones y controles. En un comienzo, al igual que en la gran mayoría de los países de América Latina, estas restricciones comerciales fungieron como elemento fundamental de la estrategia de sustitución de importaciones orientada a fomentar la industrialización a través del desarrollo de las industrias incipientes. Sin embargo, con el tiempo, la estructura arancelaria reflejó cada vez más los beneficios logrados por diferentes grupos de presión. A fines de la década de los sesenta, aranceles elevados y variables se habían convertido en rasgo permanente de la economía chilena. De hecho, la estructura proteccionista de Chile había llegado a ser una de las más distorsionadas entre los países en vías de desarrollo. Las cosas empeoraron durante el periodo de la Unidad Popular, cuando el gobierno, en un intento por evitar la crisis en la balanza de pagos y el desplome del sector externo, estableció una complicada red de restricciones. La larga tradición de restricciones comerciales de Chile produjo varios efectos negativos, entre ellos un alto grado de ineficiencia en el sector manufacturero, el uso de técnicas muy intensivas de capital y el estancamiento de las exportaciones diferentes al cobre.[3]

A la fecha del golpe militar, los aranceles de importación promediaban

[1] Antes del gobierno de Pinochet hubo algunos intentos tímidos por liberalizar el comercio internacional. Los más destacados de estos intentos se hicieron en 1961 y 1969. Véase De la Cuadra y Hachette, 1986, y Ffrench-Davis, 1973.

[2] La reasignación de recursos, la eficiencia y los efectos de la distribución del ingreso se derivan de la teoría económica convencional. La proposición de crecimiento más acelerado está basada en el enfoque de crecimiento impulsado por las exportaciones según lo expone Krueger, 1978. Desde luego, la liberalización comercial ha sido propuesta desde hace mucho tiempo en todo el mundo por economistas de convicciones muy diferentes. Véanse por ejemplo Little, Scitovsky y Scott, 1970; Bhagwati y Srinivasan, 1979; Díaz-Alejandro, 1970; y Krueger, 1978, 1983.

[3] Sobre los efectos de la política comercial chilena véase por ejemplo el estudio realizado por Corbo y Meller, 1981.

105% y tenían un alto grado de dispersión, ya que algunos bienes estaban sujetos a aranceles nominales de más de 700%, mientras que otros se encontraban totalmente exentos de derechos a la importación. Además de los aranceles, se aplicó un conjunto de restricciones cuantitativas, incluyendo la prohibición directa de importaciones y depósitos a la importación previa de hasta 10 000% (véase De la Cuadra y Hachette, 1986). Estas medidas proteccionistas se complementaron con un sistema distorsionado de tipos de cambio múltiples, integrado por 15 diferentes tipos.

En octubre de 1973, el entonces ministro de Hacienda almirante Gotuzzo declaró que "las mejores perspectivas de Chile para el crecimiento dependían de su apertura al comercio internacional" (Méndez, 1979: 63-64). Sin embargo, inicialmente las autoridades no poseían una idea clara de qué tan lejos deseaban llegar con esta reforma. De hecho, no fue sino hasta fines de 1977 —después de que Chile se retiró del Pacto Andino— cuando se determinó que la meta final de la liberalización comercial era el logro de un arancel uniforme de 10% a las importaciones.

A principios de 1974 se adoptó el primer conjunto de medidas de liberalización comercial. El arancel máximo se redujo de 700 a 220%, y los derechos que iban de 50 a 220% fueron reducidos en 10 puntos porcentuales. La primera ronda de reducciones arancelarias ejerció escaso efecto sobre los precios relativos y la competencia externa, ya que la gran mayoría de estos derechos era redundante; incluso después de que se habían reducido, los precios de los bienes importados permanecieron en niveles "prohibitivos". Todavía respecto a este punto el gobierno mostraba ambigüedad en cuanto al nivel de protección final que deseaba alcanzar. En 1975, después de rondas adicionales de reducciones arancelarias, el gobierno anunció que para principios de 1978 los aranceles nominales fluctuarían entre 25 y 35%. En 1976, después de haberse abolido todas las restricciones cuantitativas, fueron revisadas las metas de reforma comercial. El ministro De Castro sostuvo que "un programa arancelario que va de 10 a 35% es perfectamente adecuado para la economía chilena, ya que proporciona niveles razonables de protección a la actividad industrial de la nación" (Méndez, 1979): 209).

Durante todo este periodo los aranceles a las importaciones y las políticas de inversión extranjera directa se contrapusieron cada vez más a las del Pacto Andino y se suscitaron disputas periódicas entre Chile y los otros miembros de la Unión Aduanera. A mediados de 1976 el entonces ministro de Economía De Castro fue tan lejos que sugirió que las políticas arancelarias del Pacto Andino representaban una "amenaza al derecho soberano de Chile de establecer su propia política cambiaria" (Méndez, 1979: 209).

En 1977 Chile se retiró del Pacto Andino y en diciembre de ese año el ministro De Castro anunció que la meta final era ahora reducir los aranceles a una tasa uniforme de 10% hacia mediados de 1979. Al explicar este nuevo cambio en la política arancelaria, De Castro señaló que el programa prevaleciente con tasas diferenciadas entre 10 y 35% generaba una situación discriminatoria injustificada. En su discurso manifestó: "Hemos decidido eliminar las distorsiones generadas por la estructura arancelaria discriminatoria y establecer un arancel uniforme; de esta manera, todas las actividades que producen para el mercado nacional se encontrarán en pie de igualdad ante la competencia extranjera" (Banco Central de Chile, *Boletín Mensual*, diciembre de 1977: 1960).

En el cuadro V.1 presentamos datos acerca del itinerario de la reducción arancelaria nominal entre diciembre de 1973 y junio de 1979; incluimos las fechas en que tuvieron lugar las reducciones arancelarias, la tasa máxima del arancel y la tasa promedio. Como puede observarse, la liberalización fue un poco brusca y ya en junio de 1976 el arancel promedio era de 33%, significativamente por debajo del arancel promedio en la mayoría de los países en desarrollo. Este logro es particularmente impresionante porque para esa fecha todas las restricciones cuantitativas a la importación habían quedado también eliminadas. En junio de 1979, cuando la reforma comercial llegó a su fin, todos los productos, con excepción de los automóviles, tenían un arancel nominal de 10 por ciento.

La liberalización del comercio internacional produjo cambios considerables en los precios relativos internos que, junto con los cambios en el costo de la contratación de mano de obra y en el tipo de cambio real, afectaron grandemente la capacidad de la economía chilena para competir internacionalmente. Mientras que como consecuencia de la reforma comercial el sector manufacturero en su conjunto experimentó una disminución de sus precios relativos internos, los sectores agrícola, forestal y de pesca registraron un aumento en sus precios relativos. Naturalmente, el efecto de la reforma comercial sobre diferentes industrias manufactureras no fue uniforme. En el cuadro V.2 presentamos datos sobre la evolución de la tasa de protección efectiva para 18 industrias dentro del sector manufacturero.[4] Conforme avanzó la reforma, se redujeron tanto el nivel como la dispersión de las tasas efectivas de protección, hasta que en junio de 1979 el arancel efectivo promedio fue de 13.6%, y el margen entre el arancel efectivo más alto y el más bajo fue de sólo 6 puntos porcentuales.

---

[4] La tasa efectiva de protección es una medida del grado relativo de ineficiencia de la producción interna comparada con la producción internacional. Un valor positivo significa que el valor agregado para esa actividad particular sobrepasa el valor agregado a precios internacionales. El arancel efectivo para el bien i (τ_i) se calcula en la forma $\tau_i = (t_i - \Sigma\, a_{ij}\, t_j)/(1 - \Sigma\, a_{ij})$, donde t_i es el arancel nominal, $a_{ij}\, t_j$ es el coeficiente insumo/producto entre el insumo j y el bien i y τ_j es el arancel nominal establecido sobre el insumo j. Obsérvese que si el bien y *todos* los insumos tienen el mismo arancel nominal entonces las tasas efectivas y nominales de protección son las mismas ($\tau_i = t_i$). Debe hacerse notar que desde una perspectiva de equilibrio general es bastante limitada la utilidad del concepto de tasas efectivas de protección. Véase Bhagwati y Srinivasan, 1975.

CUADRO V.1. El itinerario de la liberalización arancelaria (en porcentaje)

Fechas de reducción de los aranceles	(1) Tasa máxima del arancel	(2) Porcentaje de los productos sujetos a la tasa arancelaria máxima	(3) Moda arancelaria	(4) Porcentaje de productos	(5) Arancel nominal promedio
31 dic. 1973	220	8.0	90	12.4	94.0
1 mar. 1974	200	8.2	80	12.4	90.0
27 mar. 1974	160	17.1	70	13.0	80.0
5 jun. 1974	140	14.4	60	13.0	67.0
16 ene. 1975	120	8.2	55	13.0	52.0
13 ago. 1975	90	1.6	40	20.3	44.0
9 feb. 1976	80	0.5	35	24.0	38.0
7 jun. 1976	65	0.5	30	21.2	33.0
23 dic. 1976	65	0.5	20	26.2	27.0
8 ene. 1977	55	0.5	20	24.7	24.0
2 may. 1977	45	0.6	20	25.8	22.4
29 ago. 1977	35	1.6	20	26.3	19.8
3 dic. 1977	25	22.9	15	37.0	15.7
jun. 1978[a]	20	21.6	10	51.6	13.9
jun. 1979[a]	10	99.5	10	99.5	10.1

FUENTE: Ffrench-Davis, 1981.
[a] Durante 1978 y la primera mitad de 1979 la lista de aranceles se redujo de manera lineal.

Mientras que la reforma de liberalización redujo la tasa promedio de protección efectiva del sector manufacturero, aumentó el nivel de protección otorgado al valor agregado agrícola. Esto fue porque mediante la imposición de controles de precios a los productos agrícolas y de altos aranceles a los insumos, tradicionalmente la mayoría de los cultivos tenía una tasa sustancialmente negativa de protección efectiva. En 1974, por ejemplo, el sector agrícola tenía una tasa promedio de protección efectiva de −36%. Como resultado del proceso de reducción arancelaria y de una nueva política de precios agrícolas encaminada a mantener los precios agrícolas internos aproximadamente en línea con los precios mundiales, esta protección negativa al sector quedó eliminada e incluso se tornó positiva durante los primeros años del régimen militar.[5]

LOS ARANCELES, EL TIPO DE CAMBIO REAL Y LA POLÍTICA CAMBIARIA NOMINAL, 1974-1979

La liberalización del comercio internacional ejerció un efecto importante sobre el valor de equilibrio a largo plazo del tipo de cambio real de Chile. Los cambios en otros factores reales, o "fundamentales" —como el deterioro de los términos de intercambio, la disminución en el gasto del gobierno y la apertura de la cuenta de capital— modificaron el tipo de cambio real de equilibrio a largo plazo. De manera más específica, como resultado de la reforma arancelaria y del deterioro de los términos de intercambio se hizo necesaria una devaluación del tipo de cambio real a largo plazo, para mantener el equilibrio externo.[6] Este nuevo valor más elevado del tipo de cambio real se logró en primer lugar con la maxidevaluación de octubre de 1973 y después se mantuvo mediante el uso activo de un sistema cambiario de movimientos muy pequeños y lentos, que duró hasta enero de 1978.[7]

La importancia asignada por el gobierno a un tipo de cambio real "alto" fue claramente expresada por el propio general Pinochet en un discurso de 1976 (Méndez, 1979: 195): "Seguiremos alentando las exportaciones no tradicionales... El ministro de Hacienda anunciará el nivel que mantendrá el tipo de cambio a fin de garantizar un valor viable y permanente a las divi-

---

[5] Acerca del grado de protección efectiva en el sector agrícola de Chile antes de la reforma, véase, por ejemplo, Varas, 1975.

[6] Si bien en un escenario de equilibrio general no es necesario que la eliminación de un arancel dé como resultado una devaluación real, éste es el caso en la mayoría de las condiciones plausibles como las que se dieron en Chile. Sobre este punto véase S. Edwards, 1987.

[7] La maxidevaluación inicial respondió, en parte, a la necesidad de evitar una crisis de balanza de pagos casi inminente. Conforme avanzó el proceso de la reforma arancelaria la fijación del valor de la moneda con cambios pequeños y lentos trató de mantener el nivel del tipo de cambio real.

CUADRO V.2. *Las tasas efectivas de protección en sectores manufactureros seleccionados (en porcentaje)*

Sector	1974	1976	1978	1979
Productos alimenticios	161	48	16	12
Bebidas	203	47	19	13
Tabaco	114	29	11	11
Textiles	239	74	28	14
Calzado	264	71	27	14
Productos madereros	157	45	16	15
Muebles	95	28	11	11
Productos de papel	184	62	22	17
Publicaciones	140	40	20	12
Productos de piel	181	46	21	13
Productos de caucho	49	54	26	15
Químicos	80	45	16	13
Petróleo y carbón	265	17	12	13
Minerales no metálicos	128	55	20	14
Metales básicos	127	64	25	17
Industrias metálicas	147	77	27	15
Maquinaria no eléctrica	96	58	19	13
Maquinaria eléctrica	96	58	19	13
Promedio	151.4	51.0	19.7	13.6
Desviación estándar	60.4	15.70	5.3	1.7

FUENTE: Aedo y Lagos, 1984.

sas."[8] Además, el gobierno públicamente vinculó la reducción de los aranceles con tipos de cambio reales más elevados. Por ejemplo, en diciembre de 1977 el ministro De Castro señaló (Banco Central de Chile, *Boletín Mensual,* diciembre de 1977: 1960-1961):

[8] De hecho, el tipo de cambio desempeño un papel crucial en la explicación que ofreció el gobierno acerca de los efectos negativos del proteccionismo en las décadas anteriores. De acuerdo con De Castro, por ejemplo (Méndez, 1979: 201):

La industrialización relativamente forzada del país se logró a través de diversos mecanismos. Uno de ellos fue la política de tipo de cambio externo. Desde 1939 en adelante, el tipo de cambio se mantuvo en un nivel artificialmente bajo... El sector exportador perdió todas las posibilidades de exportar porque... [con un bajo] tipo de cambio... no podían arreglárselas para cubrir sus costos de producción locales.

CUADRO V.3. *La devaluación nominal, la inflación interna y los tipos de cambio reales efectivos: 1973-1978*

Año y trimestre	(A) Tasas de devaluación nominal en relación con el dólar (%)	(B) Inflación interna (%)	(C) Índice del tipo de cambio real efectivo (1975 = 100)
1973.2	160.0	71.9	26.5
1973.3	30.8	57.7	40.3
1973.4	303.5	107.7	72.2
1974.1	40.8	60.2	71.3
1974.2	50.1	48.7	75.1
1974.3	40.8	39.2	76.6
1974.4	58.5	41.3	83.5
1975.1	72.2	64.0	99.1
1975.2	64.2	69.0	102.5
1975.3	35.2	32.7	100.4
1975.4	33.3	26.4	98.0
1976.1	30.4	26.4	104.1
1976.2	25.8	34.7	97.3
1976.3	5.8	28.2	85.5
1976.4	18.8	19.4	87.2
1977.1	7.9	23.9	83.6
1977.2	10.1	16.4	78.5
1977.3	17.9	13.8	81.8
1977.4	15.6	12.4	89.5
1978.1	8.2	7.8	97.5
1978.2	6.6	8.8	100.3
1978.3	3.8	11.1	103.3
1978.4	2.4	5.4	105.1

FUENTES: La columna A se tomó de Banco Central de Chile, 1981, 1983, 1984, y se refiere a *mercado cambiario.* Para cada trimestre estos datos se refieren al promedio para marzo, junio, septiembre y diciembre de cada año. La columna B se tomó de Cortázar y Marshall, 1980, y se refieren igualmente al final del periodo. La columna C se tomó de S. Edwards y Ng, 1985, y se refiere al promedio del periodo. Para los datos sobre el tipo de cambio real efectivo hasta 1983, véase el cuadro III.9 en el capítulo III.

Cuanto más bajos sean los aranceles, tanto más alto deberá ser el tipo de cambio... Como compensación por la reducción arancelaria correspondiente al mes en curso, hemos decidido devaluar el tipo de cambio en 4.3%... Para los meses siguientes el ajuste en el tipo de cambio corresponderá a la inflación de los meses anteriores más una cantidad adicional para compensar la reducción arancelaria.

El cuadro V.3 contiene datos trimestrales para 1973-1978 acerca de la tasa nominal de devaluación respecto al dólar norteamericano, de la tasa de inflación interna y del tipo de cambio real *efectivo* (TCRE). Este último índice multilateral capta el movimiento real del peso en relación con un grupo de los 10 principales socios comerciales de Chile. Un TCRE más elevado refleja una devaluación real, mientras que una reducción capta una revaluación real de la moneda nacional o una reducción de la capacidad del país para competir internacionalmente. Como puede verse en el cuadro, el grado de devaluación real alcanzado durante los dos primeros años del régimen fue notable. A fines de 1976 el tipo de cambio real efectivo fue casi 150% mayor que en el tercer trimestre de 1973. En junio de 1976, y otra vez en marzo de 1977, el peso fue revaluado como una manera de romper con las expectativas inflacionarias (véase el capítulo II). En la segunda mitad de 1977, para compensar en parte los efectos de las nuevas rondas de reducciones arancelarias, se aumentó una vez más la tasa de devaluación nominal respecto al dólar norteamericano. Durante 1978, pese a que la recién adoptada tablita incluía una tasa de devaluación nominal respecto al dólar por debajo de la inflación prevaleciente, el tipo de cambio real efectivo sufrió una ligera devaluación real. Como se observó en el capítulo II, esto en parte fue porque la tasa de devaluación de la tablita se fijó en relación con el dólar que se estaba devaluando. En el segundo trimestre de 1979, cuando la reforma del comercio internacional logró su meta final de un arancel uniforme de 10%, el índice del tipo de cambio real efectivo fue 160% mayor que en el tercer trimestre de 1973, cuando ya habían comenzado las primeras conversaciones sobre la reforma comercial.[9]

Después de mediados de 1979, la fijación del tipo de cambio con salarios indizados más la apertura de la cuenta de capital dio lugar a la ya expuesta sobrevaluación del peso que alejó el tipo de cambio real cada vez más y más de su nuevo equilibrio (esto es, posterior a la reforma arancelaria) sostenible a largo plazo. Al irse acumulando esta diferencia entre el tipo de cambio prevaleciente y el tipo de cambio real de equilibrio a largo plazo, decayó la capacidad de las empresas nacionales para competir internacionalmente.

[9] Se dijo en el capítulo II que la devaluación efectiva real entre mediados de 1977 y mediados de 1979 fue en cierta medida producto de la decisión de Chile de manejar la política cambiaria utilizando el dólar como moneda de referencia, y de la devaluación real del dólar en el mercado financiero. Al devaluarse el dólar, el peso corrió la misma suerte (en cierta medida). Como se vio en el capítulo III, a mediados de 1980, cuando el dólar comenzó su periodo de revaluación también se revaluó el peso respecto a una amplia canasta de monedas.

CUADRO V.4. *Los términos de intercambio y los precios del cobre: 1973-1983*

Año	Términos externos de intercambio (1973 = 100)	Precio nominal del cobre (dólar por libra)	Índice del precio real del cobre (1973 = 100)
1973	100.0	0.909	100.0
1974	105.7	0.933	97.2
1975	70.3	0.559	53.3
1976	75.7	0.636	58.0
1977	67.8	0.593	50.9
1978	67.7	0.619	49.3
1979	72.2	0.893	63.6
1980	69.2	0.992	61.6
1981	55.9	0.789	44.9
1982	50.4	0.672	36.3
1983	53.1	0.722	38.6

FUENTES: La columna A se define como la relación de los precios de las exportaciones con respecto a los precios de las importaciones y se obtuvo de la Comisión Económica para América Latina de las Naciones Unidas. Las columnas B y C se tomaron de Banco Central de Chile, 1981, 1983 y 1984.

Los términos de intercambio, los mercados de trabajo y la competitividad

La tendencia general durante el periodo fue el deterioro significativo de los términos internacionales de intercambio, aunque los precios internacionales de importaciones y exportaciones específicas se movieron en diferentes direcciones. Como puede observarse en el cuadro V.4, entre 1973 y 1983 los términos externos de intercambio se deterioraron en casi 50%, cuando gran parte de la acción (aunque no toda) provino de cambios en el precio del cobre. Como se verá más adelante, los precios de algunas de las otras exportaciones principales experimentaron también cambios importantes a lo largo del periodo, así como también lo hizo el precio del petróleo y de otras importaciones.

Las reformas iniciales del mercado de trabajo —que exponemos de manera más detallada en el capítulo VI— incrementaron la capacidad de las empresas nacionales para ajustarse al nivel de protección más bajo y ayudaron a algunas de ellas a competir internacionalmente. En particular, la disminución de las actividades sindicales y la casi total ausencia de conflictos laborales, más la mayor flexibilidad para despedir trabajadores, ayu-

CUADRO V.5. *Las participaciones relativas de diferentes sectores en el* PIB,
años seleccionados: 1974-1982 (en porcentaje)

Sector	1974	1977	1979	1981	1982
Agrícola y forestal	5.3	9.3	6.7	5.8	4.9
Pesca	0.4	0.5	0.6	0.5	0.7
Minería	12.0	8.1	9.8	5.6	7.7
Manufacturas	29.5	21.7	21.2	22.3	18.9
Electricidad, gas y agua	1.1	2.3	2.0	2.3	3.2
Construcción	6.1	4.1	4.3	6.4	5.6
Comercio	14.1	15.6	16.7	15.0	15.6
Transporte y comunicaciones	5.7	5.3	5.2	4.9	4.6
Servicios financieros	5.3	6.3	8.1	10.7	11.2
Bienes inmuebles (vivienda)	3.7	7.1	7.4	7.8	9.4
Administración pública	6.5	6.4	5.5	5.3	6.3
Educación	3.8	4.6	4.1	4.8	5.4
Salud	2.5	3.2	3.0	3.5	3.6
Otros servicios	2.8	3.8	3.9	5.3	4.8
Menos: cargos por servicios bancarios	−2.4	−3.2	−4.0	−6.4	−6.5
Más: derechos de importación	3.6	4.9	5.5	6.2	4.6
Producto interno bruto	100.0	100.0	100.0	100.0	100.0

FUENTE: Banco Central de Chile, 1981, 1983, 1984.
NOTA: Estas participaciones se estimaron utilizando cálculos del PIB a precios actuales.

daron a reducir el costo efectivo de contratación de mano de obra. Asimismo,
la disminución de los impuestos de seguridad social, que ascendían a casi
60% entre 1974 y 1981, redujo muy significativamente el costo de la fuerza
de trabajo. Por otra parte, el mecanismo de indización que se utilizó durante
el periodo, y que más tarde fue institucionalizado por la Ley del Trabajo de
1979, redujo la capacidad de las empresas para ajustarse a los cambios en
las condiciones del mercado.

AJUSTE Y PRODUCTIVIDAD

El proceso de reducción arancelaria y la política cambiaria asociada afectaron profundamente la estructura productiva y la asignación de recursos.
Inicialmente, las principales beneficiarias de este proceso fueron las exportaciones no tradicionales (o no de cobre) que experimentaron un agudo

CUADRO V.6. *Índice de la producción manufacturera: 1970, 1975, 1980* (1968 = 100)[a]

Sector	1970	1975	1980
Alimentos	99.6	102.3	115.8
Bebidas	91.1	87.2	152.9
Tabaco	97.7	120.8	155.8
Textiles	96.0	62.4	60.7
Calzado	104.8	86.8	84.4
Productos madereros	108.1	54.4	99.7
Muebles	113.4	61.8	127.7
Productos de papel	88.3	101.0	141.7
Publicaciones	109.5	55.6	65.9
Productos de piel	103.9	70.6	45.8
Productos de caucho	111.0	35.8	86.1
Químicos	120.9	79.7	141.8
Derivados del petróleo y del caucho	105.4	110.9	136.7
Minerales no metálicos	102.9	76.1	122.2
Industrias metálicas	108.7	119.8	160.5
Industrias metálicas excepto transporte	98.6	59.7	99.9
Maquinaria	94.2	77.4	110.1
Productos eléctricos	99.5	75.8	131.6
Equipo de transporte	127.0	50.0	138.3
Resto del sector manufacturero	81.0	63.6	73.7
Índice general	104.0	81.2	115.0

FUENTE: Instituto Nacional de Estadística, publicado en Banco Central de Chile, *Boletín Mensual*, varios números.
[a] Promedios anuales.

aumento, pasando de 9.5% de las exportaciones totales en 1971 a 35% en 1981. En el cuadro V.5 incluimos datos sobre las participaciones relativas de diferentes sectores en el PIB chileno.

Lo que tal vez pueda sorprender es que la reforma arancelaria no tuvo un gran efecto sobre el sector manufacturero en su conjunto; su participación en el PIB se redujo de 24.3% en 1965-1970 a 22.3% en 1980. Sin embargo, la estructura productiva dentro del sector manufacturero se vio significativamente afectada, ya que aquellas industrias que tradicionalmente habían contado con un nivel de protección muy elevado —por ejemplo, textiles y artículos de piel— sufrieron grandes bajas en la producción. Como se refleja en el cuadro V.6, 7 de 20 subsectores manufactureros tuvieron un

Cuadro V.7. *La productividad promedio del trabajo en sectores*
seleccionados: 1971, 1978, 1981
(1971 = 100)

Sector	1971	1978	1981
Agricultura	100.0	88.1	106.8
Minería	100.0	87.2	122.3
Manufacturas	100.0	108.4	141.6
Construcción	100.0	122.8	155.6
Comercio	100.0	80.7	88.2
Transporte y comunicaciones	100.0	143.8	166.1

Fuente: Bardón, Carrasco y Vial, 1985.

nivel de producción inferior en 1980 que el de 1970. De acuerdo con una encuesta dirigida en 1978 por la Asociación de Manufactureros (Sosofa), más de 60% de las empresas totales en las industrias textil, del vestido y del calzado y más de 75% de las empresas en los sectores no metálicos y de metales básicos se vieron severamente afectados por una mayor competencia de las importaciones como resultado de la reforma arancelaria.[10]

Las industrias que registraron un incremento en la producción durante la década de los setenta —bebidas, productos de papel y tabaco, entre otras— lo hicieron a través de un gran incremento en su nivel de eficiencia y productividad. Esto se hizo reduciendo el número de trabajadores, cerrando las plantas ineficientes y poniendo en marcha proyectos de inversión encaminados a la modernización administrativa y de los procesos productivos. Como resultado de las reformas comerciales y del ajuste realizado por empresas industriales, la productividad promedio del trabajo en el sector manufacturero aumentó en 42% entre 1971 y 1981. Además, en ciertos casos específicos los aumentos en la productividad fueron mucho mayores y alcanzaron cifras que rebasan la imaginación. Por ejemplo, Corbo y Sánchez (1985) informan sobre el caso de una empresa textil cuya productividad promedio del trabajo ¡aumentó 28 veces! Esos autores mencionan también el caso de una empresa de aparatos eléctricos propiedad de un grupo cuya productividad promedio del trabajo aumentó más de siete veces. En el cuadro V.7 presentamos una descripción más general de los cambios en la

[10] Utilizando una muestra de 12 empresas, Corbo y Sánchez, 1985, encontraron que la reducción arancelaria castigó considerablemente a las compañías competidoras de importación. Sin embargo, para las empresas orientadas hacia la exportación inicialmente resultó en un auge, ya que el tipo de cambio se mantuvo elevado y habían bajado los aranceles sobre insumos importados. Véase también Frankel, Froot y Mizala-Salces, 1986.

productividad del trabajo. Como puede observarse en los sectores de minería, manufacturas, construcción, transporte y comunicaciones, la productividad aumentó de manera muy considerable. Para la economía en su conjunto la productividad del trabajo creció a una tasa anual promedio de 4.3% entre 1976 y 1981, es decir, casi dos veces más rápido que la tasa del periodo 1965-1970 (2.2%) y significativamente mayor que en países como Brasil, México, los Estados Unidos, Alemania, Japón y Corea durante el mismo periodo.[11]

La reforma arancelaria afectó también los precios relativos y la asignación de recursos dentro del sector de la agricultura. Por ejemplo, mientras que los cultivos tradicionales perdieron importancia, aumentó muy rápidamente la inversión relacionada con productos de exportación como frutas frescas. Entre 1972 y 1980 casi se duplicó la superficie total dedicada a la producción de fruta. Asimismo, las inversiones en el sector forestal se incrementaron y el número promedio anual de nuevos árboles plantados a fines de la década de los setenta superó en casi cuatro veces el nivel registrado a fines de la década anterior (véase Banco Central de Chile, 1981, 1983, 1984).

La reforma arancelaria y el empleo

Un tema muy debatido en la prensa popular de Chile fue la medida en que el proceso de reducción arancelaria "contribuyó" al problema del desempleo. Es indudable que como resultado de la reforma arancelaria algunas empresas manufactureras, que estaban reduciendo sus operaciones e incluso desapareciendo, despidieron a gran número de trabajadores. Por otra parte, las empresas en expansión de los sectores exportadores aumentaron el empleo, contrarrestando parcialmente efectos negativos. Con todo, el resultado neto fue un incremento en el desempleo generado por la reforma comercial. Este efecto negativo fue especialmente notorio en el sector manufacturero en donde, como ya se mencionó, las empresas manejaron su salida de la difícil situación creada por una mayor competencia extranjera ajustando sus nóminas e incrementando la productividad.[12]

Existieron dos mecanismos importantes a través de los cuales la liberalización arancelaria generó desempleo a corto plazo. En primer lugar, hubo un periodo natural de ajuste en el que los trabajadores despedidos se tomaron su tiempo para comenzar a buscar trabajo en un sector diferente en

---

[11] Véase Meller, Livacich y Arrau, 1984. En este artículo estos autores sometieron a discusión la metodología utilizada para calcular el PIB real de Chile.

[12] Véanse S. Edwards, 1982, y Cortés y Sjaastad, 1981, para una discusión sobre los efectos de la reforma comercial en la ocupación.

expansión. En segundo lugar, en realidad —contrariamente al caso más simple mencionado en los libros de texto— el capital físico quedó fijo en su sector de origen, lo que hizo un poco lenta, al principio, la expansión de la producción en algunos sectores de exportación. Sólo conforme fue haciéndose la inversión adicional a través del tiempo, fue posible incrementar plenamente la producción y el empleo en estos sectores en expansión. Sin embargo, la existencia de rigidez salarial, y en particular de un salario mínimo en términos reales, dificultó más la absorción de la mano de obra por las industrias en expansión.[13]

La proporción del desempleo total que puede atribuirse a la reforma arancelaria es, sin embargo, relativamente pequeña al compararla con la magnitud del problema del desempleo global. S. Edwards (1982), por ejemplo, calculó que el límite superior para los efectos que la reforma comercial tuvo en el desempleo fue de 3.5 puntos porcentuales de la fuerza de trabajo, o sea, 129 000 personas, y el grueso de este desempleo se localizó en los subsectores de alimentos, bebidas, tabaco, textiles y productos de piel (57 000 personas). Más recientemente, De la Cuadra y Hachette (1986) calcularon que la reforma comercial diezmó la ocupación en el sector manufacturero en aproximadamente 50 000 trabajadores. Aun cuando éstas no son cifras insignificantes, claramente señalan que la explicación del grueso de la desocupación está en otra parte. De hecho, esto es lo que hacemos en el capítulo VI en el que analizamos más detalladamente el problema de la desocupación.

LA RESPUESTA DE LAS EXPORTACIONES Y DE LAS IMPORTACIONES

Conforme a lo esperado, la reforma comercial dio lugar a un incremento importante en el volumen del comercio internacional chileno. Las exportaciones, y en particular las exportaciones diferentes a las de cobre, crecieron inicialmente de manera muy rápida. Las importaciones, por otra parte, respondieron rápidamente a la reducción de aranceles y al incremento percibido de la riqueza, creciendo a un ritmo aún más acelerado y generando con ello un creciente déficit comercial.

[13] La razón de esto es que, en una economía en la que las importaciones son intensivas de capital como en Chile, en la medida en que el capital es un sector específico a corto plazo, la disminución de aranceles requerirá una reducción a corto plazo en el salario real de la mano de obra de baja calificación, a fin de mantener el nivel de ocupación. Si esta reducción se ve impedida por un salario mínimo, el resultado será la desocupación (véase S. Edwards, 1982).

CUADRO V.8. *La evolución de las exportaciones: 1971-1983 (millones de dólares)* [a]

Sector	1971	1975	1977	1979	1981	1983
1. Minería	813.2	1 075.4	1 403.2	2 253.9	2 279.1	2 296.6
Cobre	701.8	890.4	1 187.4	1 799.6	1 692.1	1 835.7
2. Agricultura	29.4	86.1	159.5	264.5	365.4	327.5
Frutas frescas	13.4	37.8	63.6	123.3	198.6	220.5
3. Productos manufacturados	119.6	390.6	627.6	1 245.0	1 286.0	1 211.4
Pescado	29.8	29.2	86.5	152.6	202.0	307.1
Madera	7.0	25.2	70.4	164.7	158.5	116.4
Productos de papel	32.0	93.7	134.4	238.8	259.0	208.0
Químicos	11.8	46.4	77.9	128.2	143.0	109.8
Productos metálicos y maquinaria	4.4	42.4	36.8	59.5	45.1	20.3
Industrias metálicas básicas	9.0	58.6	103.7	306.5	235.0	285.5
Total (1 + 2 + 3)	962.2	1 552.1	2 190.3	3 763.4	3 930.7	3 885.5

FUENTE: Banco Central de Chile, 1981, 1983, 1984.

[a] Este cuadro contiene datos sobre embarques de exportaciones de las tres principales categorías de exportaciones: minería, agricultura y productos manufacturados. En cada categoría hemos incluido algunos productos específicos.

Las exportaciones

Como se refleja en el cuadro V.8, el valor en dólares de las exportaciones totales aumentó a una tasa promedio de 15% anual entre 1973 y 1983. Por otra parte, el valor *real* de las exportaciones creció a una tasa promedio anual de 12%.[14] Sin embargo, mucho más impresionante fue la observancia de las llamadas exportaciones no tradicionales, que crecieron de un nivel de tan sólo 9.5% de las exportaciones totales en 1971 a más de 35% de las exportaciones en 1981. En términos de dólares reales, las exportaciones no tradicionales crecieron casi 20% al año entre 1971 y 1981.

Como puede verse en el cuadro V.8, las exportaciones de bienes industriales mostraron gran dinamismo, creciendo más de 10 veces entre 1971 y 1981. Inicialmente (1974-1976) este aumento en las exportaciones de manufacturas fue provocado por la contracción de la demanda interna y por el tipo de cambio real muy elevado. Muchas empresas que no pudieron lograr su punto de equilibrio ofreciendo sus productos en el mercado interno se embarcaron en la búsqueda de nuevos mercados externos. Tal fue el caso, por ejemplo, del sector de productos metálicos y maquinaria que, como puede verse en el cuadro V.8, aumentó sus exportaciones en 1975, sólo para registrar una baja en 1977 y en los años siguientes. Sin embargo, más tarde, al resultar evidente que el gobierno persistiría en la reforma comercial y también creer los empresarios que continuaría el alto nivel del tipo de cambio real, los proyectos de inversión relacionados con las exportaciones comenzaron a desarrollarse, siendo relativamente más importantes los sectores de producción de papel, agrícola y forestal. Muchos de estos nuevos proyectos de inversión alcanzaron proporciones de mayor importancia después de que el relajamiento de los controles impuestos a los capitales a mediados de 1979 permitió a las empresas financiar su expansión mediante la importación de capital extranjero.[15]

En ciertos casos, como en el subsector de productos madereros y del cobre, el incremento en las exportaciones guardó parcialmente una relación con el uso más intensivo de inversiones muy voluminosas que se habían emprendido antes del régimen militar. En otros casos, sobre todo en las exportaciones de manufacturas, el nuevo régimen comercial, y en particular el tipo de cambio real más alto, hicieron rentable utilizar la capacidad existente

[14] Dados los cambios en los precios relativos de diferentes bienes de exportación, pueden ser engañosos los cambios en la exportación agregada a precios constantes. Sjaastad, 1982, sin embargo, calculó que el *quantum* de las exportaciones aumentó en casi 50% entre 1974 y 1980.

[15] Sin embargo, observemos que, como se hace notar en el capítulo I, la inversión agregada fue relativamente baja durante el periodo 1974-1984. Contrariamente a las expectativas de las autoridades, nunca se concretaron los grandes proyectos externos en los sectores de exportación (así como tampoco en los otros sectores).

CUADRO V.9. *Los índices de precios internacionales de exportaciones chilenas seleccionadas: 1978-1983 (1980 = 100)*

Exportación	1978	1979	1980	1981	1982	1983
Cobre	62.3	90.6	100.0	79.4	67.6	72.7
Mineral de hierro	71.2	86.0	100.0	90.4	96.2	88.0
Harina de pescado	81.3	78.3	100.0	92.7	70.1	89.7
Madera en rollo	48.9	85.4	100.0	80.0	77.0	72.1
Madera en tableros	69.2	95.9	100.0	98.2	71.9	65.2
Papel para periódicos	81.2	88.9	100.0	110.3	113.4	108.7
Pulpa	55.1	79.9	100.0	92.3	75.3	64.9

FUENTE: FMI, *International Financial Statistics.*

NOTA: Estos índices corresponden a los precios en dólares estadounidenses de las mercancías exportadas por Chile, pero no necesariamente expresan el precio pagado por las exportaciones chilenas. El precio del cobre es el prevaleciente en Londres, el de mineral de hierro en Brasil, el de harina de pescado en Hamburgo, el de madera en rollo en las Filipinas, el de papel periódico en Nueva York, el de pulpa en Suecia y el de madera en tableros en las Filipinas.

de manera más intensiva y realizar proyectos de inversión que mejoraron la calidad de la producción y generaron un rendimiento marginal muy alto. Lo que tal vez pudo resultar irónico es que, hacia principios de la década de los ochenta, conforme el tipo de cambio se estaba revaluando, y en consecuencia disminuía la rentabilidad de las exportaciones, algunos proyectos nuevos de inversión relativamente importantes en el sector exportador entraron en operación y fueron incorporados al proceso productivo.[16]

La evolución de los precios internacionales también desempeñó un papel importante en la determinación del comportamiento de las exportaciones durante el periodo. En el cuadro V.9 vemos índices de precios de algunas de las más importantes exportaciones chilenas distintas al cobre para 1978-1982. Como puede observarse, el alza en el valor en dólares de las exportaciones entre 1978 y 1980 fue en parte resultado de cambios en los precios internacionales de las exportaciones; asimismo, el estancamiento de los valores en dólares de las exportaciones después de 1980, el cual se muestra en el cuadro V.8, guardó una relación directa con el descenso en los precios de las exportaciones de mercancías, que acompañó a la recesión mundial.

[16] Véanse Arriagada, 1986, y Corbo y Sánchez, 1985, para explicaciones interesantes de cómo las empresas se ajustaron y entraron en el negocio de las exportaciones.

Las exportaciones de cobre

Históricamente el comportamiento del sector externo de Chile —y en este caso de la economía en su conjunto— ha estado estrechamente vinculado con las fluctuaciones del mercado mundial del cobre. El periodo 1973-1983 no fue una excepción (véase el cuadro V.8 en lo que se refiere al valor total de las exportaciones de cobre y el cuadro V.4 para los precios del cobre). Por ejemplo, el elevado precio del cobre que prevaleció durante 1974 creó una falsa sensación de prosperidad, que se vio socavada por los problemas estructurales y financieros masivos que por esa fecha afectaron la economía. Por otra parte, el agudo descenso en el precio del cobre en 1975 y 1981-1982 afectó profundamente la economía, reduciendo el nivel de ingreso real y fomentando las recesiones que, en el caso de 1981-1982, se complicaron mucho por otras dificultades externas e internas, inclusive el alza en las tasas de interés mundiales, el alto en las entradas de capital a Chile y, lo más importante, las incongruencias de la política macroeconómica de que hablamos en los capítulos II y III.

A pesar de la aguda reducción en el precio relativo del cobre, los militares decidieron aumentar la producción de las minas de propiedad gubernamental durante el periodo. Por ejemplo, entre 1970 y 1979 la producción total de cobre aumentó más de 50%, de 692 000 toneladas a 1 061 000 toneladas. La política chilena del cobre durante el periodo fue objeto de muchas controversias, porque las autoridades resolvieron ignorar cualquier estrategia de precios monopólicos referidos a la producción y, en cambio, optaron por aumentar la producción de la manera más rápida posible en un esfuerzo por maximizar los ingresos de divisas. De hecho, algunos observadores sostuvieron que la baja en los precios internacionales del cobre durante la mayor parte del periodo pudo no haber sido totalmente exógena y que, de hecho, reflejó parcialmente la decisión de Chile de aumentar la producción a un ritmo tan rápido.[17] Sin embargo, estudios econométricos muestran que la elasticidad del precio de la demanda de cobre que enfrentó Chile era muy alta y que el país poco podía ganar, si es que ganaba, actuando de manera monopólica. (Véase, por ejemplo, Mardones, Marshall y Silva, 1984.)

Entre otros acontecimientos de importancia relacionados con el sector del cobre durante el periodo se cuenta la Ley Minera de 1981 —creación de José Piñera— que estableció los aspectos políticos que regirían la inversión extranjera en empresas mineras. Esta ley suscitó una enconada controversia, ya que a fin de atraer a inversionistas extranjeros esquivos, contempló un procedimiento novedoso y complicado, que se basaba en el cálculo del

---

[17] Véase, por ejemplo, "Will General Pinochet Sink the Copper Market?" (¿Hundirá el general Pinochet el mercado del cobre?), 1984.

valor presente neto de la producción para compensar a las empresas extranjeras en caso de expropiación. Sin embargo, el bajo precio del cobre y la inestabilidad política que prevalecieron en el país después de 1982 resultaron más poderosos que la nueva legislación y no se realizó ninguna inversión extranjera importante en el sector del cobre.

Las importaciones

Como resultado de la recesión de 1975, las importaciones decayeron en más de mil millones de dólares. Sin embargo, después de ello, conforme se recuperó la economía las importaciones crecieron a un ritmo frenético, generando un déficit comercial cada vez más amplio.[18]

En el cuadro V.10 se presentan datos acerca del valor de las importaciones por diferentes categorías para años seleccionados. Es posible que el aspecto más notable de este cuadro sea el comportamiento de las importaciones de bienes de consumo, incluidos los automóviles, cuyo incremento fue muy notorio hacia los últimos años. A mediados de 1981, las importaciones de bienes de capital habían aumentado también de manera sustancial; de hecho, en 1981 las importaciones de maquinaria y equipo habían alcanzado una proporción de las importaciones totales que sobrepasaba el valor de esa proporción en 1971.

El incremento en las importaciones no sólo agudizó la competencia, obligando a los productores nacionales a bajar sus precios y mejorar la calidad de sus productos, sino que literalmente cambió la imagen de la economía chilena. De pronto, el país se incorporó a la revolución consumista que prevalecía en el mundo occidental. Los bienes con que la gente tanto había soñado se tornaron accesibles a precios razonables. Sin duda, los consumidores fueron los beneficiarios principales de esta disponibilidad de productos importados a precios bajos. Sin embargo, hacia fines de 1980 se hizo evidente que las importaciones estaban creciendo a un ritmo insostenible. Durante 1981 las importaciones crecieron con mayor velocidad aún y el desequilibrio macroeconómico global se reflejó en el déficit comercial que llegó al desconcertante nivel de 2 500 millones de dólares.

¿Por qué crecieron tan rápidamente las importaciones? La respuesta radica, como siempre, en una combinación de los efectos ingreso y precio. Inicialmente, después del gran descenso en 1975, el aumento en las importaciones fue resultado, sobre todo, de la recuperación del nivel de actividad económica. Pronto, sin embargo, las importaciones comenzaron también a

___

[18] Este déficit comercial fue parcialmente financiado por la acelerada entrada de capitales al país.

responder a la reducción en sus precios relativos generada por la disminución de los aranceles. Con todo, en esos primeros años el elevado tipo de cambio real mantuvo de alguna manera las cosas bajo control. Después de 1978, el aumento en la riqueza percibida y en el ingreso permanente real —un fenómeno del que nos ocupamos extensamente en el capítulo III— se sumaron al alud de importaciones. Sin embargo, el uso de los cambios en los precios reales y de los cambios en el ingreso permanente, junto con las estimaciones históricas de las elasticidades de ingreso y precio de la demanda de importaciones de Chile no pueden explicar más de 60% del incremento en el valor real de las importaciones durante el periodo. Por ejemplo, utilizando las estimaciones que hizo Khan (1974) de las elasticidades de precio e ingreso a largo plazo para las importaciones agregadas, podemos explicar un incremento en las importaciones reales de 26% entre 1979 y 1981 significativamente inferior al incremento de casi 40% realmente experimentado por las importaciones reales durante esos dos años.[19] Esto significa pues que, a fin de entender cabalmente el comportamiento de las importaciones hacia esos últimos años, debemos buscar factores menos ortodoxos.

El principal elemento no tradicional que explica el increíble alud de importaciones en 1981 se relaciona con las expectativas de la gente acerca de los cambios futuros en los precios relativos. Como se vio en el capítulo III, a fines de 1980 las expectativas de devaluación experimentaron un aumento muy significativo. Desde luego, en la medida en que esas expectativas de devaluación implicaban expectativas de una modificación en el tipo de cambio real, ello significó que la gente esperaba que el precio de los productos importados subiría en el futuro. Conforme la gente se convenció más y más de que la situación externa —incluidos el tipo de cambio real y el nivel de entradas de capital— era insostenible y de que las políticas gubernamentales eran incongruentes, comenzó a esfumarse la confianza en el mantenimiento de la política global anunciada del sector externo, inclusive la reforma arancelaria misma. De hecho, a fines de 1981 un número cada vez mayor de personas empezó a esperar un desplome del sector externo que conduciría no sólo a una devaluación sino a un aumento de los aranceles de importación. Estas expectativas de devaluación y de aranceles más elevados dieron como resultado importaciones masivas de bienes duraderos. Mientras que en Argentina y México la falta de credibilidad en las políticas del gobierno provocó una fuga de capitales, en Chile generó inicialmente una "fuga de capitales" bajo la forma de importaciones de aparatos de televisión, lavadoras y automóviles. En retrospectiva, sabemos ahora que

---

[19] De Gregorio, 1984, calculó que las importaciones de bienes de consumo duraderos tienen una muy elevada elasticidad de ingreso que va de 2.5 a 4.7.

CUADRO V.10. *Las importaciones: años seleccionados (millones de dólares)*

	1971	1975	1977	1979	1981	1983
1. Bienes de consumo	245.3	87.3	526.5	852.0	1 830.0	517.4
Automóviles	n.d.	3.5	108.3	117.3	371.8	31.2
2. Maquinaria y equipo	139.0	217.2	364.7	493.5	796.6	256.7
3. Equipo de transporte	57.9	160.6	154.5	382.4	617.9	73.5
4. Bienes intermedios	720.4	872.1	1 384.0	2 486.5	3 130.4	2 119.4
Petróleo	109.7	257.0	447.0	888.7	940.8	572.4
5 Otros	3.0	—	2.6	3.4	3.6	1.8
Total (1 + 2 + 3 + 4 + 5)	*1 165.6*	*1 338.2*	*2 414.3*	*4 217.6*	*6 378.5*	*2 968.8*

FUENTE: Banco Central de Chile, 1981, 1983, 1984.
NOTA: Estos datos se refieren a las importaciones registradas. Existe una ligera discrepancia entre las importaciones registradas y las importaciones reales.

estas expectativas no estuvieron lejos del blanco. En noviembre de 1982 se impusieron recargos a las importaciones que iban de 4 a 28% en más de 30 productos. Posteriormente, en junio de 1983 los aranceles de importación se elevaron de manera uniforme a 20%, y en septiembre de 1984 subieron temporalmente a 35 por ciento.[20]

LA SOBREVALUACIÓN Y EL SECTOR EXTERNO

El proceso sostenido de sobrevaluación real del peso lesionó mucho el desempeño de las exportaciones diferentes a las del cobre. En 1981, el valor en dólares de las exportaciones no tradicionales descendió en 15%, mientras que las exportaciones tradicionales diferentes a las del cobre bajaron 16%. De hecho, para las empresas incluidas en el estudio de Corbo y Sánchez (1985) la sobrevaluación del peso fue uno de los golpes más rudos que se recibieron durante los primeros 10 años del experimento.[21]

Una cuestión interesante es cómo se comportaron las empresas en los diferentes sectores durante la primera parte de la fase de sobrevaluación real. Aun cuando son algo limitados los datos comparativos acerca del desempeño financiero diferencial, un análisis del comportamiento de los rendimiento del mercado de valores puede dar alguna luz sobre el tema.[22] El cuadro V.11 contiene datos sobre índices acerca del rendimiento real y del riesgo sistemático para cuatro carteras accionarias correspondientes a los años 1978 y 1980: la primera cartera corresponde a 10 empresas, cuya principal actividad se relaciona con el sector de exportaciones; la segunda cartera incluye 14 empresas competidoras de importación; la tercera cartera resume datos para 13 compañías en el sector de productos no comercializables en el exterior; y por último, la cuarta cartera es la cartera de mercado y contiene algunas compañías no incluidas en ninguna de las carteras anteriores. El *rendimiento promedio* se refiere al rendimiento real mensual *ex post* e incluye dividendos, reparticiones y ganancias de capital. Estos promedios son muy altos y reflejan el comportamiento de tipo burbuja, ya descrito en el capítulo III, del mercado accionario durante parte de este

---

[20] Véase S. Edwards y Van Wijnbergen, 1986a, para un modelo teórico en el que cambios esperados en los aranceles afectan las decisiones de consumo intertemporal. Arellano y Ramos, 1986, han sostenido que la fuga real de capitales financieros comenzó a principios de 1982.

[21] Véase Gálvez y Tyebout, 1985, para un comentario acerca de los efectos de la revaluación real y otros impactos sobre el desempeño de las empresas individuales.

[22] Aquí se necesita hacer un llamado a la cautela. Como se expuso en el capítulo III, puesto que el volumen de las transacciones en el mercado bursátil fue más bien limitado durante el periodo, los resultados que se derivaron deberían verse con un toque de escepticismo. Sin embargo, S. Edwards, 1981, encontró que, a pesar del tamaño relativamente pequeño de las transacciones, el mercado bursátil chileno era eficiente.

periodo. Sin embargo, observemos que a pesar del promedio elevado, el rendimiento de las carteras en el mercado fue muy volátil, al ubicarse su desviación estándar en un nivel de 18.2% en 1987 y de 10% en 1980.

Los coeficientes de riesgo (betas) en el cuadro V.11 son medidas de riesgo sistemático o no diversificable y señalan el grado en que el rendimiento de cada cartera específica varía en relación con la cartera de mercado. Una beta de 1 indica una covariación perfecta, mientras que una beta mayor que 1 significa que los rendimientos de la cartera de que se trata varían proporcionalmente más que el mercado, y a la inversa, para una beta menor que 1. Las betas en el cuadro V.11 señalan que la cartera no comercializable era ligeramente más riesgosa que el mercado, en tanto que los productos importables y exportables eran algo menos riesgosos. Además, estos datos muestran que la cartera no comercializable experimentó cierta reducción en su grado de riesgo entre 1978 y 1981.

Los datos del cuadro V.11 son interesantes y muestran que entre 1978 y 1980 se produjo un cambio significativo en los rendimientos relativos. Sin embargo, lo que más importa para nuestro propósito es que estos datos muestran que entre 1978 y 1980 el rendimiento promedio bajó para el mercado en su conjunto y para cada cartera individual. Mientras que en los años anteriores el sector de productos no comercializables en el exterior tenía el rendimiento relativo más bajo —con el mayor coeficiente de riesgo— en 1980 el sector de productos no comercializables tuvo la tasa de rendimiento relativo más alta de las tres carteras, con un nivel relativamente más bajo de riesgo. Con respecto a las carteras orientadas hacia el comercio exterior, los datos presentados en el cuadro V.11 señalan que la baja en el rendimiento promedio fue mayor para las compañías orientadas hacia la exportación.[23] Este cambio en los rendimientos relativos consignados en el cuadro V.11 —en particular el incremento en los rendimientos de los productos no comercializables relativos a ambas carteras orientadas hacia el sector de exportaciones— es congruente con lo que se espera en una economía en la que existe un movimiento en los precios relativos en contra del sector de productos exportados, como fue el caso de Chile durante el periodo de una revaluación real sostenida.

En los capítulos anteriores nos hemos ocupado ya de las diferentes maneras en que la mayoría de las compañías trató de sobrevivir al crítico periodo de la recesión de 1981-1982. Desde luego, el comportamiento de las

---

[23] Esto es algo desconcertante, ya que durante este periodo las empresas competidoras de importación estaban sujetas tanto a la primera fase de la revaluación real como a la última etapa del proceso de reducción de las tarifas de importación. Sin embargo, Frankel, Froot y Mizala- Salces, 1986, informan que de acuerdo con las respuestas a los cuestionarios las empresas competidoras de importación no veían que su situación resultaba muy afectada por la última serie de reformas comerciales.

CUADRO V.11. *Los rendimientos y el riesgo financiero en los sectores de productos exportables, importables y no comercializables: 1978-1980*

	1978		1980	
	Rendimiento real promedio (%)	*Coeficiente de riesgo sistemático de la cartera (beta)*	*Rendimiento real promedio (%)*	*Coeficiente de riesgo sistemático de la cartera (beta)*
Cartera de compañías orientadas hacia la exportación	5.5	0.906	2.0	0.952
Cartera de compañías competidoras de importación	5.7	0.841	3.3	0.780
Cartera de compañías de productos no comercializables	5.3	1.196	3.5	1.081
Cartera de mercado	5.3	1.000	3.6	1.000

FUENTES: Estos índices fueron calculados utilizando datos preliminares obtenidos de la *Bolsa de Comercio de Santiago*, varios números.

NOTAS: El rendimiento promedio se refiere al rendimiento real mensual. La desviación estándar para la cartera de mercado fue 18.2% en 1978 y 10.8% en 1980. Los betas fueron calculados para dos periodos diferentes, ya que la estadística de F muestra que no fueron estables en el tiempo. Los betas de 1970 utilizan datos mensuales para 1977 y 1978; los betas para 1980 usaron datos mensuales para 1979 y 1980.

compañías orientadas hacia la exportación no fue una excepción y en respuesta al efecto negativo de la revaluación real, de los salarios reales al alza y de las tasas reales de interés exorbitantemente elevadas, estas compañías recurrieron a un fuerte endeudamiento con el sector financiero para poder mantenerse a flote. Las consecuencias de estas estrategias son ahora bien conocidas.

RESUMEN

La reforma arancelaria en muchos aspectos fue un éxito. Dio como resultado un mejoramiento muy importante de la eficiencia y de la productividad en el sector manufacturero, y hasta 1979 tuvo también un efecto muy positivo sobre las exportaciones no tradicionales, las cuales se diversificaron y crecieron muy rápidamente. Asimismo, gracias a la reforma, algunos productos, hasta entonces fuera del alcance de la mayoría de los chilenos, pudieron ser adquiridos por obreros y por las clases medias bajas. Por primera vez las capas más pobres de la población podían tener acceso a bienes de consumo duraderos, tales como aparatos de televisión, lavadoras e incluso automóviles. Estos aspectos positivos importantes de la reforma comercial han quedado algo eclipsados por el desequilibrio en el sector externo que comenzó a crecer a fines de 1979 como resultado de los errores e incongruencias de la política seguida que ya comentamos.

VI. EL DESEMPLEO Y LA DISTRIBUCIÓN
DEL INGRESO

DESDE los primeros años del régimen militar el desempleo se convirtió en un problema serio y persistente.[1] Ya a mediados de 1974 la tasa de desempleo comenzó a registrar un acusado aumento y en septiembre de ese año alcanzó 9.4% en el Gran Santiago, tasa significativamente superior a 5.9%, el promedio de la década de los sesenta. En su informe de 1974, el ministro Cauas atribuyó este incremento en el desempleo a dos factores (Méndez, 1979: 99):

La difícil situación por la que atraviesa el empleo es básicamente el resultado de dos fenómenos. Por una parte, durante el régimen anterior muchos trabajadores prestaban sus servicios en el sector público... La productividad de estos trabajadores era demasiado baja y, por consiguiente, representaba desempleo disfrazado, que en la actualidad se ha manifestado abiertamente... Por otra parte, la falta de inversión durante los últimos tres años impidió la creación de nuevas fuentes de trabajo.

En ese momento, el gobierno consideró el incremento en el desempleo como un problema de carácter temporal y decidió, por tanto, hacerle frente con medidas temporales. De hecho, en 1974 las autoridades esperaban una disminución del desempleo para el año siguiente. De acuerdo con Cauas, "la recuperación de los niveles de inversión [en 1975]... permitirá una disminución del desempleo" (Méndez, 1979: 107). Nada sucedió de lo que se había previsto y en diciembre de 1975, en medio de la recesión, el desempleo subió hasta casi 20% en el Gran Santiago. En el cuadro VI.1 se presentan algunos datos generales relacionados con el desempleo y los salarios para el periodo 1970-1982.

A finales de 1975 el gobierno consideraba todavía el desempleo como problema temporal que sólo guardaba una relación parcial con sus políticas. En su informe de 1975, el ministro Cauas declaraba (Méndez, 1979: 173-174):

---

[1] Los análisis acerca del problema del desempleo pueden verse, por ejemplo, en A. Edwards, 1985, 1986a, 1986b; Cortés, 1983; Riveros, 1984, 1985; Meller, Cortázar y Marshall, 1979; Meller, 1984; y Arellano, 1984.

CUADRO VI.1. *El desempleo y los salarios en Chile: 1970-1983*

Año	(1) Fuerza de trabajo total (miles)	(2) Desempleo total (miles)	(3) Tasa de desempleo abierto (%)	(4) Programa de empleo mínimo (miles)	(5) Programa de empleo mínimo como porcentaje de la fuerza de trabajo	(6) Índice de salarios reales (1970 = 100)
1970	2 923.2	167.1	5.7			100.0
1971	2 968.8	112.8	3.8			125.4
1972	3 000.8	93.0	3.1			124.0
1973	3 037.0	145.8	4.8			86.0
1974	3 066.8	282.1	9.2			90.2
1975	3 152.9	425.6	13.5	41.7	1.3	88.7
1976	3 216.4	511.4	15.9	168.8	5.2	86.3
1977	3 259.7	462.9	14.2	187.1	5.7	96.6
1978	3 370.1	478.6	14.2	148.0	4.4	97.5
1979	3 480.7	480.3	13.8	128.4	3.7	98.7
1980	3 539.8	417.7	11.9	187.9	5.3	108.3
1981	3 669.3	400.0	10.9	171.2	4.7	115.7
1982	3 729.7	760.9	20.4	190.2	5.1	112.2
1983	3 797.5	706.3	18.6	391.6	10.3	n.d.

FUENTES: Las cifras de fuerza de trabajo y desempleo (columnas 1, 2 y 3) se refieren a junio de cada año y fueron estimadas por Castañeda, 1983. La columna 4 se basa en Banco Central, 1983: 212-213. La columna 5 corresponde a la columna 4 dividida por la columna 1. La columna 6 se elaboró utilizando datos de las Cuentas Nacionales (véase, A. Edwards, 1984: 85, para mayores detalles).

NOTA: El Programa de Empleo Mínimo fue un sistema paliativo temporal creado por el gobierno en 1975 para aliviar el problema del desempleo.

Es cierto que el desempleo es alto... Sin embargo, esto no es de ninguna manera resultado del programa de estabilización de 1975. La restricción es una consecuencia del agotamiento de los recursos fiscales, de la eliminación de empleos artificiales, de la caída en el precio del cobre, del alza en el precio del petróleo... y del bajo nivel de inversión.

Con el paso del tiempo se hizo evidente que la desocupación no iba a desaparecer de la noche a la mañana, y el gobierno reconoció que los cambios estructurales llevados a cabo por las reformas de la liberalización estaban relacionados en cierta medida con el problema del desempleo. En 1976, Causa hizo notar que "a mediano plazo se registrarán tasas relativamente elevadas de desempleo" y que sólo en el "largo plazo, y dependiendo de que el proceso de asignación de recursos se consolide y se alcancen altas tasas de inversión en los sectores muy productivos, se resolverá de manera permanente el problema tradicional de la desocupación" (Méndez, 1979: 228).

La reducción inmediata y directa del desempleo no representó una prioridad tan alta para el gobierno como la eliminación de la inflación y la liberación de mercados clave: de acuerdo con la posición oficial, la reducción del desempleo se lograría una vez que la economía se ajustara a la nueva trayectoria de tasas más elevadas y sostenidas de crecimiento a tono con un uso más eficiente de los recursos. Sin duda, diferir la solución al desempleo fue posible tan sólo por la naturaleza dictatorial del gobierno, en el que los canales tradicionales para la manifestación de la inconformidad con las condiciones económicas habían sido obstruidos. Sin embargo, se realizaron algunos esfuerzos por aliviar la pobreza y dar apoyo temporal a los desempleados, como el Programa de Empleo Mínimo, del que se hablará más adelante con mayor detalle.

En este capítulo se analiza el comportamiento del empleo, el desempleo, los salarios y la distribución del ingreso durante el régimen militar. No es de sorprender que las tasas altas y persistentes de desempleo no se puedan atribuir a una sola causa. Nuestro análisis indica que el desempleo fue resultado básicamente de cuatro factores interrelacionados: en primer lugar, la lenta tasa promedio de crecimiento de la actividad económica entre 1974 y 1981 dio lugar a una tasa lenta de incremento en la creación de empleos; en segundo lugar, la reducción del empleo en el sector público ejerció un efecto negativo directo sobre el crecimiento del empleo; en tercer lugar, durante ese periodo se registró un aumento importante en la fuerza de trabajo u oferta total de trabajo; y en cuarto lugar —y de la mayor importancia para explicar la persistencia del desempleo—, la existencia de ciertas rigideces bloqueó el ajuste paulatino de los salarios a los cambios fundamentales que ocurrieron, inclusive las reformas estructurales. De hecho, en ausencia de estas rigideces, los primeros tres factores —lentitud en la tasa de creación de empleos, reducción en el empleo del sector público y crecimiento más acelerado de la fuerza de trabajo— no podrían explicar la persistencia de la tasa de desempleo; en un mercado laboral perfectamente flexible, típico de un libro de texto, una oferta más elevada y una demanda más baja del trabajo reducirían los salarios, pero no generarían desocupación.

En este capítulo se examinan los siguientes temas: 1) el papel tradicional que el gobierno tuvo en las relaciones laborales de Chile y la estructura segmentada del mercado laboral chileno; 2) la oferta de trabajo y la tasa de participación de la fuerza de trabajo; 3) el comportamiento del empleo, en especial la relación entre actividad económica y creación de empleo agregado y la virtual eliminación del sector público como fuente de creación de empleos; 4) los salarios y la indización, incluyendo la Ley del Trabajo de 1979 y la Ley de Seguridad Social de 1980; 5) una interpretación analítica de la persistencia del desempleo basada en un modelo de mercados laborales segmentados y que subraya el papel de las rigideces, y 6) la evolución de la distribución del ingreso durante los primeros 10 años del régimen militar. El capítulo termina con un resumen.

LA INTERVENCIÓN GUBERNAMENTAL Y LA ESTRUCTURA DEL MERCADO LABORAL

La intervención gubernamental

El mercado laboral chileno se ha caracterizado tradicionalmente por la intervención del gobierno en las relaciones laborales. Incluso durante el régimen militar, y a pesar de las importantes reformas institucionales orientadas hacia el mercado, se mantuvo en cierta medida la intervención del gobierno en el mercado de trabajo.

Históricamente la influencia del gobierno ha estado presente en diferentes niveles. En primer término, los salarios del sector público tuvieron un importante efecto sobre todos los salarios de la economía. En segundo lugar, a través de la legislación laboral, el gobierno estableció salarios mínimos, ajustes salariales generalizados y prestaciones obligatorias, así como bonificaciones que debían ser pagadas por el sector privado. En tercer lugar, los altos impuestos de seguridad social aumentaron el costo relativo del trabajo en la economía. Y en cuarto lugar, el gobierno intervenía también en el mercado laboral en forma directa a través de sus políticas de contratación e indirecta a través de los sesgos sectoriales inducidos por las políticas económicas. Por ejemplo, a través de los años la estrategia de desarrollo basada en la sustitución de importaciones fomentó una migración masiva de trabajadores hacia las ciudades, muchos de los cuales eran absorbidos por las nuevas industrias o por el sector público; sin embargo, las personas menos afortunadas engrosaron las filas de los desempleados urbanos.

El gobierno también desempeñó un papel importante en el allanamiento de los conflictos laborales. Hasta 1973, se permitió a los sindicatos abarcar varias empresas en una determinada industria y negociar los salarios en el ámbito industrial, ejerciendo así un considerable poder monopólico. En consecuencia, y con el fin de proteger el "interés público", el gobierno intervenía para solucionar conflictos en las negociaciones colectivas.

Como resultado de este sistema de intervención gubernamental se produjeron graves distorsiones a fines de la década de los sesenta y principios de la de los setenta. Por ejemplo, ciertas industrias, que contaban con elevada protección respecto a la competencia a través de aranceles de importación, devolución de derechos a la exportación, subsidios o exenciones de impuestos, pudieron acceder a las demandas sindicales aumentando los salarios en forma considerable por encima de la productividad. Asimismo, los sindicatos pudieron mantener el empleo por debajo de los niveles competitivos, induciendo un sesgo hacia el uso de técnicas intensivas de capital.[2] En resumidas cuentas, el sector sindicalizado trabajó en condiciones no competitivas, la mayoría de ellos con el apoyo de la legislación laboral existente. La intervención del gobierno en el mercado de trabajo alcanzó proporciones sin precedente durante la Unidad Popular. Entre 1970 y 1972, la ocupación en el sector público creció a la tasa promedio de 11.4% anual.[3] Ésta, de hecho, es una de las razones por las que durante el gobierno de la Unidad Popular, a pesar de las masivas distorsiones prevalecientes en el mercado de trabajo, la tasa de desocupación cayó de manera significativa.[4]

Después del golpe militar, entre 1974 y mediados de 1979, el poder de los sindicatos se redujo, se prohibieron las huelgas y todas las actividades relacionadas con el sindicalismo sufrieron gran merma. Se dieron algunos pasos hacia la reforma del mercado de trabajo, incluidas la reducción de los impuestos de seguridad social y la abrogación de la Ley de Inamovilidad que había hecho muy onerosa para los patrones la terminación de los contratos de trabajo. Sin embargo, gracias al mecanismo de indización salarial retrospectiva que se aplicó desde 1974 y a un salario mínimo que aumentó en términos reales entre 1974 y 1978, el mercado sufrió distorsiones cada vez mayores.[5]

[2] Corbo y Meller, 1981, documentan la manera en que la política comercial de sustitución de importaciones dio lugar a técnicas productivas muy intensivas de capital.

[3] Véase Marshall y Romaguera, 1981.

[4] Durante la década de los sesenta, la tasa de desempleo se mantuvo en un nivel aproximadamente igual al nivel promedio para América Latina. Por ejemplo, durante la segunda mitad de esa década las tasas anuales de desempleo abierto (para el sector rural) fueron: 1977, 6.8%; 1967, 5.5%; 1968, 5.0%; 1969, 4.1%; 1970, 3.5 por ciento.

[5] Las pruebas empíricas existentes muestran que, aun cuando los salarios reales en la

En 1975, para dar solución temporal al problema del desempleo, el gobierno creó el llamado Programa de Empleo Mínimo (PEM), conforme al cual los desempleados llevaban a cabo, por un reducido número de horas a la semana y por un salario muy bajo, algunos trabajos públicos serviles, como recoger las hojas de los árboles en los parques públicos. Al principio el gobierno estableció estrictos límites al ingreso al programa, pero al paso del tiempo lentamente se levantaron la mayoría de estas restricciones permitiéndose que un número mayor de desempleados participaran en dicho programa.[6] En el cuadro VI.1 presentamos datos acerca del número de personas inscritas en este programa. Como puede verse, a pesar de la recuperación y del "boom" entre 1977 y 1981 y de la reducción de la compensación real del PEM respecto a los salarios reales en el resto de la economía, la proporción de la fuerza de trabajo cubierta por el programa permaneció virtualmente constante. Como ya lo hicimos notar, esto resultó de que con el tiempo se eliminaron las barreras a la entrada en el programa. Medidas adicionales para hacer frente a la desocupación contemplaron una reforma total del programa de seguro contra el desempleo que aumentó la protección a trabajadores manuales contra pérdidas de ingreso causadas por el desempleo; un programa de subsidio a los salarios adoptado en 1975 que representó un estímulo para el desempleo de mano de obra no calificada y un programa especial de entrenamiento que se echó a andar a principios de 1977 al amparo del cual los empleadores eran elegibles para deducir del impuesto sobre la renta el costo del entrenamiento especial que dieran a sus trabajadores.

En 1979 se promulgó una Ley del Trabajo que dio a los sindicatos un papel muy reducido en el proceso de determinación de los salarios. Esta ley

economía fluctuaron significativamente durante este periodo, los salarios relativos entre los dos sectores para trabajadores comparables (con educación y experiencia determinadas) se mantuvieron constantes. En una medida importante, esto ocurrió por el mecanismo de indización. Lo que las pruebas muestran es que no hubo respuestas salariales significativas a las variaciones sectoriales en la demanda de trabajo a través del periodo 1974-1980. (Véase el análisis econométrico sectorial transversal en A. Edwards, 1985.) Véase también Cortázar, 1982. En este punto, es conveniente considerar el trabajo como factor cuasi fijo a corto plazo (Oi, 1962). Como respuesta a los cambios en los precios relativos de los bienes o a los cambios en la política ocupacional del sector público, los atributos de capital humano específicos a la empresa o a la industria experimentarían cambios de precios. En consecuencia, deberíamos observar cambios en los salarios relativos entre las industrias o sectores de la actividad económica. De manera alternativa, observaríamos desempleo en todas las categorías laborales que hayan experimentado reducciones en la demanda. También es razonable esperar que una economía que pasa por un serio programa de estabilización y liberalización presente una tasa de desempleo friccional más elevada por un breve periodo de tiempo.

[6] La existencia de este programa de emergencia plantea algunas dificultades para el análisis del problema del empleo. Como algunos —pero no todos— participantes del programa PEM se consideran a sí mismos empleados de tiempo completo, no es fácil calcular la tasa real de desempleo. Acerca de este problema véase Meller, 1984. Sobre el programa de emergencia PEM, véase Schmidt-Hebbel, 1981.

—creación del ministro de Trabajo, José Piñera— estableció un complejo mecanismo de negociación que se apartaba de manera significativa de la legislación tradicional, la afiliación sindical en una empresa se tornó voluntaria y todas las negociaciones se llevarían a cabo a nivel de empresa, quedando eliminada la negociación de empresas en forma colectiva. Sin embargo, posiblemente la innovación de mayor importancia, en términos de su efecto inmediato, fue la introducción de una cláusula de indización con respecto a la inflación pasada en la contratación colectiva.[7] (En el capítulo IV se exponen algunos de los aspectos más interesantes de esta ley.)

Estructura y segmentación del mercado laboral

Históricamente la amplia intervención del gobierno en el mercado laboral más la existencia de poderosos sindicatos tuvieron como resultado el surgimiento de una estructura segmentada del mercado laboral en Chile, que mantuvo su importancia relativa durante el régimen militar. Tradicionalmente, como en muchos países en desarrollo, fue posible distinguir al menos dos segmentos en el mercado de trabajo chileno. El primero abarcaba el sector *protegido*, en el que por varias razones institucionales, incluida la existencia de sindicatos laborales y grandes empresas multinacionales, los salarios se fijaban de manera exógena por encima de su nivel de mercado. El segundo sector estaba representado por el segmento *no protegido* o *libre* en el que los salarios se fijaban de manera competitiva.[8] Como se verá más adelante, la existencia de pruebas empíricas respalda la hipótesis de una segmentación en el mercado laboral chileno incluso durante los años del régimen militar. De hecho, la explicación que damos más adelante sobre el "misterio" del desempleo en Chile se apoya fuertemente en la existencia de dicha estructura segmentada. Al aplicar este modelo a Chile es útil pensar

[7] Si después de 60 días de negociaciones no se llegaba a ningún nuevo acuerdo, los trabajadores podían regresar a sus trabajos en las mismas condiciones estipuladas en el contrato anterior, con excepción de los salarios nominales que se incrementaban de acuerdo con la tasa de inflación registrada desde el último contrato. De conformidad con la ley, se entendía que si un trabajador no regresaba a su trabajo 60 días después del estallido de la huelga "implícitamente había renunciado" a su puesto de trabajo.

[8] Esta estructura puede ser modificada para considerar la presencia de un salario mínimo obligatorio. En este caso, en el segmento no protegido es necesario distinguir entre el sector *cubierto*, sujeto al salario mínimo legal, y el sector no cubierto, cuyas tasas salariales se fijan en completo acuerdo con las fuerzas del mercado. Como los trabajadores en los sectores protegidos o *cubiertos* perciben rentas, la movilidad del trabajo desde estos sectores hacia el segmento libre es lenta, y los cambios exógenos de considerable magnitud para la economía son traducidos normalmente en desempleo alto y persistente. Acerca de los mercados de trabajo segmentado, véanse por ejemplo Stiglitz, 1974; Harberger, 1971; Berry y Sabot, 1978; y A. Edwards, 1984. Véase también el análisis de este punto más adelante.

CUADRO VI.2. *La población, la tasa de participación y la fuerza de trabajo: 1970-1983*

| | (A) | (B) | (C) | (D) Fuerza de trabajo | |
| | | | | | |
Año	Población (miles)	Población de 12 año y más (miles)	Tasa de participación (%)	(miles)	Tasa de crecimiento (%)
1970	9 368	6 456	45.4	2 932	—
1971	9 534	6 623	44.8	2 968	1.2
1972	9 697	6 799	44.1	3 001	1.1
1973	9 861	6 980	43.5	3 037	1.2
1974	10 026	7 161	42.8	3 067	1.0
1975	10 196	7 339	43.0	3 153	2.8
1976	10 372	7 515	42.8	3 216	2.0
1977	10 551	7 692	42.4	3 260	1.4
1978	10 733	7 867	42.8	3 370	3.4
1979	10 918	8 057	43.2	3 481	3.3
1980	10 104	8 207	43.1	3 540	1.7
1981	11 294	8 370	43.8	3 669	3.6
1982	11 487	8 527	43.7	3 730	1.7
1983	11 682	8 682	43.7	3 798	1.8
1960-1970	n.d.	n.d.	n.d.	n.d.	1.6

FUENTES: Instituto Nacional de Estadísticas según población de Banco Central de Chile, *Boletín Mensual*; Castañeda, 1983.

que la estructura segmentada de los salarios diferenciados fue establecida por primera vez (antes de 1973) por los sindicatos y las grandes empresas y que posteriormente se perpetuó a través de un mecanismo de indización retrospectiva.

La población y la participación de la fuerza de trabajo

En el cuadro VI.2 se presentan algunos datos relacionados con el comportamiento de la oferta de trabajo durante el periodo. El cuadro incluye información acerca de la población, la tasa de participación y la fuerza de trabajo. Como puede verse, durante 1973-1983 la fuerza de trabajo creció a 3% anual, tasa significativamente más rápida que la de la década de los sesenta (1.6% anual). Este crecimiento más rápido de la fuerza de trabajo fue resultado tanto de factores demográficos —una tasa muy elevada de crecimiento de la población en las edades de 12 años y más— como del hecho de que la tasa de participación no continuara bajando al ritmo observado en la década de los sesenta (véase la columna C).

Esta tasa de crecimiento de la fuerza de trabajo más elevada, en combinación con una tasa de crecimiento más baja en el nivel de la actividad económica, y por consiguiente, en la demanda de trabajo agregada, contribuyó a la creación de una situación de oferta excedente de trabajo. Por ejemplo, la diferencia en la tasa promedio de crecimiento de la fuerza de trabajo entre 1960-1970 y 1973-1983 explica por sí misma un aumento promedio anual de medio punto en la tasa de desempleo, mientras que la diferencia en la tasa de crecimiento de la ocupación entre ambas décadas puede explicar un incremento promedio anual en la tasa de desocupación de casi un punto porcentual.[9]

EL COMPORTAMIENTO DEL EMPLEO

Durante los primeros 10 años del régimen militar el empleo creció en promedio a una tasa significativamente más pequeña que el promedio de la década de los sesenta. Para el periodo 1973-1983 la tasa promedio de crecimiento del empleo fue de sólo 0.7% anual, menos que la mitad del promedio de 1.8% correspondiente al periodo de 1960-1970. Sin embargo, la evolución del empleo durante las diferentes fases del régimen militar no fue homogénea, como tampoco lo fue la distribución de los cambios del empleo entre los sectores.

El crecimiento económico y el empleo

A fin de entender plenamente la evolución del empleo es útil investigar primero su interacción con el nivel de la actividad económica. Un patrón

[9] Si E es el nivel de empleo y F es la fuerza de trabajo, entonces $u = 1 - E/F$ es la tasa de desempleo. En consecuencia, $du = E/F (dF/F - dE/E)$. Suponiendo un nivel inicial de desocupación de 6% ($E/F = 0.94$) y la misma tasa de crecimiento del empleo registrada en la década de los sesenta, la tasa más elevada de crecimiento de la fuerza de trabajo en el periodo 1973-1983 explica un incremento promedio anual de la tasa de desempleo de medio punto, o bien un incremento acumulado de cinco puntos en 10 años $du = 0.94 (0.023 - 0.018) = 0.0047$). Si suponemos el mismo crecimiento en la fuerza de trabajo, registrado en la década de los sesenta, la disminución en el crecimiento del empleo explica un incremento anual en la tasa de desempleo de 0.9 de punto, o sea, un incremento acumulado de 9 puntos en 10 años $du = (0.84 (0.016 - 0.007) = 0.085)$.

CUADRO VI.3. *Chile: indicadores del mercado laboral (tasas promedio de crecimiento para cada periodo)*

(1) Periodo	(2) Fuerza de trabajo	(3) Ocupación	(4) PIB	(5) Elasticidad (3) / (4)
1960-1970	1.6	1.8	4.2	0.43
1970-1973	1.2	1.5	0.5	3.00
1973-1976	1.9	−2.2	−3.1	0.71
1976-1981	2.7	3.9	7.9	0.49
1981-1983	1.7	−2.8	−7.6	0.36
1973-1983	2.3	0.7	1.3	0.54

FUENTE: Las columnas 2 y 3 se calcularon con datos de Castañeda, 1983; la columna 4, con datos de Banco Central de Chile, 1984.

interesante se obtiene a partir de las estimaciones de las elasticidades *ex post* del empleo respecto a la producción. Estas elasticidades reflejan el cambio real en el empleo asociado con un incremento de 1% en la producción agregada durante un periodo determinado de tiempo. En el cuadro VI.3 se presentan datos sobre estas elasticidades y sobre las tasas anuales promedio de crecimiento de la fuerza de trabajo, de la ocupación y de la producción agregada. Como puede verse, las elasticidades *ex post* para la década de los sesenta y el periodo de 1973-1983 son algo similares (0.43 y 0.54), y señalan que gran parte de la explicación acerca del disminuido ritmo de crecimiento en la demanda de trabajo estriba, de hecho, en la disminución del nivel de la actividad económica de la década.

Sin embargo, como vimos con anterioridad el periodo 1970-1983 estuvo marcado por grandes contrastes. De 1970 a 1973 la economía registró una tasa promedio de crecimiento lenta, mientras que el empleo siguió creciendo casi al mismo ritmo de la década anterior (véase el cuadro VI.3). La elasticidad de empleo-producto estimada para ese periodo es de 3.0, lo que refleja una extraordinaria creación de empleos en el sector público así como en la economía en su conjunto. Por otra parte, entre 1973 y 1976 la economía, al igual que el empleo, sufrió una severa contracción. De 1976 a 1981 el nivel de actividad económica se recuperó a un ritmo acelerado y finalmente entre 1981 y 1983 se presentó otra recesión aún más severa.

Es interesante observar la diferencia en la relación entre el descenso de la producción y la disminución del empleo entre esas dos recesiones. Un descenso de 1% en el producto entre 1973 y 1976 se asoció a un descenso de 0.71% en el empleo, mientras que el mismo cambio en el producto entre 1981 y 1983 se vio acompañado de sólo una baja de 0.36% en el empleo.

Esta diferencia refleja la presencia de un empleo "redundante" en 1973, fruto de las prácticas de contratación que se siguieron durante el periodo de 1970-1973. A partir de 1974, como consecuencia de las diferentes reformas llevadas a cabo por los militares, la competencia obligó a los patrones a reducir costos y a cambiar sus prácticas de contratación. Durante la recesión de 1981-1983 la disminución del empleo constituyó principalmente una respuesta a la disminución en el nivel de producción sin que el elemento de la fuerza de trabajo "redundante" desempeñara papel alguno.

La tasa de crecimiento relativamente más rápida de la oferta de trabajo junto con el desaceleramiento en la tasa de crecimiento de la demanda de trabajo dio lugar a una situación de oferta de trabajo excedente. Sin embargo, una pregunta crucial que surge en este punto es la de por qué los salarios reales no bajaron lo suficiente hacia su nuevo equilibrio más bajo a largo plazo para reducir (o eliminar) la oferta de trabajo excedente. De hecho, el cuadro VI.1 indica que los salarios promedio sufrieron una reducción importante después de 1973. No obstante, esto reflejó en parte una corrección de los incrementos artificiales en los salarios reales durante 1970-1972. Como se hace notar más adelante, los salarios no bajaron lo "suficiente" a causa del mecanismo de indización.

La ocupación sectorial

El cuadro VI.4 contiene datos acerca de los cambios en el empleo sectorial para el periodo que cubre de 1960 a 1982. Como puede verse, entre 1960 y 1970 se crearon aproximadamente 45 000 empleos en promedio al año. Casi la mitad de ellos eran empleos en los servicios y una cuarta parte en el sector industrial. Por otra parte, el sector agrícola mostró una disminución de cerca de 9 000 empleos nuevos al año (o sea, 1.3% anual). Como resultado de esta tendencia la economía fue concentrando el empleo en el sector de productos no comercializables en el exterior, donde la construcción creció a la tasa más rápida (7.6% anual) y el transporte a una tasa más bien lenta con respecto a los otros productos no comercializables (1.7% anual). Dentro del sector de productos comercializables en el exterior el empleo fue decreciente en la agricultura y creciente en el sector manufacturero. Sin embargo, la participación del sector global de bienes comercializables en el empleo siguió un ritmo descendente.

Durante el gobierno de la Unidad Popular (1970-1973) se crearon nuevamente cerca de 45 000 empleos nuevos al año, pero esta vez el crecimiento en el empleo del sector servicios registró una aceleración de 5.8% anual, la cual había sido de 3.2% al año entre 1960 y 1970. Esta mayor ocupación en los servicios correspondió, casi de manera exclusiva, a una mayor ocupación

CUADRO VI.4. *El empleo por sectores: tasa promedio anual de crecimiento y número de empleos creados por periodo, 1960-1982* (*miles*)[a]

Sector	1960-1970	1970-1973	1973-1976	1976-1981	1981-1982
Agricultura	−1.3%	−7.6%	1.3%	0.5%	−11.7%
	(−87.5)	(−127.7)	(19.5)	(11.6)	(−59.6)
Pesca	3.8%	3.8%	7.1%	2.5%	n.d.
	(5.5)	(2.1)	(−17.5)	(3.2)	(n.d.)
Minería	−0.5%	5.8%	−1.5%	−2.4%	−1.3%
	(−4.3)	(16.4)	(−4.6)	(−11.5)	(−9.7)
Manufacturas	2.9%	3.5%	−2.8%	2.6%	−32.2%
	(122.1)	(52.8)	(−45.5)	(67.4)	(−166.1)
Servicios públicos	3.8%	9.9%	−1.8%	5.8%	−15.6%
	(11.6)	(7.3)	(−1.6)	(9.1)	(−4.1)
Construcción	7.6%	−4.8%	−14.8%	7.7%	−52.9%
	(59.5)	(−26.1)	(−62.4)	(45.4)	(−90.0)
Comercio	4.2%	3.0%	−1.5%	7.7%	−23.1%
	(53.2)	(36.6)	(−16.7)	(158.6)	(−143.7)
Transporte y comunicaciones	1.7%	3.5%	−2.9%	4.7%	−20.6%
	(61.6)	(17.1)	(−17.0)	(47.4)	(−45.1)
Servicios financieros	3.5%	2.1%	3.1%	2.6%	−13.3%
	(15.3)	(3.4)	(5.4)	(8.3)	(−15.6)
Otros servicios	3.2%	5.8%	0.4%	2.5%	19.2%
	(212.1)	(143.2)	(10.5)	(122.1)	(168.7)
Total	*1.8%*	*1.5%*	*−1.3%*	*3.1%*	*−11.6%*
	(449.1)	*(125.1)*	*(−107.9)*	*(461.6)*	*(−365.2)*

FUENTE: Banco Central de Chile, 1983.
  [a] Las cifras para las tasas de crecimiento corresponden a promedios anuales.

en el gobierno. Además, el número de empleos creados en los servicios fue superior al cambio absoluto registrado en la ocupación para la economía en su conjunto. Esto ocurrió porque la reducción en el número de empleos en el sector agrícola contrarrestó de sobra la creación de empleo en los otros sectores. A lo largo de este periodo el empleo en la agricultura descendió a 7.6% anual. Esto afectó no sólo la asignación sectorial del trabajo sino también la asignación geográfica de éste.

Durante 1973-1976, y en parte por los efectos del programa de estabilización, el empleo sufrió una caída importante. El empleo en el gobierno central se redujo en aproximadamente 100 000 puestos de trabajo. Además, el compromiso del gobierno en el sentido de reducir el tamaño del sector público continuó firme durante el régimen militar y en 1982 había tan sólo 130 000 empleados públicos contra 196 000 en 1960 y 308 000 en 1973.

A fines de la década de 1970 se registró un cambio de importancia en el patrón de crecimiento de la ocupación. El empleo en la agricultura dejó de disminuir, principalmente como resultado del mejoramiento en los precios relativos de los productos agrícolas, por lo menos hasta mediados de 1970. Las corrientes de migración provenientes del sector agrícola que habían oscilado en torno a la cifra de 11 000 por año entre 1965 y 1970 se redujeron a la mitad para quedar en 5 500 al año entre 1975 y 1981.[10] En el sector de bienes comercializables en el exterior, el empleo creció con relativa rapidez a pesar de haberse desacelerado el crecimiento del empleo en las manufacturas. Mientras que en la década de los sesenta, 7.7% de los nuevos empleos se creó en el sector de bienes comercializables en el exterior, entre 1976 y 1981 ese porcentaje fue de 12.8%. La tasa relativamente lenta de crecimiento de empleo en las manufacturas fue resultado parcial de la reforma del comercio internacional. Como se comentó en el capítulo V, la mayoría de las empresas se ajustó al mayor grado de competencia externa generada por la apertura de la economía, reduciendo sus nóminas y aumentando grandemente su nivel de productividad. Asimismo, casi la mitad de los empleos creados durante ese periodo se concentró en los sectores de "comercio" y de "transporte y comunicaciones". Por otra parte, el sector de la construcción mostró una recuperación significativa hacia finales de ese periodo, pero en términos de empleo, la tasa de crecimiento fue sólo comparable con las tasas históricas de la década de los sesenta y el número de puestos de trabajo creados entre 1976 y 1981 no contrarrestó la disminución de empleo que tuvo lugar durante el periodo de 1970-1973. No obstante, como lo documentamos en el capítulo V, la productividad en la construcción, al igual que en la mayoría de los otros sectores, se incrementó en forma dramática.

LOS SALARIOS Y LA INDIZACIÓN

Los salarios reales agregados descendieron significativamente durante los primeros años del régimen militar. Desde 1976 en adelante los salarios reales promedio aumentaron de manera sostenida hasta que en 1981 se mantuvieron 16% por encima de su nivel de 1970 (véase el cuadro VI.1). En esta sección analizamos el comportamiento de los salarios, poniendo especial énfasis en el papel que desempeñaron tanto la indización como los salarios mínimos legalmente establecidos.

[10] Estimaciones basadas en datos del Banco Mundial.

CUADRO VI.5. *La indización salarial: 1974-1980 (en porcentajes)*

(1) Periodo	(2) Inflación acumulada[a]	(3) Incremento salarial nominal decretado de fin de periodo
1 oct. 1973-1 ene. 1974	107.7	50.0[b,d]
1 ene. 1974-1 may. 1974	87.1	61.1[b]
1 may. 1975-1 jul. 1974	31.3	34.5
1 jul. 1975-1 oct. 1974	39.5	24.1
1 oct. 1975-1 dic. 1974	30.4	35.2
1 dic. 1975-1 mar. 1975	41.4	33.1
1 mar. 1975-1 jul. 1975	103.2	71.0
1 jul. 1975-1 sep. 1975	19.0	24.0
1 sep. 1975-1 dic. 1975	28.1	28.0
1 dic. 1975-1 mar. 1976	30.2	32.0
1 mar. 1976-1 jul. 1976	56.8	39.0
1 jul. 1976-1 sep. 1976	14.8	26.0
1 sep. 1976-1 dic. 1976	19.2	18.0
1 dic. 1976-1 mar. 1977	17.8	19.0
1 mar. 1977-1 jul. 1977	19.2	18.0
1 jul. 1977-1 dic. 1977	18.7	18.0
1 dic. 1977-1 mar. 1978	7.5	8.0
1 mar. 1978-1 jul. 1978	10.0	10.0
1 jul. 1978-1 dic. 1978	11.9	12.0
1 dic. 1978-1 mar. 1979	5.5	6.0
1 mar. 1979-1 jul. 1979	10.8	11.0
1 jul. 1979-1 dic. 1979	18.0	18.0
1 dic. 1979-1 abr. 1980	9.4	8.0
1 abr. 1980-1 oct. 1980	13.9	14.0[c]
1 oct. 1980-1 ago. 1981	14.3	14.0[c]
1 ago. 1981-1 jul. 1983	37.1	5.0[c,e]
1 jul. 1983-1 ene. 1984	11.8	15.0[c]

FUENTE: Banco Central de Chile, 1984, y A. Edwards, 1985.

[a] Corresponde al índice de precios al consumidor oficial. [b] Corresponde al incremento del salario mínimo. [c] No obligatorio para los trabajadores sujetos a contratación colectiva. [d] Entre octubre de 1973 y enero de 1974 se pagaron dos bonificaciones. Su valor nominal fue igual al salario gravable de abril de 1973. [e] La pérdida de 23.4% en el salario real fue contrarrestada en parte por cuatro bonificaciones de 30, 15, 15 y 15% de los salarios corrientes pagados en septiembre, octubre, noviembre y diciembre de 1983.

La indización salarial

A partir de octubre de 1974, el gobierno militar decretó aumentos salariales nominales periódicos de magnitudes relacionadas de algún modo con la inflación pasada, lo que representaba un incremento mínimo salarial que debían pagar los patrones. Al principio este mecanismo de indización salarial fue muy flexible, porque las magnitudes de los ajustes salariales nominales requeridos no eran exactamente iguales al nivel de la inflación pasada. De hecho, como se muestra en el cuadro VI.5, en muchos casos el ajuste salarial decretado difería considerablemente de la inflación acumulada en el pasado. Sin embargo, en los años siguientes la regla de la indización llegó a estar muy cerca de 100%, ya que los incrementos legalmente establecidos en los salarios eran casi exactamente iguales a la inflación pasada. Esta rigidez en la disminución de los salarios quedó institucionalizada en cierto sentido con la promulgación de la Ley del Trabajo de 1979.[11]

En octubre de 1974 se estableció que para el resto de ese año y para 1975 habría un ajuste trimestral de los salarios nominales igual (por lo menos) a la cantidad total del cambio en el índice de precios al consumidor durante el segundo, tercero y cuarto mes antes del ajuste. A fines de 1975, y como parte de los renovados esfuerzos por reducir la inflación, se estableció una nueva fórmula para el ajuste de los salarios. A partir de septiembre de 1975, el incremento nominal se basó en la suma de las tasas de inflación de los tres meses que terminaban en el mes del ajuste. Como en la fecha en que se decretó el ajuste de la tasa salarial no se conocía la inflación del último mes, se estimó en la mitad de la tasa del mes anterior, compensando cualquier diferencia en el momento del siguiente ajuste trimestral. La nueva fórmula acortó el retraso de los ajustes salariales, ofreciendo una mayor protección contra posteriores aumentos de precios, pero su efecto inmediato fue una reducción considerable del incremento real que se había decretado.

La política salarial en 1976 no sufrió cambio esencial alguno, pero como consecuencia de la desaceleración de la tasa de inflación y del mecanismo de indización, los salarios reales comenzaron a aumentar. En vista de la tasa de inflación decreciente, el gobierno decidió ampliar gradualmente los intervalos entre los ajustes salariales. Entre marzo de 1978 y fines de 1979 los salarios se ajustaron sólo tres veces cada año: en marzo, julio y diciembre.

[11] La ley de 1979 establecía una indización con respecto a la inflación pasada de 100%, solamente para trabajadores sujetos a contratación colectiva. Sin embargo, tuvo el efecto de aumentar la rigidez global del mecanismo de indización en dos formas. En primer lugar, aunque legalmente contemplaba los salarios de un sector en particular, otros salarios se veían también afectados a través de la movilidad y la rotación de la mano de obra. En segundo lugar, y de mayor importancia, al establecer una indización salarial de 100% en favor de los trabajadores sindicalizados, el gobierno se veía forzado de algún modo —en la medida en que no deseaba discriminar— a decretar una indización de 100% en favor de los trabajadores no sindicalizados.

Durante 1980 sólo hubo dos aumentos oficiales de salario en abril y octubre. En agosto de 1981, cuando la inflación interna anualizada había llegado a tasas de un dígito, se decretó un ajuste salarial nominal de 14%. Sin embargo, este aumento salarial, al igual que los decretados en 1980, excluía a los trabajadores sujetos a contratación colectiva, ya que la indización con respecto al pasado de 100% de sus salarios quedó estipulada de manera expresa en la nueva ley que regía el comportamiento de los sindicatos.

El principio de la fórmula de indización de 100%, aplicada por el gobierno, podía dar lugar a salarios reales crecientes o decrecientes, dependiendo de la dinámica de la tasa de inflación. En una inflación decreciente (creciente), una fórmula de indización de 100% da como resultado salarios reales promedio crecientes (decrecientes). Esto se conoció con el nombre de "efecto de diente de sierra" y se describe en la figura VI.1, en la que se supone que hay tres periodos inflacionarios con salarios nominales constantes en el nivel de 100% y dos reajustes salariales por periodo. Estos reajustes salariales establecen el salario real en su nivel inicial, pero el salario real promedio para el periodo depende del deterioro salarial real, debido esto a la inflación ocurrida durante el periodo.

El cuadro VI.5 presenta algunos datos relacionados con el proceso del mecanismo de indización entre 1973 y 1983. En la columna 1 se dan las fechas que cubrió cada ajuste salarial oficial. La columna 2 presenta la tasa acumulada de inflación entre esas dos fechas. La columna 3 contiene datos acerca del ajuste salarial nominal decretado al final de cada periodo consignado en la columna 1. Este ajuste salarial entraba en vigor para el siguiente periodo. Como puede verse en ese cuadro, hasta mediados de 1976 se registraron importantes divergencias entre la inflación acumulada pasada y el ajuste salarial obligatorio. Por ejemplo, en julio de 1975 se decretó un ajuste salarial nominal de (por lo menos) 71%. Sin embargo, la inflación acumulada desde el último ajuste había sido superior a 103%. Por otra parte, en septiembre de 1976 se decretó un ajuste de 26%, mientras que la tasa acumulada de inflación fue de solamente 14%. Como puede observarse, a partir de diciembre de 1976 y hasta 1981 existe una vinculación muy estrecha entre los ajustes salariales decretados como obligatorios y la inflación acumulada del pasado. Naturalmente, como la inflación estaba bajando, este mecanismo de indización ejerció una presión considerable al alza sobre los salarios reales. Por ejemplo, sólo a causa del efecto de la indización, el salario real de un trabajador al final del periodo se habría incrementado en 30.9% entre junio de 1976 y agosto de 1981.

La Ley del Trabajo de 1979 estableció los mecanismos que regirían el comportamiento de los sindicatos y la contratación colectiva. Entre otras cosas, esta ley fijó un nivel mínimo en términos reales para los trabajadores sindicalizados y expresamente ordenó que los salarios quedarían sujetos a

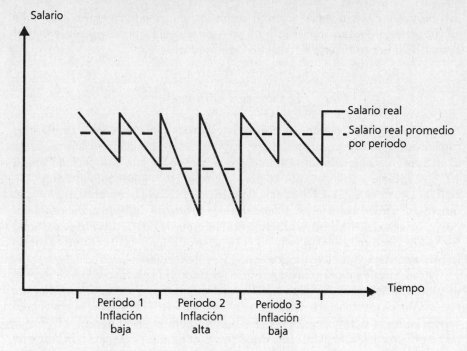

FIGURA VI.1. *La indización salarial y los salarios reales: el efecto de diente de sierra*

un mecanismo de indización de 100% con respecto a la inflación pasada. Existieron algunas diferencias importantes, y ciertamente cruciales entre el mecanismo de indización aplicado hasta 1979 y la Ley del Trabajo de Piñera. Como se hizo notar, el mecanismo anterior era flexible y se ponía en marcha mediante decretos periódicos, válidos para periodos cortos. Esta flexibilidad permitió al gobierno cambiar la regla de indización varias veces, conforme cambiaban las condiciones económicas. Por el contrario, la Ley del Trabajo de 1979 era muy rígida. Su artículo 26 establecía que, independientemente de las condiciones económicas, los salarios nominales de los trabajadores sindicalizados deberían ajustarse por lo menos a la inflación pasada. Este artículo establecía: "La respuesta del patrón (a las peticiones del sindicato) no podía contener una propuesta sobre remuneraciones... inferiores, *en moneda del mismo poder adquisitivo*, a las establecidas en el anterior contrato de trabajo" (las cursivas son nuestras). Este artículo establecía posteriormente que a fin de calcular el salario del mismo poder adquisitivo, habría que usarse la inflación pasada según los cálculos del Instituto Nacional de Estadística. La mayoría de las disposiciones restantes de la ley —inclusive las relacionadas con los salarios para empresas cuyos sindicatos no podían irse a la huelga— establecía que el mecanismo del artículo 26 era aplicable a todos los trabajadores.[12]

Los salarios mínimos

En enero de 1974 los salarios mínimos vigentes para obreros y empleados fueron unificados en una sola tasa, cuyo nivel aumentó 50% con respecto al mínimo establecido en el trimestre anterior. Desde ese periodo hasta 1978 el salario mínimo se ajustó periódicamente, registrando incrementos reales. Durante 1974-1979 el salario mínimo fue relativamente mayor que durante los años anteriores, alcanzando en promedio 54% de la tasa salarial para obreros del sector manufacturero. En marzo de 1978 el salario mínimo fue incorporado a la escala salarial del sector público y desde entonces corrió la misma suerte que los ajustes salariales generales.

Es indudable que el salario mínimo aumentó las rigideces existentes en el mercado laboral; sin embargo, no distinguiremos en este trabajo sus efectos de los efectos del mecanismo de indización global sobre la generación y persistencia del desempleo. Como lo expusimos en el capítulo V, entre otros efectos, el salario mínimo entorpeció el ajuste posterior a la reforma comercial. Un estudio realizado por S. Edwards (1980*b*) calcula que la eliminación del salario mínimo habría dado lugar a un incremento en el empleo agregado, a un plazo más largo, de aproximadamente 80 000 puestos de trabajo.

Los impuestos al trabajo

En 1980 se reformó el sistema de seguridad social. Como lo hicimos notar en el capítulo IV, la reforma implicó cambiar de un sistema tradicional, y prácticamente en bancarrota, de pagos según los gastos a un sistema de capitalización en el que los trabajadores tenían sus propias cuentas de retiro

---

[12] Recordemos que en 1979 el general Pinochet declaró que la ley aseguraba "a los trabajadores un incremento de las remuneraciones de por lo menos 100% del aumento del costo de la vida" (Banco Central de Chile, *Boletín Mensual*, septiembre de 1979: 1489). Es evidente que Pinochet no estaba estrictamente en lo justo. La cuestión de si los salarios reales bajarían o aumentarían en virtud del artículo 26 dependía de si la inflación aumentaba o bajaba. ¿Cómo puede explicarse que una disposición legal, en otros aspectos tan complicada, incluyera una aberración como la institucionalización de la indización con respecto al pasado? La respuesta a ello probablemente se encuentra en el campo de la política. Las cláusulas del salario mínimo y de la indización se incluyeron en la ley como una manera de demostrar que esta legislación no era antiobrera, como algunos generales lo afirmaron. De hecho, se observó que esta ley era favorable a los trabajadores, si algo era, ya que aseguraba que los salarios reales "jamás" bajarían otra vez.

individual, administradas por compañías privadas, muchas de las cuales pertenecían de hecho a los grupos. Tradicionalmente los impuestos de seguridad social habían sido muy elevados, causando importantes distorsiones en el mercado de trabajo. En 1974, por ejemplo, los impuestos totales a los obreros, como proporción de los salarios netos, ascendía a 53.9 por ciento.[13]

Una meta importante del gobierno, como medida dirigida hacia la reducción del desempleo, consistió en disminuir esos impuestos al trabajo. Esto se hizo lentamente en el curso del tiempo. En 1977 el impuesto de seguridad social había sido reducido a la aún extraordinaria cifra de 48.3%, y en 1979 fue bajado a 36.3%. La reforma de seguridad social de 1980 redujo aún más el impuesto al trabajo. De acuerdo con el nuevo sistema de capitalización individual, en 1981 el impuesto promedio había sido reducido a 24.4% y en 1982 fue de 20.8% en promedio.

EL "MISTERIO" DEL DESEMPLEO: UNA SUGERENCIA DE INTERPRETACIÓN

En las secciones anteriores se describió el comportamiento del empleo, el desempleo y los salarios durante los primeros 10 años del régimen militar. En esta sección se sostiene que las tasas persistentes y elevadas de desempleo pueden explicarse una vez que se reconoce que el mercado laboral de Chile estaba segmentado, lo que reducía sustancialmente la flexibilidad e impedía que la economía se ajustara de manera eficiente a los cambios. Además, se muestra que el modelo de mercados segmentados puede describir con mucha precisión la evolución del empleo, del desempleo y de los salarios.

Los mercados laborales segmentados

Algunos estudios sobre los mercados de trabajo en países en desarrollo han utilizado el modelo de mercados laborales segmentados como hipótesis de trabajo. Harris y Todaro (1970) y Harberger (1971) explican la persistencia de la desocupación a través de diferenciales en los salarios establecidos institucionalmente en el segmento protegido del mercado.[14] Los trabajadores empleados en el segmento protegido obtienen rentas. En consecuencia,

---

[13] De este 56.9% la cuota del patrón ascendía a 45.4% y la de los empleados a 7.5 por ciento.

[14] Un enfoque alternativo a la existencia de la segmentación se encuentra implícito en la teoría del mercado de trabajo "dual" (véase Doeringer y Piore, 1971). De acuerdo con el enfoque de la "dualidad", la segmentación es una falla estructural en la forma en que funcionan los mercados de trabajo en los países en desarrollo y la evidencia de su existencia se encuentra en la pobreza tan extendida que se observa en estos países. Los análisis empíricos de la hipótesis del mercado "dual" han encarado dos problemas: en primer lugar, el carácter no operacional

los puestos de trabajo en el sector protegido son preferidos respecto a otros puestos de trabajo en la economía y esto genera una oferta excedente de trabajo hacia el segmento protegido. Bajo supuestos generales, algunos participantes de la fuerza de trabajo escogerán el desempleo en vez de aceptar un trabajo en un segmento no protegido.

En el caso chileno es indudable que hasta 1974 los sindicatos representaban la fuerza principal que estaba detrás de la segmentación laboral. Las empresas que tenían sindicatos fuertes tradicionalmente pagaban salarios superiores al salario del mercado. Aun cuando el poder de los sindicatos sufrió un gran descalabro después del golpe militar, el sector "sindicalizado" siguió pagando salarios reales superiores al nivel del mercado. Desde luego, esto sucedió porque el mecanismo de indización introdujo importantes rigideces en las estructuras salariales relativas. Además, en esa fecha los grupos recientemente surgidos constituyeron otro elemento importante en apoyo de la segmentación. De hecho, durante el periodo los grupos actuaron de manera semejante a la sugerida por Harberger (1971: 162):

> Los salarios del sector protegido... pueden ser mantenidos por encima del nivel de mercado en virtud de las leyes de salario mínimo, de convenios para la contratación colectiva o (como sucede con frecuencia en los casos de grandes empresas que operan en los países menos desarrollados) *mediante la política de la propia compañía contratante* [las cursivas son nuestras].

En un estudio realizado en 1980 que abarcaba 12 grandes empresas vinculadas a los grupos, S. Edwards (1980*b*) encontró que éstas pagaban, de hecho, salarios significativamente superiores a los salarios que podrían haber pagado por trabajos de calificación equivalente.[15] Por ejemplo, en 1977 cuando la tasa abierta de desocupación era de 12% y el Programa de Empleo Mínimo cubría 6% de la fuerza de trabajo, esas empresas pagaban salarios a trabajadores con el más bajo nivel de calificación que promediaban 2.6 veces el salario mínimo. Esta proporción, en promedio, fue de 2.1 en 1978 y de 2.2 en 1979. Un respaldo adicional en favor de la hipótesis de

de la teoría que limita la hipótesis comprobable a la supuesta insuficiencia de la inversión en capital humano que se da en el mercado secundario. En segundo lugar, y de mayor importancia, la teoría no contempla un criterio claramente definido para distinguir los dos segmentos.

[15] Hay varias razones por las que las grandes empresas, incluyendo los grupos, pagaron conforme a la política salarial remuneraciones por encima de los niveles de mercado. Por ejemplo, las empresas podrían tener interés en minimizar los costos implicados en la contratación y la capacitación. En un contexto de información imperfecta, donde la empresa no puede identificar a quienes piensan dejar su trabajo, un salario por encima del nivel de equilibrio reducirá la rotación. Asimismo, como la supervisión es costosa, las primas salariales inducirán a los trabajadores a un mejor desempeño y lealtad con la empresa. Las brechas de información tienden a ser más importantes en las grandes empresas. Por último, si una empresa tiene poder en el mercado, podría pagar salarios superiores a los salarios de mercado estrictamente definidos y aun así sobrevivir.

la segmentación del mercado laboral ha sido proporcionado por A. Edwards (1984), quien utilizó un conjunto de 15 000 observaciones para estimar funciones de ingreso para diferentes sectores en el periodo 1974-1980. Después de dividir el conjunto de datos en tres segmentos —el segmento protegido, el cubierto por el salario mínimo y el no cubierto— encontró que las funciones de ingreso del tipo Mincer en esos segmentos eran estadísticamente diferentes y proporcionaban un respaldo importante a la hipótesis de la segmentación del mercado laboral.[16]

La estructura del mercado laboral chileno y el desempleo

Una forma de conciliar la evolución de la tasa de desempleo y los salarios reales durante 1973-1983 es pensar en el mercado laboral chileno como un mercado integrado por dos segmentos. Un segmento, al que hemos llamado protegido, incluye a todos los trabajadores de aquellos sectores en los que los salarios han sido protegidos de condiciones cambiantes del mercado en virtud del mecanismo de indización y de las leyes del salario mínimo. Estos sectores incluyen minería, manufactura, construcción, servicios públicos, comercio, transporte y comunicaciones, servicios financieros y gobierno. Por su parte, el segmento "libre" comprende la ocupación en aquellos sectores en que los salarios se fijan libremente, ya sea porque no se encuentran amparados por la legislación del salario mínimo o de la indización o porque el empleo es de naturaleza temporal. En este último hemos tomado en cuenta la agricultura, la pesca y los servicios sociales, personales y domésticos.[17] El principal rasgo de esta estructura laboral es que todos los trabajadores cuyo salario de reserva se encuentra entre el salario del segmento libre y el salario del segmento protegido y que no trabajan en el segmento protegido son, de hecho, desempleados. Aunque estos trabajadores no tomarían un trabajo en el segmento del mercado libre —porque el salario allí es inferior a su salario de reserva— preferirían emplearse en el sector protegido. En cierta forma estos trabajadores son *desempleados cuasi voluntarios*. La figura VI.2 resume los cambios en la distribución de la fuerza de trabajo en estos dos segmentos. Como puede observarse, el empleo en el sector protegido se volvió significativamente menos importante, en términos relativos, después de 1973.

[16] Las diferencias en las funciones de ingreso a lo largo de los segmentos persisten después de controlar las diferencias en capital humano y atributos específicos del empleo por sectores, como las tendencias del desempleo y las variaciones cíclicas en la demanda de trabajo. La persistencia de estos diferenciales en los salarios requiere una explicación, y la indización posiblemente es una de ellas.

[17] De conformidad con la ley chilena, durante el periodo 1973-1981 los salarios de los empleados del servicio doméstico y aprendices no estaban sujetos al salario mínimo.

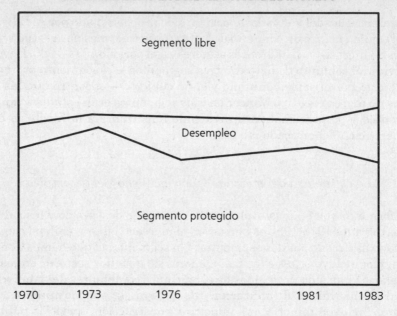

FIGURA VI.2. *Chile: la distribución de la fuerza de trabajo (en porcentaje)*

El modelo

La diferencia de salarios entre el segmento protegido y el libre genera un desempleo cuasi voluntario entre los trabajadores dispuestos a emplearse en un trabajo del segmento protegido, pero que no desean formar parte de la oferta de trabajo del sector libre por el salario del sector libre. La figura VI.3 ilustra el funcionamiento de este modelo. En la sección a tenemos la demanda de mano de obra del segmento protegido, D_p y una tasa salarial (real), W_p, determinada exógenamente. La ocupación en este segmento es igual a la distancia $O_p E_p$. En la sección b se representa el equilibrio en el segmento libre. La oferta para este segmento es una fracción de la oferta total de trabajo correspondiente a cada tasa salarial. Posiblemente la forma más simple de analizar este caso sea suponiendo que los empleadores del segmento protegido contratan a los trabajadores utilizando un criterio no relacionado con los precios de la oferta de trabajo. Esto significa que si el empleo en el segmento protegido es una fracción β de la oferta de trabajo, esperamos que la oferta de trabajo hacia el segmento libre sea una fracción $1 - \beta$ de la oferta de trabajo original a cada salario. Utilizando el supuesto anterior, la oferta de trabajo hacia el segmento libre está dada por S_f en la

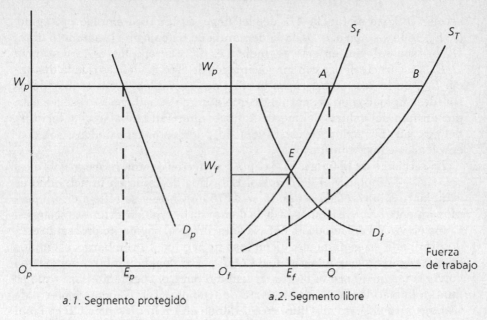

a.1. Segmento protegido   *a.2.* Segmento libre

Sección *a*

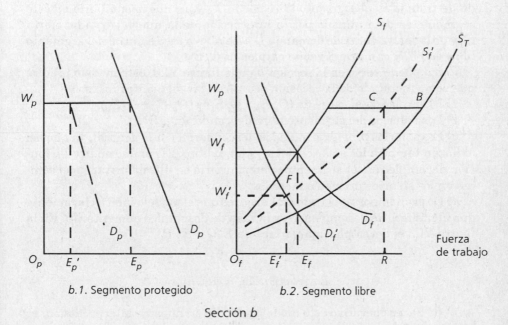

b.1. Segmento protegido   *b.2.* Segmento libre

Sección *b*

FIGURA VI.3. *Mercado laboral segmentado*

sección $a.2$. La distancia AB, desde luego, es igual al empleo protegido, $O_p E_p$, en la sección $a.1$. Dada la demanda de trabajo en el segmento libre, D_f, la tasa salarial en este segmento es W_f y el empleo es la distancia $O_f E_f$. La característica con mayor interés de este modelo es que la distancia $E_f Q$ en la sección $a.2$ capta la cifra de desempleo. Estos trabajadores son desempleados en el sentido de que aunque su salario de reserva está por encima del salario del mercado libre, querrían trabajar al salario W_p del mercado protegido. En cierto sentido, pues, estos trabajadores son desempleados cuasi voluntarios.

La sección b de la figura VI.3 capta los efectos de una recesión sobre los salarios, el empleo y el desempleo. Este tipo de caída en la actividad es semejante a la recesión ocurrida en 1975 en Chile y se refleja en un desplazamiento hacia la izquierda de la demanda de trabajo en ambos sectores. Como en virtud del supuesto la tasa salarial en el segmento protegido está determinada exógenamente, dicha tasa no cambia. Sin embargo, el empleo en ese segmento cae a la distancia $O_p E'_p$. Por consiguiente, tenemos que volver a trazar ahora la oferta de trabajo para el segmento libre (que es igual a la fracción $\beta' < \beta$ de la oferta de trabajo total). La nueva oferta de trabajo para el segmento libre es S'_f, donde ahora la distancia CB es igual al empleo del segmento protegido. Como resultado de la recesión, la demanda de trabajo en el segmento libre cae a D'_f, y un nuevo equilibrio en este segmento es determinado por la interacción de la nueva curva de oferta S'_f y de la nueva curva de demanda D'_f. La nueva tasa salarial del segmento libre es W'_f, y el nuevo nivel de empleo es $O_f E'_f$.

Como puede verse en la sección b de la figura VI.3, este modelo predice que como resultado de la recesión ocurrirán las siguientes cosas:

1) El empleo total caerá de $(O_p E_p + O_f E_f)$ a $(O_p E'_p + O_f E'_f)$.

2) Los salarios del segmento libre descenderán a W'_f.

3) Los salarios *promedio* medidos descenderán por lo general, ya que así lo harán también los salarios del segmento libre. El cambio en la distribución del empleo en los segmentos determinaría en última instancia el cambio en los salarios promedio medidos.

4) De gran importancia, sin embargo, es que el modelo indica claramente que el número de desempleados y la tasa de desempleo aumentarán. En la figura VI.3 el desempleo aumentará de $E_f Q$ a $E'_f R$.

La segmentación en Chile

A fin de hacer operativo este modelo sencillo en nuestra interpretación, es necesario definir de manera más precisa lo que entendemos por los segmentos protegido y libre en el contexto del caso chileno. Esto se hace en el

CUADRO VI.6. *Los indicadores del mercado laboral de Chile: 1970-1983*

	1970	1973	1976	1981	1983
Fuerza de trabajo (miles)[a]	2 932.2	3 037.0	3 216.4	3 669.3	3 797.5
Empleo (miles)[a]					
Total	2 776.1	2 891.2	2 705.0	3 269.0	3 091.2
Protegida	1 558.8	1 766.3	1 489.8	1 826.2	1 726.7
Libre	1 207.3	1 124.9	1 215.2	1 443.0	1 364.5
Producción (PIB)					
Millones de pesos de 1977					
Total	283.1	287.8	261.9	383.6	327.2
Protegida	220.4	228.4	202.2	304.2	257.1
Libre	52.9	51.1	57.9	68.8	64.9
Productividad (pesos por trabajador)					
Total	102.3	99.5	96.8	117.3	105.8
Protegida	141.4	129.3	135.7	166.6	148.9
Libre	43.8	45.5	47.7	49.4	47.6

Tasas de crecimiento promedio anual	*1970-1973*	*1973-1976*	*1976-1981*	*1981-1983*
Fuerza de trabajo	1.2	1.9	2.6	1.7
Empleo	1.4	2.2	3.8	2.8
Protegida	4.2	–5.7	4.1	–2.8
Libre	–2.4	2.7	3.4	–2.8

FUENTES: Fuerza de trabajo y empleo total, Castañeda, 1983; productividad, Banco Central de Chile, 1984.

NOTA: El segmento protegido incluye los sectores tradicionalmente sindicalizados de la actividad económica y del gobierno. El segmento libre incluye agricultura, pesca y servicios sociales, personales y domésticos. Para una explicación más detallada véase A. Edwards, 1986*a*.

[a] Las cifras corresponden a junio de cada año.

cuadro VI.6, donde hemos distribuido la fuerza de trabajo en dos segmentos de acuerdo con el sector de empleo. Dada la disponibilidad de datos, esta distribución es, por supuesto, una aproximación. Sin embargo, como se expone detalladamente en el trabajo de A. Edwards (1986*a*), la distribución resulta buena y razonable.

La asignación de la fuerza de trabajo a los dos segmentos fue comparada con la ocupación clasificada en 10 sectores de la actividad económica. Desafortunadamente, los datos disponibles sobre los salarios no pueden ser

CUADRO VI.7. *Los salarios reales (mayo de cada año)*
(en pesos de diciembre de 1978)

Año	(1) Obreros	(2) Salario mínimo	(3) Servicio doméstico	(4) (3) / (1)	(5) (2) / (3)
1970	3 920.2	1 978.0	1 853.0	0.47	1.07
1971	4 385.0	2 553.2	2 017.9	0.46	1.27
1972	4 238.3	2 380.9	2 114.1	0.50	1.13
1973	3 486.1	1 909.1	1 859.4	0.53	1.03
1974	3 277.1	2 334.9	1 567.0	0.48	1.49
1975	2 466.7	1 586.6	1 231.9	0.50	1.29
1976	2 693.4	1 858.5	1 262.6	0.47	1.47
1977	2 834.6	2 173.9	1 588.8	0.56	1.37
1978	3 178.2	2 584.4	1 985.6	0.62	1.38
1979	3 642.7	2 510.9	2 265.0	0.62	1.11
1980	3 476.9	2 557.8	2 333.1	0.67	1.10
1981	4 371.3	2 367.7	2 489.3	0.57	0.95
1982	4 300.0	2 603.9	2 800.1	0.65	0.92
1983	3 540.4	1 987.7	2 202.9	0.62	0.90

FUENTE: A. Edwards, 1986a. Construido con datos preliminares obtenidos de Banco Central de Chile, 1961, y Banco Mundial, 1980.

cotejados directamente con el empleo por sectores. En particular, no contamos con estimaciones confiables acerca de los salarios en la agricultura. Por esta razón, utilizamos una serie de salarios para cada segmento representativo de un tipo particular de calificación dentro del segmento, reduciendo el efecto de los cambios en la combinación del empleo. Los salarios de los empleados del servicio doméstico se utilizaron para estudiar variaciones salariales dentro del segmento libre, y los salarios de los obreros en el sector manufacturero se utilizaron para estudiar variaciones salariales dentro del segmento protegido. Estas series se presentan en el cuadro VI.7.

De la serie de salarios de obreros puede verse que los salarios mensuales (estimaciones para mayo de cada año) a lo largo del periodo mostraron un comportamiento cíclico sin tendencia significativa alguna. Esto no sorprende demasiado dada la evolución del ingreso real para la economía chilena. Los salarios en 1973, 1979, 1980 y 1983 fueron muy cercanos al promedio de 3 558 pesos para el periodo de cuatro años, mientras que los años 1971-1972 y 1981-1982 se caracterizan por incrementos sustanciales en los salarios reales de entre 25 y 30% por encima del promedio. Durante el periodo

1974-1977, por el contrario, los salarios se encuentran aproximadamente 30% por debajo de la tendencia.

La trayectoria del salario mínimo en relación con los salarios del servicio doméstico (columna 5 del cuadro VI.7) es, en gran medida, un reflejo del esfuerzo de las autoridades por mantener el poder adquisitivo real de los salarios a través de mecanismos de indización. Este esfuerzo, empero, tuvo implicaciones negativas para el problema del desempleo.

La relación entre salarios del servicio doméstico y salarios de obreros (columna 4) ilustra en el contexto de nuestro modelo la manera en que los dos segmentos del mercado de trabajo se ajustaron a estos cambios; por ejemplo, entre 1973 y 1976 la demanda de trabajo bajó en el segmento protegido, pero observamos un descenso de los salarios en el segmento libre en comparación con el segmento protegido. Esto es compatible con lo que nuestro modelo pediría. Si los salarios son mayores y relativamente inflexibles en el segmento protegido y en este segmento se reduce la demanda, esperaremos un aumento del desempleo y también un incremento en la oferta de trabajo hacia el segmento libre que tenderá a abatir el salario real del segmento libre.

Aun cuando este modelo tiene la ventaja de ser muy esquemático y apropiado para analizar algunas de las cuestiones importantes sobre la experiencia chilena, resulta demasiado agregado para ser de mucha utilidad en la comprensión de los efectos más intrincados de la liberalización comercial en el mercado laboral. En cada segmento, hemos sumado toda la ocupación, sin hacer intento alguno por dividirla en diferentes categorías laborales. Será necesario cierto análisis adicional en algunos de los subperiodos que estudiaremos más adelante.

1973-1976

En primer lugar nos concentramos en los años de 1973 a 1976, periodo en el que el desempleo creció de manera muy aguda. En parte como resultado del esfuerzo del gobierno por reducir su tamaño, la demanda de trabajo dentro del segmento protegido —que incluye al gobierno— descendió en 276 500 trabajadores (5.6% anual), en donde 100 000 de los puestos de trabajo eliminados pueden identificarse como la reducción del empleo dentro del sector público. El resto del descenso que registró la demanda (176 000) fue el resultado de los efectos de la recesión mundial y especialmente de la política de estabilización drástica que puso en marcha el gobierno en 1975. Al mismo tiempo, la oferta de trabajo siguió creciendo agregando 179 400 trabajadores durante el periodo. Como resultado de esto, la oferta de trabajo hacia el segmento libre se incrementó, induciendo en ese segmento una reducción de la tasa salarial. De acuerdo con las cifras disponibles, el sector agrícola fue el que absorbió la mayor parte del empleo adicional dentro del segmento libre. El cuadro VI.6 resume los cambios en las variables clave para la situación del mercado laboral en 1973, 1976, 1981 y 1983.

A nuestro parecer, las políticas de empleo del sector público juegan un papel importante en la comprensión de las altas tasas de desempleo que se registraron en Chile desde 1974. Estudios anteriores han sometido este problema a una discusión algo casual. Tockman (1984), por ejemplo, estimó el nivel de ocupación del sector público para el periodo 1970-1982, si se hubiera mantenido la tendencia de crecimiento en el empleo del sector público observada en la década de 1960. Utilizando esas estimaciones, este autor concluyó que la disminución en el empleo del sector público entre 1973 y 1976 explica menos de 10% del aumento en la tasa de desempleo para el mismo periodo. Meller (1984) hizo notar el patrón cíclico del empleo en el sector público y sostuvo que si el año 1973 se usa como base de comparación para la evolución posterior del empleo en el sector público, la disminución del nivel de empleo dentro del sector público entre 1973 y 1976 explica aproximadamente 30% del aumento en la tasa de desempleo para el mismo periodo (cerca de 3% de la fuerza de trabajo). Esto es exactamente lo que el modelo utilizado en esta sección subraya. El cambio en la política de empleo entre 1973 y 1976 opera en un mercado laboral que ya se había ajustado a la estructura de la demanda de trabajo de los años 1970-1973, es decir, a un nivel más elevado de la demanda de trabajo para el segmento protegido.

La figura VI.4 ilustra, dentro del contexto de nuestro modelo de mercado laboral segmentado, los cambios en la situación del mercado laboral entre 1973 y 1976. La oferta de trabajo para la economía y, en consecuencia, para el segmento protegido se incrementó en cerca de 200 000 personas, mientras que la demanda en el segmento protegido bajó en 276 500. La oferta excedente de trabajo para el segmento protegido no se convierte por completo en parte de la oferta de trabajo del segmento libre, ya que sólo una fracción de los desempleados estaría dispuesta a tomar un empleo con el nivel de salario del segmento libre. En el segmento libre, el empleo efectivamente aumentó y la tasa salarial, medida por la evolución de los salarios del servicio doméstico, bajó en relación con otros salarios. Estos cambios son coherentes con una demanda creciente de trabajo del segmento libre, pero se supone que la demanda en el segmento libre bajó al nivel de salario original y que el nivel de ocupación en el mismo sector aumentó a causa del efecto de la creciente oferta de trabajo sobre el salario real del segmento libre. Como resultado de lo anterior, el desempleo aumentó de aproximadamente 150 000 en 1973 a más de 500 000 en 1976. De acuerdo con el cuadro VI.7, los salarios sufrieron una baja sustancial, pero así como lo sugiere nuestro

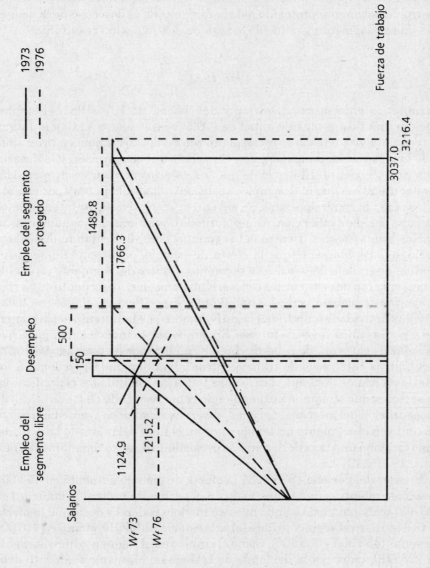

FIGURA VI.4. *El ajuste del mercado laboral a los cambios ocurridos entre 1973 y 1976*

modelo, esta baja fue más pronunciada dentro del segmento libre, mientras que en el segmento protegido la política de reducción del empleo tuvo un efecto directo. Como es claro, una mayor reducción en los salarios reales dentro del segmento protegido habría disminuido el descenso de la ocupación en ese segmento y reducido la tasa de desocupación resultante.

1976-1981

Durante los años de recuperación y del "boom" de 1976-1981, el empleo creció a una tasa promedio anual de 3.8% (véase cuadro VI.6) y la fuerza de trabajo registró tasas de crecimiento récord de 2.6% anual en promedio. Todo lo anterior es compatible con el periodo de recuperación y la desocupación descendente. El hecho de que los salarios se recuperaran rápidamente, mientras que el desempleo se encontraba todavía muy por encima de las tasas normales pasadas, ha sido un misterio. Nosotros intentaremos aquí una posible explicación. A nuestro modo de ver, los salarios aumentaron gracias a dos fuerzas. Dentro del segmento libre, la demanda de trabajo creció más rápidamente que la oferta de trabajo, generando una escasez relativa de trabajo dentro de ese segmento. Dentro del segmento protegido se presentaron dos escenarios típicos. Hubo una oferta excedente de ciertas categorías de trabajo, como las habilidades específicas asociadas con todas aquellas actividades afectadas negativamente por la liberalización comercial y por las altas tasas de interés. Sin embargo, la indización impidió que los salarios cayeran, de acuerdo con las condiciones de mercado. Por otra parte, otras categorías de trabajo enfrentaban demanda excedente a los salarios iniciales. Éste fue el caso para todas las habilidades específicas en los sectores que se estaban expandiendo como resultado de las políticas de liberalización del mercado. Así pues, observamos sueldos promedio crecientes tanto en el segmento protegido como en el libre del mercado laboral, así como también una tasa de desempleo persistente de aproximadamente 14% entre 1977 y 1979.

A partir del periodo 1976-1981 la oferta de trabajo aumentó en 453 000 personas, mientras que la demanda en el segmento protegido aumentó en 336 400 trabajadores. Usando nuestro modelo podemos decir que la oferta de trabajo para el segmento libre (al salario original W_f) aumentó en 116 600 personas (453 000 − 336 400). Como el empleo en el segmento libre aumentó en 228 000, entonces la demanda de trabajo en el mismo segmento debe haber aumentado sustancialmente más que 116 600 (al salario original W_f). Esto explica el incremento salarial dentro del segmento libre. El hecho de que el empleo aumentara más en el segmento protegido, en donde los salarios son más elevados, y también de que los salarios del segmento libre subieran en términos relativos, puede explicar la recuperación salarial global a pesar del desempleo sostenido. La magnitud del desempleo descendió en aproximadamente 100 000. La figura VI.5 representa este caso, donde las líneas punteadas corresponden a la situación de 1981.

El programa de liberalización comercial que disminuyó los aranceles de 94% en promedio a fines de 1973 a 10% en junio de 1979 tuvo su principal efecto sobre la asignación del empleo y de la inversión a lo largo de este periodo. El efecto de la liberalización comercial sobre el mercado de trabajo representa una vasta zona crítica de investigación. En principio, los cambios en los precios relativos de los bienes se traducirían en una reasignación de recursos, y fuera de los retrasos en los ajustes a corto plazo, deberíamos esperar que no hubiera efecto a largo plazo sobre la tasa de desempleo. Podemos decir que la cantidad óptima de desempleo fraccional puede aumentar en presencia de cambios grandes y repentinos en los precios relativos de las mercancías, porque las personas tienen que informarles acerca de las nuevas oportunidades de empleo. Pero si existe rigidez salarial del tipo generado por los salarios mínimos y si el capital es inmóvil a corto plazo, el proceso de liberalización puede ocasionar un desempleo involuntario a corto plazo. Conforme a estos lineamientos, S. Edwards (1982) calculó que el límite superior para el efecto de la liberalización comercial sobre el empleo entre 1975 y 1978 sería de 3.5% de la fuerza de trabajo (es decir, aproximadamente 129 000 puestos de trabajo).

La reasignación de trabajo ocurre cuando los trabajadores dejan un trabajo para tomar otro, pero la movilidad del capital requiere inversión. En consecuencia, la reasignación de recursos inducida por las políticas de liberalización generó un incremento en la demanda de fondos de inversión. De hecho, la escasez de capital en Chile durante este periodo se reflejó en altas tasas de interés, en niveles sin precedente, que ya analizamos en el capítulo III. La recuperación de la economía y, por tanto, el crecimiento en la demanda de trabajo, quedó limitada por el grado de movilidad de capital o, en otras palabras, por la cantidad de fondos disponibles para inversión. Sólo con la apertura de la cuenta de capital pudo consolidarse este proceso y el nivel de desempleo pudo desaparecer únicamente en virtud del efecto de reasignación.

Como la liberalización de la cuenta de capital comenzó en junio de 1979, el periodo de 1976-1979 puede en cierta forma caracterizarse por el capital inmóvil, mientras que en el periodo 1980-1981 el capital se movió con mayor facilidad. A mediados de 1979 el sector de la construcción, que hasta entonces había estado completamente deprimido, mostró una recuperación frenética y el desempleo descendió. No obstante, a fines de este periodo de recuperación (mediados de 1981), el desempleo fluctuaba todavía en torno a 11% de la fuerza de trabajo. Si tomamos la estimación de Edwards del

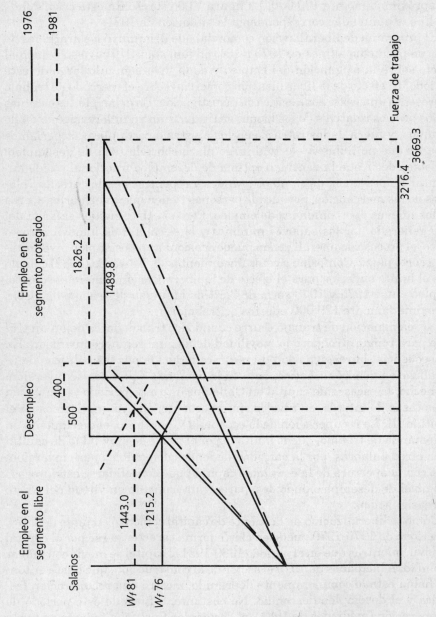

FIGURA VI.5. *El ajuste del mercado laboral a los cambios ocurridos entre 1976 y 1981*

desempleo de 3.5% asociado con la liberalización comercial, nos queda una tasa de desempleo no explicada de alrededor de 11% (14.5 − 3.5%) para el periodo 1976-1979 y una tasa ligeramente mayor de 11.4% en promedio para el periodo 1980-1981. Ciertamente, el nivel de salarios reales en la economía fue superior al compatible con la tasa histórica de desempleo de 5 o 6 por ciento.

Estas tasas de desempleo —dos veces más altas que las tasas históricas de la economía chilena— pueden ser explicadas mediante el proceso de determinación de salarios y por una incongruencia resultante entre las expectativas de los trabajadores sobre los salarios y los salarios reales del mercado. Como se muestra en la figura VI.5, la recuperación de la demanda de trabajo durante este periodo indujo aumentos salariales promedio, a pesar del nivel de desempleo. En consecuencia, la recuperación real del empleo fue relativamente moderada.

Además, hacia fines de este periodo de recuperación los salarios mostraron un incremento real significativo. La nueva Ley del Trabajo y la política del tipo de cambio fijo favorecieron el crecimiento de los salarios reales en la economía y particularmente dentro del segmento "protegido". Los salarios reales subieron dramáticamente en 1980. Sólo para dar un indicio, la participación del ingreso de la fuerza de trabajo en el PIB subió de 36.1 en 1977 a 38.2 en 1980, a 40.5 en 1981 y a 41.2% en 1982.

1981-1983

La fuerte recuperación del periodo anterior llegó a un final abrupto a mediados de 1981. Este periodo ha sido objeto de un amplio análisis en los capítulos anteriores.

La situación del mercado financiero estaba dando señales de haber llegado a un punto crítico en 1981 al dispararse las tasas de interés. Durante el segundo semestre de 1981 la producción industrial comenzó a bajar. Sin embargo, los salarios nominales recibieron oficialmente un aumento de 14% en agosto de 1981 —para restablecer el salario real con respecto a octubre de 1980— y los acuerdos de negociación colectiva estipularon reajustes salariales nominales que sobrepasaron el mínimo legalmente requerido de inflación acumulada pasada. Las empresas, especialmente en los sectores de bienes comercializables en el exterior, sólo podían absorber este incremento salarial endeudándose en el sistema financiero. Cuando en 1982 los bancos extranjeros decidieron que Chile ya no era una buena opción, aumentó el número de quiebras. El desempleo abierto —excluyendo el programa de emergencia— llegó en 1982 a 20.4% de la fuerza de trabajo.

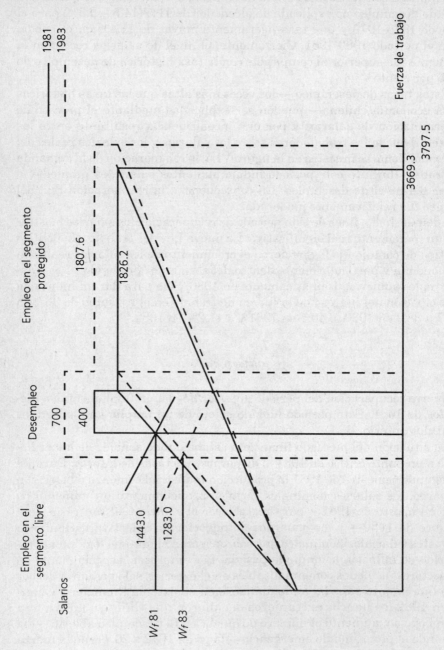

FIGURA VI.6. *El ajuste del mercado laboral a los cambios ocurridos entre 1981 y 1983*

El ajuste en el mercado laboral entre 1981 y 1983 se muestra en la figura VI.6. El caso de 1983 se representa mediante las líneas punteadas. En la figura VI.6 hemos omitido cualquier cambio en el salario del segmento protegido. La idea es que entre 1981 y 1982 los salarios reales aumentaron por encima del nivel de equilibrio y después bajaron en 1983. Sin embargo, a causa de la inflexibilidad de los salarios a la baja inicialmente mostrada, la reducción que ocurrió en la demanda fue considerable. Como indicador del equilibrio resultante, el nivel de desempleo se elevó a 700 000 en 1983.

Resumiendo, la más elevada tasa de desocupación para el periodo 1974-1983 se explica por la baja tasa promedio de crecimiento de la economía para el periodo, aunada a una falta de flexibilidad de los salarios a la baja en el segmento "protegido" del mercado de trabajo. La recuperación del nivel de actividad económica entre 1976 y 1981 no se mantuvo por un periodo lo suficientemente largo como para que tuviera éxito la reducción del desempleo a los niveles históricos.

LA DISTRIBUCIÓN DEL INGRESO

La evolución de la distribución del ingreso durante el régimen militar fue objeto de acalorado debate entre los científicos sociales chilenos y en la prensa popular.[18] Utilizando el coeficiente de Gini como indicador del grado de desigualdad, sea que se tome el individuo o la familia como unidad de análisis, el grado estimado de desigualdad aumentó significativamente en 1975 y 1976 y una vez más en 1982-1983 (véase cuadro VI.8).[19] Los cambios estimados en el coeficiente de Gini son desde luego más acentuados, si se toma al individuo como unidad de análisis y, en particular, si se incluye la fuerza de trabajo total suponiendo cero ingreso para los desempleados.[20] Ha habido desacuerdos al respecto, relacionados más que nada con los aspectos técnicos y la pertinencia de esta estadística resumida, pero es claro que la situación de desempleo mantiene una asociación estrecha con el grado de desigualdad de la distribución del ingreso.[21]

Es bien sabido que el coeficiente de Gini presenta algunas fallas como indicador de la distribución del ingreso; por esta razón la controversia se

[18] Véanse, por ejemplo, Cortázar, 1980, 1982; Heskia, 1979; Marshall, 1981; Riveros, 1985; Rodríguez, 1983.

[19] El coeficiente de Gini es un estadígrafo sintético que se calcula tomando como base una representación de la distribución del ingreso llamada curva de Lorenz. Cuanto más cercano a 0 (1) esté el coeficiente de Gini, tanto más (menos) desigual será la distribución del ingreso.

[20] Aunque las estimaciones disponibles señalan que en el periodo 1974-1982 aproximadamente 20% de los desempleados percibió algún ingreso. Riveros, 1985.

[21] Véase Atkinson, 1975.

CUADRO VI.8. *El coeficiente de Gini: distribución del ingreso*
(zona del Gran Santiago)

| Año | Ingreso personal | | Ingreso familiar |
	Población empleada	Fuerza de trabajo	
1958	0.512	0.577	0.466
1964	0.490	0.496	0.462
1970	0.526	0.571	0.501
1974	0.468	0.518	0.450
1975	0.484	0.566	0.471
1976	0.543	0.618	0.438
1977	0.534	0.599	0.526
1978	0.524	0.588	0.520
1979	0.526	0.589	0.518
1980	0.522	0.578	0.526
1981	0.531	0.579	0.521
1982	0.534	0.624	0.539
1983	0.530	0.639	0.542

FUENTE: Heskia, 1979, y Riveros, 1985.

centró posteriormente en los efectos del costo social del gobierno sobre la mitigación de la pobreza. Dos cuestiones se sometieron a discusión: el nivel real del gasto del gobierno en las áreas sociales y el efecto distributivo de ese gasto.[22]

El énfasis primordial del gobierno militar en el área del gasto social se centró en el aumento de la eficiencia, en términos de costo, de los programas de necesidades básicas —es decir, aumento del valor contenido entregado por peso gastado— y en la concentración de los recursos en los segmentos de la población que mayor necesidad tenían de estos bienes o servicios básicos. Este énfasis superior en la satisfacción de las necesidades de los pobres se financió en gran medida a través de la reasignación de los recursos presupuestales, en vez de aumentar significativamente el nivel de gasto social del sector público. Con todo, ciertos programas sociales tuvieron una expansión considerable, principalmente como forma de aliviar

[22] Marshall, 1981, y Cheyre y Symon, 1985, utilizan series alternativas de gasto gubernamental diferentes de las oficiales. Las diferencias son causadas tanto por una cuenta más precisa de lo que debe incluirse como sector público, gobierno central o gasto social como por la elección del deflactor de precios. La principal diferencia entre las series de Marshall y de Cheyre-Simon es causada por el deflactor de precios escogido. Los datos del cuadro VI.8 se basan en las estimaciones de Cheyre-Symon, ya que sus series cubren el periodo completo 1974-1983.

algunos de los efectos del problema del desempleo. Por ejemplo, los gastos en bienestar social, que incluyen el Programa de Empleo Mínimo, registraron en 1976 un nivel tres veces mayor que el nivel real de 1974 y en 1983 fueron 10 veces mayores que el nivel real de 1974.

Como puede verse en la columna 1 del cuadro VI.9, el gasto social del gobierno en términos reales no muestra una tendencia clara, pero alcanza su más alto nivel durante los últimos tres años del periodo (1981-1983). El gasto fiscal social como proporción del gasto del sector público presenta una tendencia creciente, principalmente como resultado de un gasto gubernamental agregado más pequeño. Es interesante observar que el incremento en el gasto gubernamental como proporción del PIB en 1982 y 1983 se explica casi por completo mediante el incremento en el gasto gubernamental social con respecto al PIB.

Un estudio sobre el efecto distributivo del gasto social realizado por Rodríguez (1985) concluyó que las políticas de educación y de salud habían reducido la pobreza. El efecto distributivo de otros programas no era tan claro. Sin embargo, los programas de vivienda, por ejemplo, fueron modificados varias veces en un intento por llegar a los grupos objetivo de la población. A la larga, los programas fueron más eficaces, pero el efecto final fue imperceptible. En general, Rodríguez reconoce un sesgo significativo en favor de la región metropolitana y en contra de las áreas rurales.

RESUMEN

En este capítulo se analizaron varios aspectos del empleo, los salarios, el desempleo y la distribución del ingreso durante el periodo de las reformas económicas en Chile, de 1974 a 1983. El alto grado de desempleo observado durante el periodo respondió a una serie de factores interrelacionados. En primer lugar, la lenta tasa promedio de crecimiento de la actividad económica durante el periodo dio lugar a una lenta tasa promedio de creación de empleo. En segundo lugar, la fuerza de trabajo creció a tasas considerablemente más elevadas que el promedio histórico. En tercer lugar, la reducción en el tamaño del gobierno generó una disminución importante en el número de empleos. Finalmente, la persistencia del desempleo respondió a varias rigideces que impidieron un ajuste paulatino a los diversos cambios, inclusive a las reformas de liberalización. En particular, el mecanismo de indización salarial por encima del nivel de subsistencia no permitió que los salarios relativos cambiaran lo suficiente. Nuestro modelo sencillo de un mercado de trabajo segmentado ilustra el papel desempeñado por estas rigideces y es muy útil para explicar la evolución del empleo, del desempleo y de los salarios durante el periodo.

CUADRO VI.9. *El gasto social del gobierno: 1974-1983*

Año	(A) Gasto social per cápita del gobierno (dólares de 1983)	(B) (Gasto social del gobierno / PIB)	(C) Gasto social del gobierno / sector público (excluido el servicio de la deuda)	(D) Gasto del sector público (excluido el servicio de la deuda / PIB)
1974	314.8	0.181	0.500	0.362
1975	282.8	0.190	0.561	0.338
1976	254.9	0.167	0.538	0.312
1977	299.6	0.183	0.590	0.310
1978	292.1	0.167	0.547	0.306
1979	304.2	0.164	0.570	0.288
1980	281.8	0.165	0.574	0.288
1981	357.1	0.174	0.579	0.302
1982	375.9	0.218	0.616	0.360
1983	333.8	0.199	0.586	0.339

FUENTES: Cheyre y Symon, 1985, y Banco Central de Chile, 1984.
NOTA: El gasto público se refiere a todas las instituciones gubernamentales.

Los 10 años estudiados se dividieron en tres subperiodos de acuerdo con el tipo de reforma o de cambio externo que afectara el mercado de trabajo: los años de 1973-1976 representan el periodo del esfuerzo de estabilización complicado con un empeoramiento en las condiciones externas; el periodo de 1976-1981 experimentó las reformas de la liberalización comercial; finalmente en 1981-1983 sobrevino nuevamente un empeoramiento en las condiciones externas de considerable magnitud.

El crecimiento del desempleo en Chile durante el periodo analizado está asociado con dos tipos de episodios: la reducción del empleo dentro del sector público y los cambios externos. Nuestra explicación es que la sustitución de plazas de trabajo en el gobierno por nuevos puestos de trabajo (con el mismo salario) habría ocurrido gradualmente conforme la economía reconstruyera los factores complementarios para utilizar de manera productiva esta fuerza de trabajo. Por otra parte, el empeoramiento en las condiciones externas indujo una reducción en la demanda agregada de bienes comercializables en el exterior y una reducción en el ingreso real. La demanda reducida de bienes comercializables en el exterior genera una disminución en la demanda de trabajo, la cual generaría a su vez desempleo a menos que disminuyan los salarios reales. Por consiguiente, las faltas de flexibilidad a la baja de los salarios reales es un factor explicativo fundamental que se encuentra detrás del desempleo generado en los dos tipos de episodios mencionados.

VII. LA SECUENCIA DE LAS REFORMAS DE LIBERALIZACIÓN

UNA LECCIÓN derivada del experimento chileno es que varias cuestiones relacionadas con la dinámica de la liberalización del sector externo no son entendidas plenamente por los encargados de las políticas, los economistas y otros observadores. Entre éstos, algunos de los más importantes problemas dinámicos se relacionan con la rapidez y la secuencia de la liberalización económica. ¿Qué tan rápido deberá liberalizarse una economía? Al analizar este aspecto del problema, deberán tomarse en cuenta consideraciones sobre beneficios de la eficiencia, la distribución del ingreso y la factibilidad del intento. Con respecto a la secuencia de la liberalización, el asunto primordial se refiere al orden en que deberán liberalizarse los mercados.[1]

La secuencia de la liberalización en Chile y en los demás países del Cono Sur es de particular interés, ya en secuencia opuesta: Argentina y Uruguay abrieron primero la cuenta de capital, mientras que Chile abrió primero la cuenta corriente. Una cuestión importante de política que se ha suscitado con estas experiencias tiene que ver con la definición de los paquetes de las políticas de liberalización, incluyendo la de una secuencia específica, que sean creíbles para la gente. Este punto ha cobrado recientemente gran prominencia en las discusiones específicas sobre las políticas. Por ejemplo, el debate reciente sobre las reformas de liberalización en Corea se ha centrado en la definición de una secuencia apropiada para la liberalización de este país. Asimismo, se han desarrollado discusiones recientes sobre esas políticas en el Ecuador en torno a esta importante cuestión.[2]

En este capítulo se somete a discusión un aspecto particularmente importante de la secuencia de liberalización económica —el orden en que se liberan las cuentas corrientes y de capital de la balanza de pagos— dentro del contexto de la experiencia chilena. El enfoque adoptado en este capítulo es algo diferente del de los capítulos anteriores. En primer término, el ma-

[1] Una cuestión relacionada, que de hecho es anterior a la secuencia de una liberalización rápida, es la de si los países deben liberalizarse. Nosotros creemos que, como lo ha mostrado la investigación empírica así como la teórica de manera amplia, la respuesta es positiva. En el capítulo VIII abordamos esta cuestión de manera más detallada.

[2] Véanse, por ejemplo, Park, 1985; y Banco Mundial, 1986. El tema del orden adecuado de liberalización ha cobrado también importancia en la bibliografía analítica. Véanse, por ejemplo, Rodrick, 1985; S. Edwards, 1984a, 1986; McKinnon, 1982; Frenkel, 1983; y Bruno y Sachs, 1985.

terial presentado aquí es algo más analítico. Sin recurrir a una exposición técnica, la representación abarca rigurosamente diferentes aspectos de la secuencia de liberalización. La principal conclusión de este capítulo es que en una experiencia de liberalización la secuencia escogida para reformar los mercados puede ser crucial. En términos más específicos, la estrategia más prudente plantea la necesidad de liberalizar primero la cuenta corriente y sólo cuando ha terminado esta fase de la reforma deberá abrirse lentamente la cuenta de capital.

LA SECUENCIA DE LA LIBERALIZACIÓN EN CHILE

Como se vio en los capítulos anteriores, las reformas de liberalización de los mercados más críticos en Chile se emprendieron en diferentes puntos del tiempo. En esta sección, y con el fin de ofrecer cierta perspectiva a la presentación analítica que sigue, hacemos una síntesis del orden en que se emprendieron las reformas.

En primer lugar, se liberalizó el mercado de bienes internos. En octubre de 1973 fueron liberados los precios internos de todos los bienes, con la sola excepción de 51 "productos básicos". Esto representó un alejamiento considerable con respecto al régimen de Allende en el que los precios de más de 3 000 mercancías fueron fijados y sometidos a un estricto control por el Ministerio de Economía e Industria. A la liberalización de los precios internos siguieron los pasos iniciales hacia la liberalización del mercado financiero interno y del comercio internacional de bienes. A partir de 1977, al retirarse Chile del Pacto Andino, se aceleró mucho la reforma de liberalización comercial. A mediados de 1979 se llevó a cabo la reforma comercial, quedando desgravados los aranceles de todos los productos, salvo dos, a un nivel uniforme de 10%. Por primera vez, en junio de 1979 se establecieron importantes medidas tendientes al levantamiento de los controles en los movimientos de capitales internacionales. Como se explicó detalladamente en el capítulo III, a mediados de 1981 la liberalización de los movimientos de capital había alcanzado considerables proporciones. Sin embargo, los movimientos de capital a corto plazo fueron sometidos a estricto control hasta mediados de 1982. Como se hizo notar en el capítulo VI, aunque el mercado de trabajo nunca alcanzó un grado muy elevado de liberalización, las reformas de 1978, 1979 y 1980 introdujeron algunos cambios.

Así pues, en términos del sector externo, Chile liberalizó primero el comercio de bienes y sólo cuando se logró el nivel deseado de restricciones a las importaciones —el arancel uniforme de 10% en junio de 1979— comenzó realmente el proceso de liberalización de la cuenta de capital. Esta secuencia de liberalización del sector externo contrastó con el enfoque que adoptaron Argentina y Uruguay. Estos países abrieron sus economías a los movimientos de capital mucho tiempo antes de que se liberaran sus cuentas comerciales.[3] El hecho de que a la postre las reformas fracasaran en los tres países ha agregado interés considerable al tema de la secuencia adecuada de la reforma económica.

LA SECUENCIA ADECUADA DE LA LIBERALIZACIÓN DEL SECTOR EXTERNO: ASPECTOS ANALÍTICOS

Esta sección se ocupa de algunos de los aspectos analíticos más importantes relacionados con la secuencia de la liberalización del sector externo.[4] La discusión se enfoca de manera preponderante al caso chileno. La cuestión que planteamos es la siguiente: al diseñar una estrategia para la liberalización del sector externo en un país determinado ¿qué cuenta deberá abrirse primero, la cuenta corriente o la cuenta de capital? Por supuesto, desde una perspectiva teórica pura la respuesta a esa pregunta es trivial. Si no existen rigideces o fallas del mercado, todos los mercados deberían liberalizarse simultánea e instantáneamente. Sin embargo, en la mayoría de las situaciones reales que se dan en el mundo, existen algunas razones, tanto políticas como económicas, en virtud de las cuales no es factible tomar esta primera trayectoria teóricamente óptima. La exposición que viene enseguida supone que las condiciones iniciales corresponden a las de un país como Chile a mediados de la década de los setenta y se centra en tres facetas de este problema: 1) la relación entre la secuencia de la liberalización, la conducción macroeconómica y el tipo de cambio real: 2) los aspectos de las secuencias alternativas de liberalización relacionados con el bienestar; y 3) la secuencia de la liberalización y los costos del ajuste.

La secuencia de la liberalización, la conducción macroeconómica y el tipo de cambio real

Los otros episodios de liberalización principales en Chile, Argentina y Uruguay durante la última década tienen como característica un ambiente macroeconómico de gran inestabilidad. Es indudable que no era totalmente exógena esta inestabilidad macroeconómica, sino que en cierto sentido estaba relacionada con la estrategia de liberalización que se siguió en estos países. En particular, los efectos de la apertura de la cuenta de capital sobre el

---

[3] Para el caso de Argentina, véanse, por ejemplo, McKinnon, 1982, y Fernández, 1985. Para el de Uruguay, véase Hanson y De Melo, 1985.

[4] Algunas partes de esta sección se tomaron de S. Edwards, 1984b.

tipo de cambio real representaron un problema de importancia que afectó el resultado final de estas tentativas de liberalización (véase el capítulo III).

En la mayoría de los casos la apertura de la cuenta de capital de la balanza de pagos dará como resultado a corto plazo la presencia desestabilizadora de grandes flujos de capital, sea de salidas o de entradas. Si, por ejemplo, se abre la cuenta de capital en una fase en la que el mercado de capital interno se encuentra todavía reprimido, con tasas de interés internas ubicadas en niveles artificialmente bajos, habrá salidas masivas de capital. Por esta razón la mayoría, si no es que la totalidad, de los autores que se han ocupado de esta cuestión han señalado que la cuenta de capital debe abrirse sólo después de haber liberalizado el mercado de capital interno y elevado las tasas de interés internas. Éste fue el caso de Chile, donde el mercado de capital interno fue reformado antes de que se efectuara un relajamiento importante en los controles cambiarios.

También se acepta en general que en un ambiente inflacionario el mercado financiero interno debe liberalizarse únicamente después de que se ha controlado el déficit fiscal. McKinnon y Mathieson (1981), por ejemplo, han hecho notar que la existencia de un déficit fiscal elevado, financiado por un impuesto inflacionario, exige mantener altos los requisitos de reserva de los bancos y bajos los pagos de interés sobre los depósitos. De esta manera, se asegura que la base sobre la cual se cobra el impuesto inflacionario —la base monetaria— no se vea erosionada. De hecho, como han sugerido Rodríguez (1983) y Sjaastad (1983), entre otros, la incapacidad para controlar el déficit fiscal en Argentina fue una de las principales causas del fracaso de la liberalización con estabilización que se intentó en ese país. Asimismo, como lo ha hecho notar recientemente Dornbush (1983), la fuga de capitales desempeñó un papel clave durante la última parte del experimento argentino de 1978-1982.

Si por otra parte ha sido controlado el déficit fiscal y se ha liberalizado el mercado financiero interno, la apertura de la cuenta de capital en un país en desarrollo dará lugar por lo general a grandes entradas de capital foráneo, disparadas por ajustes en cartera y por la existencia de diferenciales en las tasas de interés.[5] Estas entradas de capital permitirán un incremento en el nivel del gasto agregado tanto en bienes comercializables como no comercializables y generarán una revaluación real.

En tanto que la apertura de la cuenta de capital generará ordinariamente una *revaluación real*, una liberalización exitosa de la cuenta comercial requerirá por lo general una *devaluación* real de la moneda nacional. Esta devaluación real contribuirá a la expansión del sector de bienes exportables

---

[5] McKinnon, 1973, se ocupó de este problema en su análisis clásico sobre las políticas de liberalización económica.

conforme la nueva estructura de los precios relativos sustituyera a la antigua estructura proteccionista. En realidad, como se observó en el capítulo V, la liberalización comercial chilena fue acompañada de hecho en sus comienzos por una devaluación real considerable.[6]

Sin embargo, si a causa de la apertura de la cuenta de capital se evita esta devaluación real, se tornará más difícil la transición en el sector de bienes de un ambiente proteccionista a un ambiente más libre. La revaluación generada por la apertura de la cuenta de capital tenderá a comprimir la rentabilidad en el sector de bienes comercializables en un momento en el que este sector (o parte del mismo en las industrias de sustitución de importaciones) está atravesando por un reajuste costoso. En consecuencia, varios autores han sugerido que no deben abrirse simultáneamente la cuenta de capital y la corriente y que durante el periodo de transición, después de liberalizado el comercio, deberán quedar bajo estricto control las entradas de capital. Por ejemplo, de acuerdo con McKinnon (1973: 160):

> Entradas de capital extranjero extraordinariamente grandes... impiden que el tipo de cambio se devalúe en una medida suficiente... Las industrias competidoras antes protegidas que hacen frente a un gran problema de ajuste podrían sentir que sus dificultades se acentúan... Por tanto, las entradas de capital podrían generar una baja de la producción interna total.

McKinnon va aún más lejos al recomendar que una economía que liberaliza su comercio exterior debe "*evitar deliberadamente una inyección inusual o extraordinaria de capital extranjero*" (1973: 161, las cursivas son nuestras). Más recientemente Dornbusch (1983*a*), S. Edwards (1984*c*) y una vez más McKinnon (1982) han seguido este tipo de razonamiento. En palabras de Dornbusch (1983*a*: 176): "Lo peor que se puede hacer es liberalizar la cuenta de capital... antes de lograr la devaluación real requerida."

Una cuestión crítica relacionada con esta línea de argumentación se refiere a la medida en que la liberalización de la cuenta de capital dará lugar a una inyección "extraordinaria" de capital extranjero en el sentido como lo plantea McKinnon en la cita anterior. Si la apertura de la cuenta de capital da lugar a grandes entradas de capital que puedan sostenerse a largo plazo, la revaluación que resulta deberá verse como un fenómeno de equilibrio a largo plazo. En esas circunstancias, no resulta claro que la apertura de la cuenta de capital deba retrasarse en vista de sus efectos sobre el tipo de cambio real.

---

[6] Desde una perspectiva analítica, éste no es necesariamente el caso. En ciertas circunstancias una reforma comercial puede conducir a una revaluación real. Al respecto véase la exposición del capítulo 3 de S. Edwards (en prensa). Sin embargo, en las circunstancias más plausibles en términos de elasticidades, una liberalización comercial requerirá de hecho una devaluación real.

Sin embargo, no resulta difícil construir modelos simples de una economía que restrinja las entradas de capital, en la que la apertura de la cuenta
de capital dé lugar a un exceso a corto plazo en el nivel de entradas de
capital. Con el fin de ilustrar este punto supongamos un país con restricciones a los movimientos de capitales semejantes a las existentes en Chile
a mediados y fines de la década de los setenta (véase el capítulo III). En
este caso, y suponiendo que el capital tiene que incrementarse a través de
los bancos nacionales, las entradas de capital ΔK pueden representarse
mediante la ecuación siguiente:

$$\Delta K = \text{mínimo} \left[\theta \left(D^* - D_{-1} \right), \overline{\Delta K} \right] \qquad \text{(VII.1)}$$

donde D^* es el nivel de activos internos que los inversionistas extranjeros
desean mantener en sus carteras (es decir, el nivel de deuda externa que
Chile puede sostener). D^* dependerá básicamente de la percepción que la
comunidad financiera internacional tenga sobre la rentabilidad a largo plazo de la economía nacional y de algunas estimaciones sobre la estabilidad
política. Desde luego, no hay razón para que D^* sea constante a través del
tiempo. De hecho, en una economía creciente D^* crecerá a medida que pasa
el tiempo. Asimismo, los cambios en las políticas internas tenderán a generar cambios en D^*. D_{-1} es el acervo real de deuda en el periodo anterior.
El término θ es un coeficiente de ajuste parcial que representa la fracción
de desequilibrio entre D^* y D_{-1} que puede resolverse en cada periodo. En
el caso chileno puede ser útil pensar en θ como algo que refleja el incremento
máximo de obligaciones extranjeras que pueden contraer los bancos nacionales en cada periodo, es decir, en el caso de Chile, 5% de los activos, o sea
2 000 000 de dólares por mes entre junio de 1979 y abril de 1980 (véase el
capítulo III para mayores detalles). $\overline{\Delta K}$ es la cantidad máxima (posiblemente cero) de entradas de capital (netas) permitidas por la autoridad económica en cada periodo.

Evidentemente, si antes de la liberalización son obligatorios los controles
de capital, $\overline{\Delta K} < \theta \left[D^* - D_{-1} \right]$ una entrada de capital real será igual a $\overline{\Delta K}$,
y en una economía en crecimiento conforme pasa el tiempo será mayor la
brecha entre D^* y D_{-1}. Una vez que se abandonan las restricciones sobre
las entradas de capital, las entradas reales llegarán a ser iguales a
$\theta \left[D^* - D_{-1} \right]$.[7] Como resultado de ello la cantidad de valores nacionales que
los inversionistas extranjeros desean mantener (D^*) crecerá hasta un nivel

[7] Una consecuencia importante de una reforma de liberalización que conduzca a un uso
más extensivo de los mecanismos del mercado es que los inversionistas extranjeros percibirán
generalmente un incremento en la rentabilidad global de la inversión en el país de referencia.
Esta observación se encuentra, por ejemplo, en McKinnon, 1986. Véase también S. Edwards,
1985d.

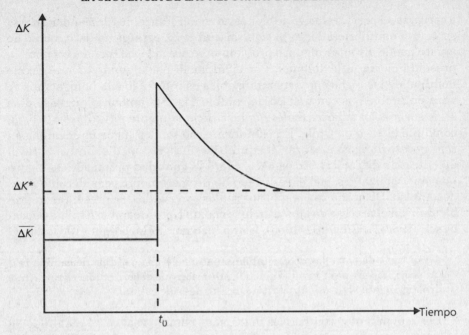

FIGURA VII.1. *El comportamiento del tipo de cambio real después
de la liberalización de la cuenta de capital*

considerablemente más elevado una vez que empiecen a operar las reformas
de liberalización. Inmediatamente después de la apertura de la cuenta de
capital tendrá lugar un salto inicial en el nivel de entradas de capital como
el que se muestra en la figura VII.1. De hecho, éste fue el caso en Chile
en donde, como se muestra en el capítulo III, en 1980-1981 los flujos de
capital extranjero alcanzaron niveles sin precedente. Conforme fluye el
capital hacia el país, se reduce lentamente la brecha $(D^* - D_{-1})$ hasta que
alcanza un nuevo nivel de equilibrio.

El incremento repentino (es decir, disparado) de las entradas de capital
generará inicialmente un gran déficit en la cuenta corriente, como fue el
caso de Chile durante 1979-11981. Como se hizo notar en el capítulo III,
mientras una fracción de estos fondos externos adicionales se gasta en bienes no comercializables, la absorción de estas entradas de capital *requerirá*
un incremento en el precio relativo de bienes no comercializables y una
revaluación real de la moneda nacional. Harberger (1982) ha afirmado que
el incremento en el nivel de las entradas de capital a Chile es capaz de
explicar una revaluación real del peso hasta de 25% entre 1979 y 1981.

Una vez que la brecha entre la deuda deseada y la deuda real empieza a cerrarse, el precio relativo de bienes no comercializables descenderá hasta su nuevo equilibrio a largo plazo. Sin embargo, esta parte del proceso de ajuste puede afrontar algunos problemas serios si la estructura económica presenta cierta inflexibilidad. Por ejemplo, si por alguna razón el precio nominal de los bienes no comercializables es inflexible a la baja, el país se verá en problemas con un tipo de cambio fijo. Sin embargo, un caso más serio surge si los salarios *reales* son institucionalmente inflexibles a la baja, como fue el caso de Chile. En esta forma, no tendrá lugar la devaluación real necesaria para alcanzar el equilibrio una vez que disminuye el nivel de entradas de capital. En cambio, caerá la cantidad producida de bienes no comercializables, con el resultado de un incremento considerable en el desempleo. De hecho, si los salarios reales son rígidos, se presentarán problemas con el proceso de ajuste incluso con un tipo de cambio flexible (Dornbusch, 1984; A. Edwards, 1985). Como hizo notar Harberger (1984: 2-3):[8]

> Altas tasas de entradas de capital empujan hacia abajo el tipo de cambio real (es decir, hacen que se revalúe mucho), situación que deberá entonces revertirse drásticamente al disminuir el ritmo de entradas de capital.

Los movimientos conflictivos del tipo de cambio real como resultado de la apertura de la cuenta de capital y de la cuenta corriente (es decir, la revaluación y devaluación reales, respectivamente) captan el hecho de que estas políticas ejercerán presiones para que los recursos se muevan en direcciones opuestas. La apertura de la cuenta de capital tenderá a generar, al menos a corto plazo, una expansión del sector de bienes no comercializables y una contracción de los sectores de bienes importables y exportables. De hecho, éste ha sido el caso en países que han abierto la cuenta de capital. Como se vio en los capítulos anteriores, en Chile, después de que se abrió la cuenta de capital en 1979, una parte importante de las entradas masivas de capitales fue utilizada para financiar la expansión del sector de la construcción. Éste fue también el caso de Argentina y de Uruguay (véanse Nogués, 1983; Hanson y De Melo, 1983). Por otra parte, la apertura de la cuenta corriente dará lugar a una expansión del sector de bienes exportables y a una contracción de la producción de bienes importables, pudiéndose hallar el sector de bienes no comercializables en expansión o en contracción (véase S. Edwards, 1985*d*). En la medida en que existen costos del ajuste asociados con movimientos de recursos entre sectores, es recomendable establecer políticas que eviten desplazamientos innecesarios de recursos

---

[8] El efecto dinámico de una liberalización de la cuenta de capital se parece al de la enfermedad holandesa. Sobre esta enfermedad véanse, por ejemplo, los ensayos recopilados en Neary y Van Wijnbergen, 1986. Véase el capítulo 5 de S. Edwards (en prensa) para una exposición completa acerca de los efectos de los movimientos de capital sobre el tipo de cambio real.

(es decir, movimientos de recursos que se reviertan después de un corto periodo de tiempo).

Consideremos, por ejemplo, el caso en que ambas cuentas se abren de manera simultánea. Como los mercados financieros se ajustan más rápidamente que los mercados de bienes, observaremos una entrada inmediata de capital (véase la figura VII.1). Con todo, en la esfera del mercado de bienes nada o muy poco habrá ocurrido en el muy corto plazo en términos de arbitraje de mercancías. El resultado será entonces que en esta fase temprana dominará el efecto de la cuenta de capital y el tipo de cambio real se revaluará, mientras que los recursos (capital y trabajo) tenderán a desplazarse hacia el sector de bienes no comercializables. Conforme pasa el tiempo, el mercado de bienes comenzará a ajustarse y la cuenta de capital entrará en curso, después del disparo inicial, en el cual las entradas de capital disminuirán lentamente hasta alcanzar su nuevo equilibrio a largo plazo (véase la figura VII.1). En este punto, el efecto de la reducción arancelaria comenzará a dejarse sentir y se revertirán los movimientos de recursos, mientras que el capital y el trabajo se desplazan ahora hacia afuera del sector de bienes no comercializables. En la medida en que existen costos económicos reales relacionados con esos movimientos de recursos (o sea, los costos del ajuste), deberán tomarse medidas de política tendientes a reducir estos costos. En particular, se planteará la necesidad, sobre la base de estas explicaciones macroeconómicas, de una *sincronización* de los efectos de la apertura de las cuentas de capital y corriente, en el sentido sugerido por Frenkel (1982, 1983). Este autor ha propuesto que dadas las velocidades diferenciales a las que se ajustan los mercados de bienes y de capital, esta sincronización podría lograrse abriendo primero la cuenta corriente y abriendo la cuenta de capital sólo después de un tiempo.[9]

Como lo veremos después de manera más detallada, la revaluación real asociada con la apertura de la cuenta de capital tendrá dos efectos destructivos adicionales. En primer lugar, tenderá a poner en entredicho la credibilidad del episodio de la liberalización en su conjunto. En segundo lugar, después del disparo inicial de las entradas de capital, la devaluación real esperada dará lugar a tasas de interés reales más altas —y en ocasiones

---

[9] Deepak Lal, 1984, ha expuesto recientemente un punto de vista alternativo. De acuerdo con él, como el comportamiento del tipo de cambio es crítico durante el periodo de transición de una cuenta comercial protegida a una cuenta comercial liberalizada, es preferible *no* dejar que el gobierno manipule el tipo de cambio nominal durante esta transición. El mismo autor sostiene que ha habido muchos casos en los que el manejo del tipo de cambio ha resultado inadecuado y ha llevado al aborto final a la reforma comercial (como la reciente experiencia de Argentina). Por esta razón Lal propuso que antes de lanzar la reforma comercial debería establecerse un sistema de tipo de cambio flotante con total convertibilidad monetaria. Desde luego, esto significa que la cuenta de capital debe liberalizarse antes que la cuenta comercial. Véase S. Edwards, 1984*a*, para el examen de esta propuesta.

exorbitantemente altas— en un momento en que los sectores productivos están atravesando por el costoso ajuste que sigue a la liberalización de las restricciones comercializables. Al decidir sobre la secuencia adecuada de liberalización, estos efectos macroeconómicos negativos de abrir la cuenta de capital antes o al mismo tiempo que la cuenta corriente deberán compararse con los efectos positivos de la aptitud para comerciar en el ámbito internacional a precios mundiales intertemporales.

Los efectos de las secuencias alternativas de la liberalización del sector externo sobre el bienestar

En la sección anterior nos hemos ocupado de las implicaciones macroeconómicas de secuencias alternativas de liberalización del sector externo. En esta sección trataremos de los efectos de las secuencias alternativas sobre el bienestar. En realidad, las consideraciones de bienestar representan el centro del análisis acerca del orden de la liberalización económica en los países en desarrollo. En el nivel de un simple caso de libro de texto de una economía pequeña sin rigideces, es muy trivial la respuesta a la pregunta sobre la secuencia: A fin de maximizar el valor presente del bienestar ambas cuentas deberán liberalizarse de manera simultánea e instantánea. En casos más complicados y realistas, la respuesta puede ser completamente distinta.

Consideramos, en primer lugar, el caso en que por alguna razón —de índole política o de otro tipo— no todos los mercados pueden liberalizarse de manera simultánea. En estas circunstancias, nos encontramos en un "segundo mejor" mundo y puede haber implicaciones (negativas) sobre el bienestar consistentes en disminuir o eliminar *una* distorsión mientras se conservan otras distorsiones. El anterior argumento ha sido esgrimido, entre otros, por McKinnon (1973), Frenkel (1982, 1983), Krueger (1983), S. Edwards (1984*a*, 1986), y S. Edwards y Van Wijnbergen (1986*b*). Estos autores han concluido de manera general que las consideraciones de bienestar indican que la cuenta corriente debe liberalizarse primero y que después de que se hayan reducido los aranceles y se haya terminado el proceso de ajuste, debe abrirse la cuenta de capital. Esta recomendación de política se basa en la creencia de que el efecto negativo indirecto sobre el bienestar de abrir la cuenta de capital, en presencia de distorsiones comerciales, sobrepasará los efectos indirectos negativos derivados del orden opuesto. McKinnon (1973: 157), por ejemplo, ha hecho notar que "la liberalización de las entradas de capital... aumenta la distorsión básica en la economía". Krueger (1983: 19) ha observado que

Puesto que los intercambios de activos son intercambios de valores capitalizados de flujos de ingreso, los flujos de ingreso generados por precios deformados son probablemente inadecuados para comerciar. De ello se deduciría entonces que la liberalización de la cuenta de capital no debería llevarse a cabo a menos de que ya se hayan liberalizado tanto la cuenta corriente como las transacciones financieras internas.

Mientras que de acuerdo con Frenkel (1983: 167):

Cuando se abre primero la cuenta comercial... es probable que sea relativamente pequeño el costo de la distorsión remanente (es decir, la cuenta de capital cerrada). Por otra parte, cuando se abre primero la cuenta de capital, es probable que el costo de la distorsión remanente (es decir, la cuenta comercial cerrada) sea muy alto... Así pues, una comparación de los costos de las distorsiones... respalda la propuesta de que debería abrirse primero la cuenta comercial.

Este tipo de razonamiento, centrado en los efectos que sobre el bienestar tiene la apertura de la cuenta de capital en presencia de distorsiones comerciales, está relacionado en cierto sentido con el argumento de la acumulación inmisericorde de capital originalmente presentado por Harry Johnson (1967). Este argumento señala que, si hay aranceles y el bien importable es intensivo de capital, la acumulación de capital podría reducir el bienestar. Cuando se acumula el capital, el sector productivo que usa el capital en forma intensiva (o sea, de bienes importables) aumentará su producción (Rybczynski, 1955) y se verá reforzado el efecto negativo que sobre el bienestar tiene la distorsión preexistente. Este efecto puede ser lo bastante fuerte como para que la acumulación de capital dé lugar a una disminución del bienestar (Johnson, 1967). Sin embargo, si éste es el caso ¿por qué los receptores de flujos de capital provenientes del exterior los utilizarían para acumular capital? La respuesta es que el rendimiento real interno de capital para el sector privado excederá la tasa de interés real internacional cuando los bienes importables son intensivos de capital. Por consiguiente, la acumulación de capital se beneficiará desde una perspectiva privada, pero será menos deseable desde una perspectiva social, e incluso podría llegar a ser inmisericorde.[10]

[10] La discusión anterior y los argumentos de McKinnon, 1973, Frenkel, 1982, 1983, y Krueger, 1983, se centran exclusivamente en el caso en el que, como consecuencia de la liberalización de la cuenta de capital, se utiliza el endeudamiento adicional para incrementar la inversión. Éste, desde luego, no es necesariamente el caso. Una parte (posiblemente cero) del nuevo endeudamiento podría utilizarse para aumentar el consumo presente. En realidad, eso sucederá siempre que, antes de la liberalización, la tasa interna de preferencias temporales sobrepase la tasa de interés mundial (dada). Es fácil mostrar que en estas circunstancias y de acuerdo con el modelo comercial tradicional, si todo el endeudamiento externo (nuevo) se utiliza para el consumo presente adicional (con la tasa de interés mundial por debajo de la tasa interna

¿Cuáles son los efectos sobre el bienestar que tiene la liberalización del comercio en presencia de una cuenta de capital cerrada? ¿Existen circunstancias en que este orden particular de liberalización acarree resultados y efectos negativos indirectos sobre el bienestar? En principio, es concebible que en ciertas circunstancias se presente ese resultado. Específicamente, si las restricciones en la cuenta de capital asumen la forma de un impuesto sobre el endeudamiento externo que sirva de cuña entre las tasas de interés externa e interna, y si la liberalización de la cuenta corriente da como resultado una disminución (es decir, un desplazamiento hacia la izquierda) de la demanda de endeudamiento externo, podrían resultar efectos indirectos negativos sobre el bienestar.

Sin embargo, en la práctica este caso es en cierto modo improbable. En primer lugar, porque no es probable que la disminución de aranceles genere una reducción de la demanda de endeudamiento externo. Por el contrario, una vez disminuidos los aranceles, por lo general habrá una tendencia al alza en la demanda de bienes importables; es sumamente probable que parte de este aumento en la demanda esté financiada por endeudamiento externo adicional, como de hecho fue el caso de Chile.[11] En segundo lugar, en muchos casos, las distorsiones asociadas con la cuenta de capital toman la forma de restricciones cuantitativas en las que se permite una cantidad máxima determinada de endeudamiento externo. En este caso no existe un costo indirecto en términos de bienestar (es decir, el rectángulo del bienestar) en el mercado del endeudamiento asociado con la reducción de distorsiones comerciales. Entonces, estas consideraciones tienden a respaldar el supuesto de que la liberalización comercial mejora el bienestar incluso en el caso en que se mantengan las distorsiones en la cuenta de capital.

Un problema importante relacionado con los efectos sobre el bienestar que tiene la liberalización económica en los países en desarrollo consiste en si el sector externo debería ser liberalizado total o sólo parcialmente. Desde una perspectiva teórica, la respuesta a esta cuestión es clara una vez más. A menos que el país de referencia pueda alterar los precios mundiales, y en ausencia de otras distorsiones, la solución de primer orden es liberalizar completamente la economía, eliminando aranceles, cuotas y todas las restricciones a los movimientos financieros. Si, por otra parte, el país tiene una posición monopólica o monopsónica y puede afectar los precios mundiales, existe un argumento de primer orden para el estableci-

de preferencias temporales), el bienestar no sufrirá deterioro aun en el caso de que haya aranceles.

[11] Con todo, hay un importante problema relacionado con la velocidad de las reducciones arancelarias. Es concebible que si hoy se anuncia una reforma arancelaria lenta, el endeudamiento disminuya, ya que la gente diferirá el consumo para una fecha futura, cuando los aranceles disminuyan. Véase S. Edwards y Van Wijnbergen, 1986a, 1986b.

miento de algunas restricciones. Este caso ha sido objeto de amplia discusión en la bibliografía comercial acerca de los aranceles óptimos de importación e impuestos óptimos a la exportación (Bhagwati y Srinivasan, 1983). Sin embargo, desde un punto de vista práctico puede haber algunas razones para que no deban o no puedan cancelarse todas las restricciones sobre las transacciones externas. Por ejemplo, es posible que en ciertos casos no haya mejores formas de manejar otras distorsiones internas. Aun cuando en estos casos los controles comerciales y de capital resultan ser claramente opciones de tercer orden, pueden ser la única alternativa disponible.

Mientras que en la práctica algunos países en desarrollo mantienen una posición monopólica en la producción de ciertas mercancías, en, su mayoría (si no todos) los países latinoamericanos son pequeños en el mercado financiero mundial. Sin embargo, eso no significa —como lo ha demostrado enérgicamente la experiencia reciente— que estos países puedan endeudarse en cantidades infinitas a una tasa de interés determinada. Por el contrario, los países tienen límites de endeudamiento en los mercados financieros mundiales y se les carga una prima relacionada positivamente con el grado de riesgo percibido del país (Eaton y Gersovitz, 1980, 1981; Harberger, 1983a; Sachs y Cohen 1982). La existencia de esta prima de riesgo–país implica que incluso países (muy) pequeños enfrentan una curva de oferta de fondos externos con pendiente ascendente en la que la tasa de interés a que pueden endeudarse aumentará con un nivel más alto de endeudamiento. Un estudio empírico de S. Edwards (1984b) ha encontrado una relación positiva fuerte y significativa entre el diferencial cargado a la tasa LIBOR sobre préstamos extranjeros a los países en desarrollo y su nivel de endeudamiento externo. Estas pruebas sugieren la existencia de una externalidad negativa asociada con el proceso de endeudamiento exterior en países en desarrollo, derivada del hecho de que existe una divergencia entre el costo promedio y el costo marginal del endeudamiento externo. Desde una perspectiva de política, la mejor forma de hacer frente a este problema es gravar con un impuesto la importación de capitales.[12] En este caso existe un auténtico argumento de primer orden a favor de no liberalizar plenamente la cuenta de capital. Como lo observó Harberger (1982: 13):

[12] Hay que hacer notar que este argumento para gravar con un impuesto de primer orden las importaciones de capital debería matizarse en forma importante. Si los prestatarios y los prestamistas tienen la misma percepción acerca de la probabilidad de incumplimiento, la prima de riesgo correspondiente al país no forma parte real del costo del endeudamiento y, en consecuencia, éste no debería gravarse con impuesto alguno. Sin embargo, si como afirma Harberger, 1976, 1980, los prestamistas perciben una probabilidad mayor de incumplimiento que la percibida por los prestatarios, habrá una razón de primer orden para cargar dicho impuesto. Véase también S. Edwards, 1986a, 1986b.

El correctivo de dicha paternalidad [la diferencia entre el costo marginal del crédito internacional y su costo promedio] es algo que llevará a los agentes económicos a que la internalicen. En este caso un impuesto sería el argumento obvio para llevar a cabo esta tarea.

La secuencia de la liberalización, los costos del ajuste y la credibilidad

La reducción de las barreras comerciales dará lugar a cambios en los precios relativos internos y en los precios de los recursos que son reasignados entre los sectores. En general, cualquier proceso de liberalización económica requerirá un periodo de ajuste durante el cual las empresas pasan por un proceso de reequipamiento y la fuerza de trabajo va adquiriendo nuevas destrezas. Por lo general, este proceso de ajuste tomará tiempo y será muy costoso. Algunos autores han postulado que para aumentar la probabilidad de éxito de la reforma comercial, deberían minimizarse los costos del ajuste (el desempleo y otros) relacionados con la disminución de aranceles (véase, por ejemplo, Michaely, 1982). La idea de minimizar los costos del ajuste se ha traducido en dos formas de recomendaciones de política: *1)* la liberalización del comercio debe efectuarse lentamente y *2)* debe proporcionarse asistencia al ajuste ordinariamente bajo la forma de fondos externos. Una forma posible de reducir estos costos del ajuste es a través de la importación de capital externo, que se usaría para financiar un ajuste menos abrupto de las industrias que compiten con la importación.

De acuerdo con este punto de vista, la cuenta de capital debe abrirse primero o al mismo tiempo que la cuenta comercial. Esto aumentaría la disponibilidad de fondos "baratos" que podrían entonces ser usados para facilitar el proceso de ajuste (Little, Scitovsky y Scott, 1970: capítulo 10; Michaely, 1982: 17). Anne Krueger (1983: 11), por ejemplo, a pesar de que no está de acuerdo con la consigna de que "primero la cuenta de capital y luego la cuenta comercial", ha reconocido también el posible importante papel de los fondos externos para contribuir al logro de una transición menos abrupta. En sus palabras,

Una de las contribuciones importantes que el crédito internacional puede hacer a un país cuando sus dirigentes están genuinamente comprometidos con la liberalización total, [es]... permitir niveles más altos de importaciones que los que de otra manera serían viables... Esto no solamente reduce las tensiones económicas y políticas asociadas con la liberalización, sino que también reduce la incertidumbre de las empresas comerciales en cuanto a la probabilidad de que persista la liberalización.

Paul Clark (1982: 2), por otra parte, sostiene que la exitosa liberalización de la economía egipcia en la década de 1970 fue causada, en gran medida, por la asistencia que proporcionaron al ajuste las fuentes extranjeras: "La experiencia de liberalización de Egipto ocurrió durante un periodo en el que la asistencia externa creció primero de manera dramática."

Los argumentos a favor del uso de fondos del exterior para suavizar el proceso de ajuste durante un episodio de liberalización comercial están relacionados con los argumentos a favor de proporcionar asistencia para el ajuste a las industrias que se ven afectadas negativamente por cambios (exógenos) en la relación de intercambio.[13] Como lo ha hecho notar Bhagwati (1982), el análisis del tema de la asistencia para el ajuste hace necesario conocer la trayectoria que la economía adoptará a consecuencia del cambio de los precios relativos (o sea, las modificaciones en los términos de intercambio y/o reducciones arancelarias). Si se tratara de un simple caso como los expuestos en los libros de texto, después de un cambio en los precios relativos, los recursos se moverían de manera inmediata del sector cuyo precio relativo ha bajado hacia el sector en expansión. Sin embargo, en modelos más complejos, habrá costos para el ajuste, y la reasignación de recursos ocurrirá sólo de manera lenta y posiblemente dará lugar a pérdidas en la producción y en el empleo a corto plazo. No obstante, es importante especificar claramente la naturaleza de estos costos del ajuste antes de hacer inferencias con respecto a la conveniencia de intervenir otorgando asistencia. Si estos costos se relacionan con la actividad de mover recursos entre los sectores —como en el modelo de Mussa (1988)— y no hay externalidades, no hay razón alguna relacionada con el bienestar para otorgar asistencia de ajuste. Sin embargo, aun en ausencia de distorsiones podría precisarse ayuda para el ajuste por otras razones, por ejemplo, consideraciones de distribución del ingreso, como lo señaló Leamer (1980). Si, por otra parte, los costos del ajuste se presentan por imperfecciones del mercado —como, por ejemplo, la existencia de salarios mínimos en el caso de Chile— la intervención no ha lugar. Desde luego, la política de primer orden es tratar de eliminar la fuente de estas imperfecciones del mercado. Si, por una razón cualquiera, no se puede disponer de la política de primer orden habrán de buscarse soluciones de segundo orden o segundo mejor.

McKinnon (1973, 1982) se ha opuesto categóricamente a la idea de utilizar flujos de capital externo como ayuda en el periodo de transición de la

---

[13] Sin embargo, una cuestión importante se refiere a la forma en que se puede tener acceso a estos fondos adicionales. En un caso la cuenta de capital se abre totalmente y se permite el libre otorgamiento y recepción de crédito a nivel internacional. De manera alternativa, la cuenta de capital sólo se abre parcialmente y se permite a algunos sectores allegarse fondos únicamente del exterior. Este último caso es semejante a los que contempla la bibliografía de asistencia para el ajuste.

reforma comercial. De hecho, en su libro de 1973 hace notar que si se permiten las entradas de capital, por lo general los episodios de liberalización se malograrán. El autor se refiere a estos casos como "liberalización parcial con capital foráneo" (1973: 155). Esta posición, desde luego, es congruente con su idea de mantener un control estricto sobre las entradas de capital a través de la liberalización comercial y se basa en la consideración de que los movimientos de capital a corto plazo hacen señales incorrectas al sector privado. Como él mismo lo dice (1982: 163):

> La liberalización comercial habrá de avanzar *sin* recurrir a entradas extraordinarias de capital privado... Dichas entradas de capital simplemente no podrán sostenerse a largo plazo y durante el propio proceso de liberalización hacen señales de mercado incorrectas.

Existen problemas potenciales ante esta posición. En primer lugar, no queda claro lo que se quiere decir con entradas "extraordinarias" de capital. En segundo lugar, no hay razón teórica alguna *a priori* para creer que estas entradas "extraordinarias" de capital hagan señales equivocadas. Para que este argumento tenga sentido es necesario especificar de manera explícita por qué el sector privado no se percatará (como el gobierno presumiblemente lo hace en el modelo de McKinnon) de que esas entradas de capital son temporales y "extraordinarias". Si, por otra parte, el sector privado cae en la cuenta de la naturaleza temporal de las entradas de capital, éstas no lanzarán señales equivocadas y no hay razón, al menos sobre estas bases, para restringir los movimientos de capital.

Una cuestión crítica y tal vez incluso central con respecto a este problema tiene que ver con la *credibilidad* de la reforma comercial. Si la gente cree que hay alguna probabilidad de que la reforma se revierta en el futuro, los fondos externos, obtenidos a través de la apertura de la cuenta de capital, pueden ser utilizados por los dueños del capital en las industrias de sustitución de importaciones para mantener en operación sus empresas incurriendo en pérdidas (¿temporales?). De manera alternativa, sería posible utilizar estos fondos para financiar actividades de cabildeo tendientes a convencer a los funcionarios del gobierno de la conveniencia de revertir la reforma comercial. Éste fue el caso de Argentina, en el cual por la falta de credibilidad acerca del futuro de la reforma comercial preanunciada, las empresas utilizaron los fondos externos para sobrevivir a corto plazo. Como lo expresa Carlos Rodríguez (1983: 28) en su evaluación de la experiencia de Argentina en 1978-1982:

> Como consecuencia de la *falta de credibilidad* acerca de la continuidad del programa económico, numerosas empresas —que habrían desaparecido por las re-

ducciones arancelarias— decidieron endeudarse a fin de seguir operando mientras esperaban un cambio en la estrategia económica (las cursivas son nuestras).

Asimismo, si los agentes creen que la reforma comercial será revertida, tenderán a endeudarse fuertemente ahora, con el fin de financiar un consumo presente más elevado de bienes importados. En realidad, éste parece haber sido el caso de Chile en 1981. Ésta es una estrategia perfectamente racional si se esperan bienes importables más caros en el futuro, causados por un alza pronosticada de aranceles. Este comportamiento óptimo desde una perspectiva privada puede conducir, sin embargo, a un endeudamiento excesivo (o sea, no óptimo) desde el punto de vista social.

Dependiendo del grado de credibilidad, una mayor disponibilidad de fondos externos puede ayudar a favorecer el proceso de ajuste —haciéndolo políticamente más aceptable, como lo sugiere Krueger— o puede también hacer fracasar la experiencia. Sin embargo, el grado de credibilidad no debe considerarse como una variable totalmente exógena. Por el contrario, la estrategia adoptada durante el proceso de liberalización tenderá a afectar a esta credibilidad.

Un aspecto fundamental implicado en la creación de credibilidad está relacionado con la percepción que la gente posee de la congruencia interna de las políticas establecidas. A ese respecto, por ejemplo, la incongruencia de la política fiscal argentina —que mantuvo un déficit fiscal muy grande— y la política cambiaria preanunciada minaron severamente el grado de credibilidad del proceso de reforma. En el caso de Chile, la moneda muy sobrevaluada en 1981 fue considerada por grandes segmentos de la población como incongruente con la viabilidad a largo plazo de la economía liberalizada. En general, si el tipo de cambio real experimenta una revaluación real sin precedentes, la gente pensará que las exportaciones no podrán desarrollarse y que existe una probabilidad nada trivial de que la reforma sea revertida en el futuro. En estas circunstancias resultará óptimo para los consumidores endeudarse en el presente para adquirir bienes importables "baratos".

Este capítulo se ha centrado en algunos aspectos analíticos de la secuencia de liberalización de la cuenta de capital y de la cuenta corriente de la balanza de pagos. Sin embargo, hay otras cuestiones importantes relacionadas con un proceso de liberalización definido en términos amplios que ameritan un breve comentario. En primer lugar, si una liberalización no elimina por completo todas las distorsiones, se tornará crítica la cuestión de los efectos de las reformas parciales sobre el bienestar. Aun cuando teóricamente, y desde una perspectiva de segundo orden, casi nada puede ocurrir en términos de bienestar como consecuencia de una reforma parcial, hay conjeturas bien fundadas de que la liberalización de algunos mercados favorecerá el bienestar (Krueger, 1983).

En segundo lugar, también tiene su importancia la cuestión de la velocidad de la liberalización. En el caso más simple de los libros de texto, sin imperfecciones ni externalidades del mercado, los mercados deben liberalizarse muy rápidamente (ahora mismo). Sin embargo, si están presentes externalidades o fallas del mercado y no se dispone de políticas de primer orden para hacerles frente, podría plantearse la necesidad de una liberalización gradual (Mussa, 1986).

En tercer lugar, la relación entre liberalización y estabilización es crucial para entender el éxito o fracaso de las reformas de liberalización, ya que muchos intentos de liberalización se han hecho conjuntamente con programas de estabilización importantes (Krueger, 1978; Little, 1982).[14] Hay algunos aspectos de la relación entre estas dos políticas que ameritan atención adicional. En particular, a la luz de la experiencia chilena parece que es posible que no sea conveniente embarcarse en una liberalización casi completa al mismo tiempo que la economía atraviesa por un efecto considerable de estabilización. La razón de ello es que a los ojos de la gente no es claro si los costos contraídos del ajuste son causados por el programa de liberalización o el antiinflacionario. Asimismo, si el programa de estabilización se apoya en cierta medida en el manejo del tipo de cambio, sobrevendrá una revaluación real que hará mella en el esfuerzo de liberalización.

LA SECUENCIA DE LA LIBERALIZACIÓN: LECCIONES DE CHILE

Aun cuando el análisis expuesto en este capítulo no ha generado un *teorema* sólido con respecto al orden adecuado de liberalización de la cuenta corriente y de la cuenta de capital de la balanza de pagos, tanto la evidencia histórica como las consideraciones teóricas expuestas sugieren que una estrategia más *prudente* consistiría en liberalizar primero la cuenta corriente. Tal vez el argumento más fuerte en favor de esta secuencia se basa en la relación entre la estabilidad macroeconómica, los flujos de capital, el tipo de cambio real y la credibilidad. La experiencia con flujos de capital desestabilizadores inmediatamente posteriores a una liberalización de la cuenta de capital ha sido por lo general negativa y ha logrado poner en riesgo otros aspectos del paquete de reformas. Las experiencias históricas sugieren también que la cuenta de capital debe abrirse lentamente de tal suerte que el posible incremento en el monto de la deuda externa posterior a la liberalización se diluya en el tiempo, reduciendo el grado de revaluación real y de protección cambiaria. Asimismo, en la medida en que a causa de la existencia del riesgo

---

[14] Desde luego, ha habido importantes excepciones a esto. Por ejemplo, la liberalización coreana de 1983-1987 se llevó a cabo en un marco de gran estabilidad de precios.

del país estos países presenten una curva de oferta con pendiente ascendente en lo que se refiere a los fondos externos, habrá un argumento para gravar con un impuesto óptimo el endeudamiento externo.

El experimento chileno ofrece algunas lecciones importantes para el debate de la secuencia. En primer lugar, este episodio muestra que los efectos desestabilizadores de los movimientos masivos de capital son mucho mayores de lo que pensaba inicialmente la mayoría de los observadores. En retrospectiva podemos afirmar que en el caso de Chile habría sido aconsejable espaciar aún más temporalmente las dos reformas. En términos más generales la experiencia sugiere que en países cuyas condiciones iniciales se asemejen a las de Chile a mediados de la década de los setenta, la cuenta del capital debería abrirse más bien lentamente y una vez que haya pasado tiempo "suficiente" desde la consolidación de las reformas comerciales. Desde luego, no es posible decir con precisión lo que significa "después de un tiempo suficiente". Sin embargo, los encargados de las políticas deberían monitorear los movimientos del tipo de cambio real y el comportamiento del sector externo al decidir la manera de relajar los controles impuestos al movimiento de capitales.

En segundo lugar, el experimento chileno muestra con nitidez que los efectos desestabilizadores de los movimientos masivos de capital se ven muy acrecentados en presencia de otras distorsiones como la rigidez salarial legalmente establecida.

En tercer lugar, esta experiencia destaca el papel crucial que tiene la credibilidad en el éxito de una reforma económica. Como es evidente, el público cree que el intento de reforma será revertido, actuará en consecuencia e incluso podrá frustrar toda la reforma de liberalización. En el caso chileno, la combinación de una sobredevaluación elevada del tipo de cambio y una política macroeconómica pasiva del gobierno minaron la credibilidad de la gente en el mantenimiento tanto del tipo de cambio como de la política arancelaria.[15] Nosotros creemos que es en la esfera de la credibilidad donde se puede encontrar la lección más importante acerca de la secuencia de la liberalización. En cierto sentido, el lanzamiento de un paquete de políticas congruente y creíble es más importante que determinar el orden "correcto" de liberalización.

---

[15] Es importante subrayar que del hecho de que haya algunos problemas macroeconómicos relacionados con la secuencia de la reforma *no* se deriva que la cuenta de capital no deba abrirse nunca. Todo lo contrario, existen beneficios obvios derivados del desmantelamiento de los controles de capital, entre los cuales el más importante es la posibilidad de un comercio intertemporal a los precios mundiales. Por nuestra parte, advertimos que en un país como Chile a principios de la década de los setenta, existieron claros indicios de que era más prudente liberalizar primero la cuenta corriente.

VIII. DEL MILAGRO A LA CRISIS: LA PRIMERA DÉCADA DEL EXPERIMENTO CHILENO

La PRIMERA década del experimento chileno con las políticas de libre mercado terminó en una frustración de considerables proporciones. Contrariamente a lo que habían esperado los arquitectos del programa y algunos observadores, la economía no entró en la nueva fase de crecimiento sostenido y de prosperidad. Además, la incapacidad para reducir en forma significativa el desempleo así como el empeoramiento en la distribución del ingreso representaron un importante revés para las políticas sociales de los militares. En este capítulo se someten a discusión algunas de las valiosas lecciones emanadas de la primera década de esta experiencia.

Ha habido una tendencia entre ciertos observadores, y en especial en la prensa popular, a la simplificación excesiva de las causas del colapso de la economía chilena en 1982. La mayoría de estas explicaciones han tratado de destacar un solo factor como responsable del fracaso del intento de libre mercado.[1] Los principales sospechosos en esta búsqueda de "la" causa del fracaso ha sido en general la política cambiaria (o sea, la tablita y la posterior fijación del peso) y el marcado deterioro de la relación de intercambio en 1981-1982.[2] Sin embargo, esta visión sobresimplificada oscurece el hecho importante de que el fracaso de la experiencia chilena fue el resultado de muchos factores entrelazados, que interactuaron en formas complejas para propiciar una frustración más al pueblo chileno.

El derrumbe de la economía, ocurrido en 1982, fue consecuencia tanto de errores de política interna como del ambiente externo que sufría un gran deterioro. Chile, al igual que todos los países de América Latina fue duramente golpeado por la recesión mundial de 1980-1983, cuando el valor de sus exportaciones descendió de manera significativa y la proporción del ser-

---

[1] Como se observó en el capítulo I, la cuestión de si representó o no un fracaso la experiencia chilena con las políticas de libre mercado es algo debatible. Por ejemplo, hay autores (Michaely, 1982) que han definido el fracaso de un intento de liberalización como un revés de las políticas de reforma. De acuerdo con esa definición, el experimento no fracasó, ya que al menos hasta principios de 1986, la mayoría de las reformas se encontraban todavía vigentes con sólo algunas enmiendas de poca importancia. Sin embargo, si se define el fracaso como una desviación significativa entre los resultados globales esperados (y publicitados) de las políticas y los resultados reales, entonces el experimento chileno fue un fracaso. Esto, sin embargo, no significa que no haya habido logro alguno.

[2] Para un relato popular acerca del colapso de la economía chilena véase "Pinochet regresa a los 'Chicago boys' a la escuela", 1985.

vicio de su deuda se incrementó de manera aguda, como resultado, en parte, del alza en las tablas de interés mundiales. Además, ciertas incongruencias y errores políticos —algunos de las cuales habían ido en ascenso desde los primeros años del experimento— contribuyeron a magnificar las consecuencias de estas perturbaciones del extranjero. En este capítulo se analiza la manera en que estos factores internos y externos interactuaron para generar una de las peores recesiones a las que se haya enfrentado el país.

Los choques externos y la magnitud de la crisis de 1982

En 1981-1982, la economía chilena fue embestida por tres choques negativos de considerable magnitud provenientes del exterior. En primer lugar, la relación de intercambio cayó en casi 30% entre 1980 y 1982. En segundo lugar, se dispararon las tasas de interés mundiales. Esto, más el menor valor de las exportaciones chilenas y la acelerada acumulación de la deuda externa en los años anteriores, condujo al incremento en la proporción del servicio de la deuda con respecto a las exportaciones, proporción que aumentó de 37% en 1980 a cerca de 60% en 1982. En tercer lugar, la repentina suspensión de las entradas de capital provenientes del exterior dio lugar a una gran disminución del gasto real. Sin embargo, al contrario del alza en las tasas de interés mundiales y de la baja en la relación de intercambio, la suspensión de las entradas de capital extranjero no fue un factor completamente exógeno, sino que en gran medida fue la reacción de los banqueros internacionales a las condiciones internas que se iban deteriorando y a los errores políticos.

Aun cuando no se puedan desatender los efectos directos de la recesión mundial sobre la baja del ingreso real en 1982, esos efectos no representaron la fuerza dominante. En el cuadro VIII.1 se exponen datos acerca de tres indicadores alternativos sobre la evolución de la actividad económica durante 1979-1983; todos ellos reflejan la gravedad de la crisis de 1982.[3] La comparación de las columnas A, B y C en el cuadro VIII.1 brinda una buena síntesis de la magnitud de los choques externos y de la manera en que afectaron el ingreso real en 1982. En ese año, el ingreso nacional bruto real disponible, que se mide en el cuadro VIII.1 a través del PNB real corregido por la relación de intercambio, bajó 19%, o sea 69 076 millones de pesos de 1977. Es posible atribuir 8 165 millones de pesos, o sea 2.2 puntos porcen-

---

[3] Como las medidas más tradicionales de la actividad económica —el producto interno bruto (PIB) real, y el producto nacional bruto (PNB) real— miden la producción total de bienes y servicios a precios relativos dados (los del año base), no es posible inferir de ellos un efecto directo y rotundo de la caída en la relación de intercambio sobre la economía. Esto hace del análisis del efecto de los choques externos una tarea algo difícil.

CUADRO VIII.1. *La magnitud de la crisis de 1982*

Año	(A) PIB real		(B) PNB real		(C) PNB real corregido por la relación de intercambio	
	Millones de pesos de 1977	Cambio porcentual	Millones de pesos de 1977	Cambio porcentual	Millones de pesos de 1977	Cambio porcentual
1979	337 207	8.3	326 386	7.3	334 026	10.6
1980	363 446	7.8	350 456	7.4	357 818	7.1
1981	383 551	5.5	364 187	3.9	364 240	1.8
1982	329 523	−14.1	303 270	−16.7	295 164	−19.0
1983	327 180	−0.7	301 263	−0.7	297 097	0.7

FUENTE: Banco Central de Chile, 1981, 1983, 1984.

NOTA: El PIB real mide la producción total de bienes y servicios, valuados a los precios relativos de 1977. El PNB real agrega al PIB real los pagos netos a los factores del exterior. En la columna C se corrige el cálculo del PNB real mediante los efectos de las modificaciones de la correlación de intercambio (precios de las exportaciones respecto a las importaciones).

tuales de esta reducción del ingreso real, al deterioro de los términos de intercambio en 1982. Por otra parte, 6 883 millones de pesos, o sea, 1.9% del ingreso nacional bruto disponible, provinieron del incremento en el pago neto a los factores que se efectuó al resto del mundo, lo que fue resultado, principalmente, de las más elevadas tasas de interés internacionales.[4] Es interesante observar que en 1982 los choques externos adversos desempeñaron un papel significativamente menos importante que en la recesión de 1975. En ese año el deterioro de la relación de intercambio condujo a una baja del ingreso real de 11% —en comparación con 2.2% de 1982— mientras que mayores pagos netos a los factores en el resto del mundo redujeron el ingreso nacional bruto disponible real en 1.7 por ciento.[5]

El gasto agregado real disminuyó de manera aún más aguda que el ingreso real. La razón de ello, desde luego, fue el acusado descenso del volumen de las entradas de capital al país; conforme disminuyó la disponibilidad de fondos externos, el gasto tuvo que ajustarse a la baja. El cuadro VIII.2 contiene datos sobre la evolución del gasto real entre 1979 y 1983.

Los efectos de los choques externos en el nivel de la actividad económica (o sea de la producción) y en el empleo se complicaron seriamente por algunas rigideces introducidas en el sistema a raíz de la combinación del tipo de cambio fijo con los salarios indizados sobre la base de la inflación pasada. En circunstancias "normales" una disminución de la demanda interna agregada proveniente de factores externos negativos, como la baja en el nivel de entradas de capital o el deterioro en la relación de intercambio, conduce a un descenso de la producción y del empleo en los sectores de bienes no comercializables y en algunos sectores competidores de las importaciones. Como parte del proceso de ajuste, la reducción de la producción en bienes no comercializables irá acompañada de una baja en su precio relativo. Sin embargo, en la medida en que los salarios reales fijos (o crecientes) y un tipo de cambio nominal fijo impidan el ajuste del precio relativo de los bienes no comercializables (que, desde luego, es el inverso del tipo de cambio real), la baja en la producción y en el empleo será mucho más pronunciada que con precios flexibles. Esto fue justamente lo que sucedió en Chile; la renuencia a abandonar las incongruentes políticas cambiaria y salarial en 1981 así como la insistencia en recurrir al ajuste automático, contribuyeron a transformar lo que habría sido una crisis seria en una recesión catastrófica.

[4] Estas cifras sólo nos dan información acerca del efecto directo de los factores exógenos sobre el ingreso real, ya que ignoran los efectos indirectos relacionados con la baja exógenamente generada del ingreso real sobre la producción de bienes y servicios. La importancia de este efecto indirecto dependerá de los costos del ajuste y de la existencia de rigideces.

[5] Estos cálculos están de acuerdo con los que analiza Balassa, 1985. Díaz-Alejandro, 1983, y Sachs, 1986, advirtieron también que la recesión mundial de 1980-1983 desempeñó un papel nada trivial en el lúgubre desempeño de las economías latinoamericanas durante la primera mitad de 1980.

CUADRO VIII.2. *El gasto agregado real: 1979-1983*

Año	Millones de pesos de 1977	Δ%
1979	354 937	10.5%
1980	387 830	9.3
1981	432 990	11.6
1982	328 832	−24.0
1983	313 669	−4.6

FUENTE: Banco Central de Chile, 1981, 1983, 1984.

En el cuadro VIII.3 se presentan datos sobre el comportamiento del PIB real a nivel sectorial entre 1980 y 1983. Como puede observarse, en 1982, dos de los principales sectores de exportación —minería y pesca— aumentaron la producción a tasas favorables, mientras que en el sector agrícola bajó 2.1%. Por otra parte, la producción en los sectores de manufacturas y de servicios se vino abajo en 1982 y la de servicios disminuyó todavía más en 1983. El cuadro VIII.4 contiene datos sobre el producto interno bruto para 1980-1983. Como puede observarse, no todos los sectores respondieron de la misma manera a la crisis de 1982. La producción de los sectores de exportación industrial más importantes —alimentos y productos de papel— decayó en porcentajes relativamente pequeños, mientras que en el nivel de actividad en los sectores competidores de las importaciones se vio severamente afectada.

LA CONDUCCIÓN DE LA POLÍTICA ECONÓMICA Y EL DESPLOME DE LA ECONOMÍA CHILENA

Los choques externos se sumaron a algunas incongruencias y errores de política para generar la gran recesión de 1982. De hecho, si no se hubieran presentado estos problemas políticos, los efectos de los choques externos sobre la economía chilena habrían sido significativamente menos severos y traumáticos. Esos errores tuvieron que ver tanto con la forma en que se llevaron a cabo las reformas económicas como con el modo en que se manejó la política macroeconómica.

Un primer nivel de problemas políticos importantes fue la manera en que se emprendieron el proceso de privatización y la reforma del sector financiero, básicamente sin supervisión alguna sobre el comportamiento de los bancos. Esto permitió a los grupos crecer a tasas estratosféricas sobre la base de una estructura financiera extremadamente endeble. Esta fragilidad

CUADRO VIII.3. *La tasa de crecimiento del* PIB *real por sectores: 1980-1983*
(*en porcentaje*)

Sector	1980	1981	1982	1983
Agricultura	3.6	2.7	−2.1	−3.6
Pesca	7.5	18.1	9.4	8.8
Minería	5.2	7.7	5.7	−1.9
Manufacturas	6.2	2.6	−21.0	3.1
Electricidad, gas y agua	5.0	2.1	0.1	4.3
Construcción	23.9	21.1	−23.8	−5.0
Comercio	12.4	4.3	−17.3	−3.5
Comunicaciones y transportes	11.1	1.8	−11.8	−1.5
Servicios	6.7	4.2	−4.8	−9.3
Servicios financieros	22.6	11.9	−5.4	−30.2
Bienes raíces (vivienda)	1.0	1.5	1.0	0.8
Administración pública	−3.2	−1.8	−2.9	2.1
Educación	−1.1	−2.3	−0.3	4.3
Salud	3.3	3.2	−8.0	0.9
Otros servicios	5.7	3.3	−16.2	−2.6
Menos: Cargo imputado por servicios bancarios	41.0	27.6	−5.4	−57.8
Más: Derechos de importación	22.4	34.0	−44.2	−17.4
Producto interno bruto	7.8	5.5	−14.1	−0.7

FUENTE: Banco Central de Chile, 1981, 1983, 1984.

financiera afectó la economía de diversas maneras. En primer lugar, como se vio en el capítulo III, provocó un aumento casi continuo de la demanda de crédito por parte de los grupos y el incremento de "préstamos malos" otorgados por los bancos, con la consecuente presión del alza sobre la demanda de crédito y las tasas de interés. Un segundo nivel, y quizá de mayor importancia, fue que dicha fragilidad aumentó mucho la vulnerabilidad de los sectores financiero e industrial respecto a las crisis externas adversas, tales como la disminución en la demanda de exportaciones chilenas y el alza en las tasas de interés mundiales. De hecho, la situación financiera de la mayoría de los grupos más grandes fue tan débil que ya en 1980 muchas de sus empresas sólo pudieron evitar la quiebra mediante la inyección continua de deuda obtenida (en última instancia) del exterior. Como lo hemos expuesto ampliamente en los capítulos anteriores, las condiciones financieras de las empresas en el sector de bienes comercializables se agravaron por la continua revaluación real de la moneda que tuvo lugar en el segundo semestre de

CUADRO VIII.4. *El producto interno bruto real de manufacturas:*
1980-1983 (en millones de pesos de 1977)

Sector	1980	1981	1982	1983
1) Alimentos, bebidas y tabaco	26.631	27.251	25.564	25.790
2) Industrias textiles, del vestido y de la piel	6.880	6.172	4.165	4.635
3) Madera y productos de madera, incluyendo muebles	4.224	5.061	2.990	3.092
4) Papel y productos do papol, impresos y publicaciones	6.877	7.538	6.880	7.191
5) Productos químicos, de petróleo, de caucho y de plástico	11.946	12.655	10.202	10.465
6) Productos minerales no metálicos	2.882	3.003	1.527	2.624
7) Industrias metálicas básicas	3.036	2.885	2.484	2.986
8) Productos metálicos, maquinaria y equipo	15.001	14.512	8.480	7.419
9) Otras industrias manufactureras	854	1.259	1.288	1.264
Total	78.331	80.336	63.500	65.466

FUENTE: Banco Central de Chile, 1981, 1983, 1984.

1979. La repentina suspensión de las entradas de capital provenientes de la comunidad financiera internacional a finales de 1981 no hizo más que precipitar el colapso de bancos, empresas y grupos.

Las dificultades que enfrentaron el sector financiero y algunos de los grupos principales representaron importantes costos para la economía, que se amplificaron por las posturas pasivas que observaron las autoridades con respecto al ajuste macroeconómico y por su actitud complaciente ante las quiebras. Además, una vez que la situación financiera de los bancos y empresas se tornó demasiado grave como para que pudiera seguir siendo ignorada por el gobierno, la intervención de éste introdujo una serie de medidas distorsionadoras que ejercieron importantes efectos negativos sobre la distribución de los costos del ajuste entre la población. Estas medidas abarcaban la fijación de un tipo de cambio más bajo para los deudores en moneda extranjera después de las devaluaciones sucesivas de 1982 y 1983.

El momento de la apertura de la cuenta de capital fue otro error. Aunque al contrario del caso de Argentina se tuvo cuidado de no eliminar los controles cambiarios al mismo tiempo que se bajaron los aranceles a la importación, la afluencia masiva de capital externo que sobrevino a la liberalización de la cuenta de capital desató fuerzas que desempeñaron un papel primordial en la revaluación del tipo de cambio real. Por supuesto, la conjunción de controles relajados de cambio con un sistema bancario interno sin supervisión alguna —más la competencia de los grupos por crecer con la mayor rapidez posible —dispuso el escenario para una situación en la que se presentó un considerable "sobreendeudamiento" que fue alimentado, en parte, por las predicciones de la población acerca del futuro. Por una parte, durante los años del "boom", el agudo incremento en la riqueza percibida dio lugar al uso de fondos externos para financiar la adquisición de bienes importados, principalmente duraderos. Posteriormente, conforme la combinación de altas tasas de interés y severa sobrevaluación generó expectativas de que se revertiría la reforma de liberalización comercial, se incrementó a un ritmo aún mayor la adquisición de bienes duraderos financiados con endeudamiento externo.[6]

Otro problema consistió en no reconocer la dinámica del comportamiento del tipo de cambio real que siguió a la apertura de la cuenta de capital. Específicamente, las autoridades no se dieron cuenta de que la gran revaluación real que sobrevino al levantamiento de los controles de cambio sobrepasó la nueva revaluación real de equilibrio a largo plazo. Cuando se levantan los controles de capital en un país como Chile en 1979, después de un "salto" inicial en las entradas de capital, el nivel de éstas empezará a bajar hasta su nuevo equilibrio a largo plazo y tendrá que haber una devaluación real. Y esta reversión ("necesaria") del movimiento del tipo de cambio real fue lo que se trató de evitar mediante el mecanismo de indización de fines de 1981 y 1982. Como el tipo de cambio real no se pudo devaluar hasta el nuevo nivel requerido para mantener el equilibrio macroeconómico, se produjo un ajuste a través de la reducción de la oferta agregada y del empleo.

El mantenimiento, y en ciertos casos inclusive el aumento, de algunas rigideces en el mercado laboral fue otro error que se tradujo en un persistente y bastante elevado nivel de desempleo durante la mayor parte del experimento. La principal rigidez fue el mecanismo de indización salarial respecto a la inflación pasada, el cual interactuó con distorsiones existentes, como la de segmentación del mercado laboral, y no permitió que éste se ajustara suavemente a las diferentes reformas de liberalización y

---

[6] Nos referimos al *sobrendeudamiento* desde un punto de vista social. Utilizando un modelo de simulación de equilibrio general, Condon, Corbo y De Melo (1986) han afirmado que si los controles de capital hubieran sido relajados con posterioridad y de manera más lenta, la magnitud de la sobrevaluación se hubiera reducido y hubiera sido pequeña la caída de la producción real.

a los cambios exógenos. El problema fundamental estribó en que la imposición de un mecanismo de ajuste salarial general y nacional en un periodo de drásticas reformas estructurales afectó en buena medida las demandas de trabajo agregada y sectorial, y se incurrió en costos de ajuste innecesariamente altos. La combinación de estas rigideces con importantes cambios estructurales introdujo una amplia brecha salarial que persistió durante todo el periodo.[7]

Buena parte de los capítulos anteriores se han dedicado al examen de la política cambiaria que aplicó el gobierno militar. La combinación de un tipo de cambio fijo con la tasa salarial indizada de 100% después de junio de 1979 representó un gran disparate que, como se mostró en el modelo simple de los capítulos II y III, llevó fatalmente a generar un tipo de cambio real claramente sobrevaluado.[8] Este desatino en la política interactuó con problemas que venían de otras áreas para empeorar las cosas. Por ejemplo, la apertura de la cuenta de capital comenzó el mismo mes en que se fijó el tipo de cambio, y generó fuerzas adicionales (y fatales) que sobrevaluaron aún más el tipo de cambio real. Al tornarse insostenible la sobrevaluación real, las expectativas de devaluación empezaron a acrecentarse y a ejercer una gran presión al alza sobre las tasas de interés. Estas tasas de interés real mayores redujeron, a su vez, todavía más el nivel de la actividad económica.

Mucho se ha especulado sobre lo que habría sucedido si las autoridades chilenas hubieran aplicado diferentes políticas de cambio e indización salarial. Es indudable que si el gobierno hubiera resuelto adoptar un tipo de cambio flotante a mediados de 1979 o principios de 1980, la sobrevaluación real habría sido algo más pequeña a mediados de 1981. No obstante, el efecto del mayor gasto real sobre el tipo de cambio real, que fue posible gracias a un nivel más alto de endeudamiento externo, no habría desaparecido. Bajo una política de tipo de cambio flotante o de otro tipo de cambio no fijo, la magnitud de las entradas de capital habría sido menor, pero aún así, sustancial y habría requerido una revaluación real del peso.[9]

[7] La *brecha salarial* se define como la diferencia entre el salario real vigente y el valor de equilibrio de la productividad marginal del trabajo compatible con una tasa "normal" de desempleo. Véase Bruno y Sachs, 1985.

[8] Sin embargo, como se vio en el capítulo V, durante los primeros años se realizó un esfuerzo sostenido para complementar la reforma arancelaria con un sistema de tipo de cambio de movimientos lentos y pequeños orientados hacia el mantenimiento de un tipo de cambio competitivo, que contribuyera al fomento de las exportaciones diferentes a las del cobre. Además, la adopción de la tasa preanunciada de devaluación entre 1978 y mediados de 1979 no produjo los efectos negativos sobre el grado de competitividad sugeridos por algunos autores (Corbo, 1986a). Obviamente, como el tipo de cambio real es una variable real, su valor de equilibrio a largo plazo (o posición estable) no puede verse afectado por la política de tipo de cambio nominal. Sin embargo, en virtud de la existencia de rigideces y retrasos en el ajuste, la política de tipo de cambio nominal puede ejercer efectos bastante importantes sobre el comportamiento dinámico del tipo de cambio real entre el corto y el mediano plazos.

[9] Recordemos la exposición del capítulo III. Véase el análisis empírico de Morandé, 1986.

En lo concerniente a los salarios, gran parte del problema se derivó de haberlos indizado a los cambios de precios pasados en condiciones de una inflación rápidamente decreciente y situaciones estructurales cambiantes. Una alternativa habría sido diseñar un sistema que los hubiera indizado a una buena representación de la inflación actual o mejor todavía de la inflación futura. El problema con esto, desde luego, es que desconocemos la tasa futura de inflación. Un mecanismo alternativo, totalmente compatible con el espíritu global de la política de estabilización, habría sido indizar la tasa salarial preanunciada de devaluación de la tablita. Es fácil observar en el modelo presentado en el capítulo III que en este caso el componente inercial de la tasa de sobrevaluación habría tendido a desaparecer.[10]

Aun cuando la adopción de un tipo de cambio fijo en presencia de salarios indizados fue un error —¿o el error fue el mantenimiento de la indización salarial una vez que se fijó el tipo de cambio?— la actitud pasiva y hasta indolente del gobierno, una vez que hizo su aparición el desequilibrio macroeconómico, fue aún más grave. De hecho, es en esta política macroeconómica pasiva donde nosotros creemos que residieron algunos de los errores cruciales. Al no actuar frente a grandes desequilibrios macroeconómicos, como la aguda alza de las tasas de interés, la proliferación de la quiebra, la sostenida sobrevaluación real y el masivo incremento en el déficit de la cuenta corriente en la primera mitad de 1981, aumentó innecesariamente la magnitud de la crisis. Conforme se agravó el desequilibrio, la actitud pasiva del gobierno condujo a una pérdida de credibilidad acerca de lo viable del experimento a largo plazo y creó expectativas crecientes de una enorme catástrofe y de una reversión de las políticas de liberalización. Incluso en una fecha tan tardía como la primera mitad de 1981, la adopción de una política macroeconómica pragmática y activa, que consistiera en el abandono del tipo de cambio fijo al mismo tiempo que se reformara el mecanismo de indización y se frenara el endeudamiento externo, habrían contribuido a amortiguar la caída libre. Sin embargo, hay que reconocer que en muchos aspectos ya era demasiado tarde. Por esas fechas la economía estaba ya sufriendo las consecuencias de las incongruencias de las políticas anteriores y se habrían requerido otras políticas activas de apoyo en muchos otros niveles. Habría sido necesario, por ejemplo, adoptar algunas medidas para resolver la crisis financiera que encaraban la mayoría de los bancos, empresas y grupos.

[10] McKinnon, 1986, ha propuesto este mecanismo de "indización que mira hacia adelante". Una cuestión que se plantea en este punto es ¿qué índice? Como es evidente, en condiciones de inflación acelerada, incluso en ausencia de intervención gubernamental, a través de convenios privados tendrán lugar ajustes salariales periódicos de magnitudes relacionadas de algún modo con la inflación. Un mecanismo de indización regulado por el gobierno, si tiene el grado de flexibilidad suficiente, sería útil y reduciría los costos de las transacciones y negociaciones. Sin embargo, una cuestión más difícil tiene que ver con la frecuencia y magnitud del ajuste salarial.

LAS LECCIONES

¿Por qué se cometieron estos errores políticos? ¿Fue obvio de alguna manera desde el principio que estas decisiones eran equivocadas o es que sólo ahora en retrospectiva podemos reconocerlas como errores? La respuesta a las preguntas anteriores es que algunas de las equivocaciones fueron bastante obvias desde el principio —por ejemplo, la falta de supervisión del sector financiero fue patente en 1976 con la crisis del Banco Osorno— y de hecho fueron objeto de algún debate. Otros errores se vieron con claridad solamente de manera lenta en el transcurso del tiempo. Sin embargo, durante la primera mitad de 1981 se tornó evidente que algo fundamentalmente erróneo estaba ocurriendo y se puso de manifiesto que la economía se había movido a una situación de desequilibrio macroeconómico importante inducido por las políticas aplicadas. De hecho, muchos de estos errores fueron especificados como tales por algunos observadores en fecha tan temprana (o tan tardía) como 1980. El ambiente político indudablemente ejerció algún efecto sobre el tipo y magnitud de los errores cometidos con las políticas. Las limitaciones impuestas por los militares al análisis crítico de la oposición política permitieron a los Chicago boys apegarse a lo que Carlos Díaz-Alejandro (1983) denominó "la ortodoxia práctica" incluyendo las posturas ingenuas relacionadas con la versión más simple (de libro de texto) del enfoque monetario de la balanza de pagos. Además, la irresponsabilidad política real de las autoridades económicas ante un amplio espectro de la población, les permitió adherirse por mucho tiempo a políticas pobres como la conjunción del tipo de cambio fijo y la indización salarial así como el pasivo programa de ajuste macroeconómico automático.[11]

La primera década del experimento chileno demostró que una pequeña economía liberalizada es extraordinariamente sensible a las incongruencias políticas. En especial, se pagan caro los errores cometidos a nivel macroeconómico. En una política de ambiente liberalizado las estrategias desatinadas, que habrían tenido efectos muy pequeños en escenarios muy controlados, se propagan rápidamente y afectan el funcionamiento de los diferentes mercados. Además, en una economía liberalizada la gente se vuelve pronto muy refinada en el conocimiento de los asuntos económicos y, por lo general, identifica estas políticas erróneas. En un esfuerzo por

[11] Es de verdad irónico que estas políticas de libre mercado hayan sido impulsadas por una dictadura autoritaria que abiertamente había manifestado desprecio por los principios políticos de los sistemas democráticos libres (véase "Declaración de principios de la Junta de Gobierno" en Méndez, 1979). Sin embargo, es importante hacer notar que Díaz-Alejandro, 1983, afirmó con vigor que históricamente no ha habido una correlación clara entre intentos de liberalización y regímenes políticos represivos. Además, la probabilidad de que sobreviva un intento de libre mercado en un plazo más amplio es mayor bajo regímenes democráticos (más estables).

adelantarse a las consecuencias de esos errores, la gente puede desencadenar fuerzas desestabilizadoras adicionales.

Una importante lección derivada de esta experiencia es que el periodo de transición de una economía controlada a una economía liberalizada es mucho más complejo de lo que habrían pensado los economistas. La trayectoria dinámica de las diferentes variables dependerá tanto de la secuencia de las reformas de liberalización como de las macropolíticas asociadas. Como ya se hizo notar en el capítulo VII, una lección del caso chileno es que la apertura de la cuenta de capital debe manejarse con sumo cuidado que, por lo general, debería venir después de un periodo suficiente de tiempo, desde la eliminación de las restricciones impuestas al comercio de mercancías.[12] Una secuencia incorrecta de reforma puede tener efectos negativos sobre el bienestar y, lo que es más serio, puede afectar a la congruencia percibida de las políticas y, por ende, al grado de credibilidad que la gente tiene sobre las reformas. Una vez que se pierde la credibilidad, la gente no emprenderá las acciones buscadas por las reformas de liberalización —es decir, los recursos no se desplazarán a los sectores recientemente liberalizados— y las propias reformas se pondrán en riesgo.

El experimento chileno ha mostrado, una vez más, que el uso del tipo de cambio como herramienta de estabilización entraña varios riesgos. En presencia de rigideces acerca de la tasa salarial, una tasa preanunciada de devaluación a un nivel sustancialmente por debajo de la tasa prevaleciente de inflación generará, casi siempre, una considerable sobrevaluación real. El episodio chileno ha sido un caso extremo en el que las rigideces de la tasa salarial fueron impuestas institucionalmente en la forma de mecanismos de indización.

El papel clave desempeñado por el fracaso del sector financiero en el despliegue de los acontecimientos chilenos ha planteado la necesidad de comparar los males de una reglamentación excesiva con los de una falta casi absoluta de supervisión efectiva del sector financiero. De lo anterior se infiere que estos dos conceptos no son necesariamente antagónicos. En realidad, la lección consiste en que al tener que efectuar un esfuerzo serio por desembarazarse de la reglamentación "excesiva" (es decir, de la asignación arbitraria del crédito y de tasas de interés reales negativas), aún debería mantenerse un grado adecuado de supervisión bancaria que evite el surgimiento de una estructura financiera frágil, como ocurrió en el caso de Chile. Asimismo, la experiencia chilena ha hecho evidente que la concesión (implícita) indiscriminada de aseguramiento a los depósitos por parte

---

[12] Una posible forma de manejar los efectos de la apertura de la cuenta de capital sobre el tipo de cambio real es estableciendo un tipo de cambio dual. Lo interesante de esto es que ese sistema fue propuesto en 1955 por la misión Klein-Saks. Para una comparación de la experiencia monetarista en las décadas de los cincuenta y de los sesenta, véase S. Edwards, 1985*d*.

del gobierno puede conducir a graves situaciones de riesgo moral que ocasionalmente ejerzan efectos negativos sobre la estabilidad global del sistema financiero.

Otra lección importante es que la liberalización de los mercados financieros no se traduce necesariamente en ahorros mayores a corto y mediano plazos. El proceso que rige las decisiones consumo-ahorro es bastante complejo y depende de algunas variables de las cuales las tasas de interés son sólo una y acaso ni siquiera la más importante. En términos más específicos, en la medida en que el ahorro responda a la riqueza de una manera metzaleriana, es probable que, al menos inicialmente, conforme las reformas creen expectativas de ingreso y riqueza futuros, el ahorro interno deje de incrementarse aun a pesar de mayores tasas de interés real.

La persistencia del desempleo fue una gran falla de la experiencia y muestra que después de importantes reformas estructurales el proceso de ajuste en el mercado de trabajo puede tomar un tiempo considerable. Esto sugiere que a fin de hacer expeditas las reformas de liberalización arancelaria y reducir su efecto a corto plazo sobre el empleo, pueden ser convenientes algunas políticas gubernamentales activas, como los programas de readiestramiento y la eliminación de los subsidios.

Aun cuando se cometieron graves errores y al final de 10 años el desempeño de la economía distaba mucho de lo que se había esperado, se obtuvieron algunos logros importantes durante el periodo 1973-1983. Entre ellos, el principal fue la eliminación de un gran número de regulaciones atávicas y paralizantes que habían plagado la economía chilena por muchas décadas. El uso más intensivo del sistema de precios para la asignación de recursos y la reforma tributaria que eliminó numerosas distorsiones e introdujo un moderno impuesto al valor agregado, la valorización del régimen del comercio exterior y la reforma de los aranceles a la importación que eliminaron varias leyes discriminatorias, fueron todos ellos logros importantes. De hecho, hasta 1979, a pesar de la existencia de algunas áreas de problemas como el desempleo, bajas proporciones de inversión y creciente concentración de la propiedad no supervisada en los sectores industrial y financiero, las cosas habían ido bien en algunos frentes. El déficit fiscal había sido eliminado; aun cuando se encontraba en un nivel alto, la inflación alcanzó sus niveles históricos; las exportaciones se habían diversificado en gran medida y habían crecido a un ritmo muy acelerado; había ocurrido una importante modernización de la estructura económica, reflejada en las altas tasas de crecimiento de la productividad, y la producción había estado creciendo a tasas favorables.

La liberalización del comercio internacional y el resultante aumento en la eficiencia, productividad y crecimiento de las exportaciones hasta 1980 fue posiblemente el mayor logro económico de este periodo. En efecto, existe un consenso generalizado entre los economistas y expertos de diferentes posiciones políticas en el sentido de que tal vez con algunas variantes, el régimen de comercio exterior liberalizado debería ser mantenido por futuros gobiernos elegidos democráticamente.[13]

A pesar de una primera década frustrante, el experimento chileno no proporciona evidencia clara en contra de la instrumentación de reformas de liberalización orientadas a incrementar el uso de los precios de mercado como un sistema de incentivos en los países en desarrollo, sino que muestra que la implementación de una liberalización tan amplia constituye una tarea formidable que requiere decisiones políticas cuidadosas y muchas veces pragmáticas.[14] En forma más específica, la experiencia chilena representa un caso a favor de prestar particular atención a la evolución y supervisión del sistema financiero después de su liberalización.[15] Pero lo más importante es que la primera década de la experiencia chilena representa una muy fuerte defensa contra posiciones dogmáticas y rígidas en materia de política macroeconómica. En Chile, la aplicación de algunas ideas macroeconómicas simplistas y equivocadas asumidas con celo religioso creó un desequilibrio considerable que no solamente condujo a la desaceleración del crecimiento y finalmente a una estrepitosa caída en el nivel de producción, sino que también puso en entredicho la continuidad de las propias reformas. La obstinada persistencia en mantener una política macroeconómica pasiva durante un periodo de grandes transtornos en la economía mundial exacerbó en forma aguda los efectos de los choques externos adversos. Además, los sumos sacerdotes de la "ortodoxia práctica" se negaron a reconocer que en una economía abierta orientada hacia el mercado, las incongruencias políticas se transmiten rápidamente al sector privado

[13] Los principales expertos económicos de la oposición de hecho han abogado por mantener básicamente un sector externo liberalizado con aranceles bajos y orientado hacia la exportación. Por ejemplo, en un volumen con el título sugerente de *Economic Reconstruction for Democracy* (Reconstrucción económica para la democracia), Ffrench-Davis, 1983, ha observado que en el futuro los hacedores de políticas deben asegurarse de que las políticas comerciales estén orientadas hacia la exportación y de que los aranceles a la importación tengan un nivel promedio entre 20 y 30%, con un margen entre 10 y 50%. Tironi, 1985, por otra parte, ha sostenido que un adecuado sistema arancelario deberá tener un nivel promedio de aproximadamente 25% con un margen de 10 a 35%. Ambos autores han sugerido también imponer sobretasas a las importaciones "de lujo" bajo la forma de impuestos al consumo y de un sistema que reduciría la volatilidad de los precios de los productos agrícolas. Aunque estas propuestas diverjan del arancel uniforme de 10% establecido por los militares, definitivamente están del lado "liberalizado" y representan una mejoría importante comparadas con los abominables niveles de protección de la década de los sesenta y de principios de la de los setenta.

[14] Un tema de importancia tiene que ver con el grado de reforma. La mayor parte de los otros intentos de liberalización estudiados en las publicaciones sobre el tema han sido relativamente tímidos (véase Krueger, 1978). El caso chileno, por otra parte, representó un intento importante omnicomprensivo.

[15] Los aspectos prácticos relacionados con la privatización han llegado a ser tema de debate en varios países. Véanse, por ejemplo, Kay y Thompson, 1986, y Brittan, 1986.

a través del sistema de precios (recientemente liberalizado), generando presiones insostenibles sobre las empresas y los bancos. Más que nada, la experiencia reformista chilena ha demostrado que, de hecho, es primordial acompañar cualquier intento de liberalización con políticas macroeconómicas congruentes y creíbles.

EPÍLOGO*

La economía chilena en el periodo 1983-1989: recuperación y consolidación de las reformas

El 11 de marzo de 1990, después de una contundente derrota electoral, Augusto Pinochet terminó su mandato y entregó la presidencia de Chile a Patricio Aylwin. Habían transcurrido más de 16 años de dictadura, y una nueva época democrática comenzaba. La vuelta a la democracia en Chile ocurrió durante un periodo mágico en la historia del mundo, en el que muchas naciones —incluyendo las de Europa del Centro y del Este— exigían reformas económicas profundas. Lo que resulta particularmente irónico es que los cambios económicos perseguidos por países como Hungría, Checoslovaquia, Polonia, y otros de la ex órbita soviética, tienen mucho en común con las políticas implantadas en Chile durante el gobierno de Pinochet.

Cuando la economía chilena se derrumbó en 1982, muchos intelectuales consideraron el experimento con políticas de mercado como un fracaso. Muchos de estos expertos concluyeron en ese momento que un sistema de libre mercado no podía ser instrumentado con éxito en un pequeño país en desarrollo. Para asombro de estos observadores y de la prensa financiera internacional, en la segunda mitad de los años ochenta, la economía chilena repuntó con extremada fuerza: el desempleo cayó por debajo de 6%, el producto y el consumo crecieron rápidamente —a una tasa superior a 10% real en 1989— y la inflación se mantuvo abajo de 23% anual durante la mayor parte del periodo. (El cuadro E.1 muestra la evolución de los indicadores macroeconómicos más importantes entre 1981 y 1989.) A comienzos de 1990, de hecho, la coalición política que apoyaba a Patricio Aylwin, "La Concertación por la Democracia", se hizo cargo del país con la economía más sólida de América Latina; un país donde las exportaciones, el empleo y el ingreso crecían a tasas altas y sostenidas.

No cabe duda de que las transformaciones estructurales puestas en marcha durante el periodo de Pinochet generaron importantes costos sociales. De hecho, como quedó establecido en los capítulos anteriores, durante los primeros años del gobierno militar la tasa de desempleo fue extraordina-

---

* Este epílogo fue originalmente escrito (en inglés) durante el verano de 1990, seis meses después de la vuelta a la democracia en Chile y más de cuatro años después de haberse terminado la primera edición del resto del libro.

riamente alta y la situación económica de la clase media y de los más pobres se vio desmejorada. Sin embargo, fue en el terreno político donde se dieron los mayores sacrificios; las restricciones a la disensión y a las libertades políticas individuales y las violaciones a los derechos humanos fueron particularmente traumatizantes para la nación.

En este epílogo analizamos brevemente las políticas económicas seguidas por el gobierno de Pinochet entre 1982 y 1989 y las comparamos con las de los Chicago boys de la primera etapa. Al mismo tiempo, analizamos la herencia del régimen, tratando de vislumbrar la probabilidad de permanencia futura de la estructura económica construida durante los 16 años de gobierno autoritario en el Chile democrático del futuro.

GANANDO TIEMPO: 1983-1985

Las políticas que se pusieron en práctica durante el periodo 1983-1985 para enfrentar la crisis pecaron de timidez. Como se analizó en el capítulo III, a principios de 1983, el sector financiero fue nacionalizado a fin de evitar una crisis bancaria de enormes proporciones, al mismo tiempo que se establecieron una serie de subsidios en ayuda a los deudores.[1] Se experimentó con varios sistemas de tipo de cambio, inclusive, por un periodo corto, un tipo de cambio flotante, y se diseñaron una serie de programas para atender a la crisis del sector manufacturero, generada por la caída de los grupos. Sin embargo, a pesar de este conjunto de medidas, la economía no daba señales de respuesta; el desempleo seguía muy alto, y la crisis externa, que algunos esperaban que sería sólo transitoria, se alargaba. En muchos círculos, incluyendo los militares, los efectos traumáticos de la recesión empezaron a generar serias dudas respecto a la estrategia de mercado.

El general Pinochet, que a través de los años había mostrado una enorme lealtad hacia los Chicago boys, empezó a buscar alternativas. En abril de 1984 remplazó al ministro de Finanzas, el cuarto Chicago boy en esa posición desde 1982, por un economista de tradición e inclinaciones algo populistas, Escobar Cerda, quien había sido ministro durante el gobierno de Jorge Alessandri. El nuevo ministro rápidamente trató de imponer una política industrial a fin de dinamizar el sector manufacturero. Su primera medida fue más que triplicar las tarifas de importación, subiéndolas a 35%. En el área macroeconómica, el nuevo programa contemplaba un aumento en el gasto fiscal a fin de impulsar una mayor actividad económica. Este

---

[1] La decisión de subsidiar a los que se endeudaron en dólares durante el periodo del tipo de cambio fijo y de apoyar a los bancos insolventes produjo grandes pérdidas financieras para el Banco Central, las que a su vez contribuyeron a crear un fuerte déficit financiero en el sector público.

CUADRO E.1. *Indicadores económicos básicos, 1981-1988*

Año	Crecimiento real del PIB (%)	Inflación[a] (%)	Desempleo (%)	Salarios reales (1980 = 100)	Balanza comercial (millones de dólares)	Deuda externa (millones de dólares)
1981	5.7	9.5	11.3	108.9	−2 677	—
1982	−14.0	20.7	19.6	108.6	63	17 153
1983	−0.8	23.1	14.6	97.1	986	17 431
1984	6.3	23.0	14.0	97.2	363	18 877
1985	2.5	26.4	12.0	93.0	849	19 444
1986	5.6	17.4	8.8	94.9	1 100	19 501
1987	5.8	21.5	7.9	94.6	1 229	19 208
1988	7.4	12.7	6.3	99.2	2 219	17 649
1989	10.0	21.4	n.d.	n.d.	1 587	16 250

FUENTE: Banco Central de Chile.
[a] Diciembre a diciembre.

excesivo gasto puso en peligro el equilibrio del presupuesto fiscal y la solución a la crisis externa.

Los esfuerzos del ministro Escobar para lograr una rápida recuperación económica no dieron resultado. La actividad económica siguió estancada —con niveles récord de desempleo— y además, tanto la crisis externa como las presiones inflacionarias se agudizaron. En octubre de 1984 la inflación sobrepasó 8% mensual, una tasa suficientemente alta como para sugerir que la batalla contra la inflación podía volver a convertirse en una pesadilla. Más aún, las políticas de Escobar pasaron a ser parte de una controversia política de grandes proporciones entre aquellos que, dentro del gobierno, estaban a favor de la apertura del proceso político y entre aquellos partidarios de Pinochet que, a pesar de estar (temporalmente) marginados del gobierno, se inclinaban por una posición más dura con respecto a la oposición democrática.

En la primera parte de 1985 Pinochet empezó a mostrarse cada vez más desilusionado con la evolución de la economía y decidió dar la espalda a las políticas de estilo populista del ministro Escobar. Esta vez acudió a un grupo de economistas pragmáticos, cuyas soluciones no pondrían en peligro ni la libertad de mercado ni la estabilidad macroeconómica. El 11 de febrero de 1985, Hernán Buchi, un economista que había ocupado puestos de importancia en el gobierno militar a fines de los años setenta, fue nombrado ministro de Hacienda.

AJUSTE, RECUPERACIÓN Y CRECIMIENTO: 1985-1990

El nuevo equipo económico diseñó un programa de ajuste cuyos objetivos centrales eran la reanudación del proceso de crecimiento, la reducción de la deuda externa, y la recuperación de los sectores financiero y manufacturero. En la puesta en práctica de este programa hubo tres puntos básicos: 1) una política macroeconómica activa; 2) la consolidación de las reformas estructurales iniciadas en los años setenta, y 3) políticas de manejo de deuda que contribuyeron al proceso de renegociación de la deuda y al uso activo del mercado secundario para instrumentos de deuda del Tercer Mundo. Con la ayuda del FMI, del Banco Mundial y de mejoras en los términos de intercambio, estas políticas alcanzaron sus objetivos con éxito.

Las políticas fiscal y monetaria

Así como la política de "ajuste automático" de los primeros Chicago boys contribuyó a agudizar la crisis de 1982, una política macroeconómica coherente y de manejo macroeconómico activo fue fundamental en la recuperación de los años ochenta. En primer lugar, a partir de 1985 la política fiscal se concentró en reasignar el gasto público, desde gastos corrientes hacia gastos de capital. Como resultado, la inversión pública se incrementó más de 7 puntos (% sobre el PNB) entre 1985 y 1989. Más aún, durante este periodo se emprendió una reforma fiscal a fin de incentivar el ahorro privado a través de una rebaja de impuestos. Uno de los componentes más importantes de esta reforma fue la reducción de la tasa del impuesto al ingreso de las empresas de 46 a 10%. El resultado de estas políticas fue un aumento del gasto en inversión a una tasa de 11% anual entre 1985 y 1988. Aún más importante fue el hecho que estas medidas fueron puestas en marcha en un ambiente de equilibrio fiscal y sin mayores presiones sobre el tipo de cambio.[2]

En términos de política monetaria, el periodo posterior a 1985 se caracterizó por un manejo cuidadoso del stock de crédito interno, orientado básicamente a la estabilización de la tasa de interés. De hecho, las autoridades estaban muy conscientes de la necesidad de evitar la repetición del fenómeno de altas tasas de interés que se produjo a fines de los años setenta.

---

[2] Nótese, sin embargo, que en virtud de la reforma del sistema de seguridad social, es difícil comparar las finanzas fiscales antes y después de 1983. Más aún, a causa de la magnitud de las pérdidas del Banco Central hay divergencias significativas entre el balance fiscal del sector financiero y del no financiero. Para una discusión detallada, véase J.A. Fontaine, "The Chilean Economy in the Eighties: Adjustement and Recovery", en S. Edwards y F. Larraín (eds.), Debt, Adjustment and Recovery, Oxford, Basil Blackwell, 1989, capítulo 8.

Una ves más, es importante el contraste entre la actitud del equipo del ministro de Hacienda (y después candidato a la presidencia) Hernán Buchi y la del equipo de los primeros Chicago boys. Mientras que el nuevo equipo tuvo una actitud pragmática con respecto al papel desempeñado por las políticas macroeconómicas y, especialmente, la política monetaria, para alcanzar la estabilidad, el grupo anterior creía firmemente en que la manera correcta de enfrentar problemas macroeconómicos consistía en dejar que la economía se ajustara por sí sola. Como hemos sostenido en los capítulos anteriores, la opción por el "ajuste automático" durante el periodo 1979-1982 fue uno de los mayores errores de política económica de los primeros Chicago boys.

El éxito del manejo macroeconómico del equipo del ministro Buchi se reflejó, simultáneamente, en un aumento sustancial de la cantidad real de dinero y en la desaparición de las presiones inflacionarias. Tomando el año 1979 como base, por ejemplo, el índice del M1 real subió de 94 en 1985 a 135 en 1988. Los expertos han afirmado que la política monetaria activa desempeñó un papel fundamental en el mantenimiento de una tasa de interés real baja —entre 4 y 5% por año— hasta 1989. De hecho, uno de ellos ha reconocido que el *objetivo* de la política monetaria del gobierno se enfocó hacia el mantenimiento de la tasa de interés *real* (véase J. A. Fontaine en la nota 2). Es indudable que la política crediticia ayudó a mantener una baja tasa de interés, pero el papel de esta política no debe ser sobrestimado. Entre otras fuerzas que jugaron un papel importante en el desarrollo del sistema financiero, está el aumento sustancial de la oferta de fondos que significó la creación de los fondos de pensiones (las AFP).

La política cambiaria

La política cambiaria pasó a ser uno de los elementos más importantes de la política posterior a 1982. Ésta se basó en una serie de ajustes importantes al principio del periodo, que fueron seguidos por ajustes periódicos menos significativos. Entre 1982 y 1988 hubo una devaluación *real* del peso de aproximadamente 90%. Además, la adopción de una banda amplia dentro de la cual se permitía la variación del tipo de cambio, que se ajustaba periódicamente de acuerdo con la inflación, contribuyó a reducir la incertidumbre cambiaria. Esta política no sólo ayudó al país a mejorar su nivel de competitividad internacional y a generar un fuerte aumento en las exportaciones, sino que también contribuyó a mantener una tasa de interés razonable y evitó la fuga de capitales.

La política de cambio activa empezó en 1982, antes de que el pragmatismo se impusiera en el ámbito de las políticas fiscal y monetaria. De hecho, desde que se abandonara la política de cambio fijo en 1982 hasta 1985, las autoridades se encargaron de devaluar el peso en proporciones que sobrepasaban la inflación interna (véase el cuadro E.2). A partir de 1986, después de alcanzar una considerable depreciación real del peso, el gobierno puso en práctica una política de devaluaciones más refinada que tomaba en cuenta la evolución del tipo de cambio real, la inflación interna, otros efectos macroeconómicos de origen nacional e internacional, y cambios esperados en los determinantes "fundamentales" del tipo de cambio. El resultado de esta fórmula fue una disminución significativa de la tasa de devaluación con respecto del dólar de Estados Unidos entre 1986 y 1988 (véase el cuadro E.2). Esto, sin embargo, no redujo el nivel de competitividad del sector externo chileno.

La exitosa experiencia chilena en el ámbito del manejo del tipo de cambio ha generado una serie de lecciones para otros países. Tal vez, una de las lecciones más importantes es que a través de una devaluación nominal es posible conseguir una devaluación real considerable sin generar mayor inflación. En Chile, la clave para el logro del resultado anterior fue el mantenimiento de una disciplina fiscal y la aceptación de la relación entre cambios en los determinantes "fundamentales" del tipo de cambio real y la magnitud de una devaluación real manejable. En este sentido, las autoridades chilenas siguieron una política muy pragmática a través de la cual una serie de consideraciones, que incluían la distinción de choques transitorios y permanentes, la evolución de los términos de intercambio, y la disponibilidad de financiamiento externo, desempeñaron un papel importante en la determinación del ritmo de devaluaciones nominales.

Las reformas estructurales

El programa de ajuste de 1985 también incluía un componente de ajuste estructural que tenía como objetivo la consolidación de las reformas de los años setenta y principios de los ochenta. Los objetivos de este programa eran: *1)* restablecer el sistema financiero que había sido destruido durante la crisis de 1982; *2)* reducir las tarifas de importaciones desde 35% que habían alcanzado durante 1984, a un nivel parejo de 15%, y *3)* promover las exportaciones a través de incentivos fiscales.

Entre las reformas estructurales, tal vez la más importante fue la privatización y recapitalización de las empresas y bancos que habían sido intervenidos durante la crisis de 1982. La primera etapa de este proceso consistió en la compra por parte del Banco Central de la deuda incobrable de los bancos privados. Para financiar esta compra, el Banco Central emitió nueva deuda. Los bancos comerciales, por otra parte, pagaron 5% de la

CUADRO E.2. *La tasa de devaluación y la tasa de inflación: 1982-1988*
(en porcentaje)

Año	Tasa promedio de inflación	Tasa de devaluación del peso respecto al dólar
1982	9.9%	30.5%
1983	27.3%	54.8%
1984	19.8%	24.9%
1985	30.7%	63.3%
1986	19.5%	19.9%
1987	19.9%	13.7%
1988	14.6%	11.9%

FUENTE: Banco Central de Chile.

deuda incobrable y se comprometieron a recomprarla en la medida en que tuvieran utilidades. Este programa de recapitalización tenía su contrapartida en un sistema de privatización, donde la propiedad de los bancos y empresas que habían sido nacionalizados en 1983 retornaba al sector privado.[3] La solvencia del sector público (no financiero) permitió que el gobierno participara en este esquema de recapitalización masivo sin poner una presión exagerada sobre la inflación o sobre la balanza de pagos.

La consolidación de las reformas fue instrumental en la recuperación de la economía. En forma simultánea se logró resolver una crisis financiera de grandes proporciones, mantener la eficiencia económica y aumentar las exportaciones de manera tal que la balanza comercial mostró un vuelco impresionante según lo indica el cuadro E.1. Más aún, estas reformas contribuyeron a disminuir la incertidumbre en la medida en que el gobierno confirmaba su compromiso con una estrategia basada en la orientación de mercado y la integración económica con el resto del mundo.

Es importante tener en cuenta que el ajuste estructural de la economía chilena durante la segunda mitad de los años ochenta fue excepcional desde el punto de vista de la economía mundial. Se debe reconocer que la etapa más controvertida y costosa del proyecto de reformas ya había tenido lugar en el periodo 1975-1980; las medidas tomadas después de 1985 fueron, por decirlo de alguna manera, reformas de consolidación. Estamos convencidos de que el éxito de las políticas posteriores a 1985 radica en las medidas iniciales.

Sin ir más lejos, el aumento de las exportaciones no tradicionales que se produjo en la segunda mitad de los años ochenta no habría sido posible sin

[3] El programa de privatización que se llevó a cabo después de 1985 ha sido criticado porque los bancos y empresas fueron vendidos muy rápido y a precios "muy bajos".

las inversiones de la segunda mitad de los años setenta. Más aún, la flexibilidad y rapidez con la que los mercados respondieron a nuevos incentivos fue consecuencia directa de las reformas iniciales. Todo esto indica que, para que una economía se adapte a un sistema de nuevas reglas e incentivos, debe transcurrir un periodo de tiempo considerable, del orden de 8 a 10 años. De aquí se desprende que los horizontes de corto plazo que contemplan algunos programas de ajuste estructural propuestos por instituciones multilaterales, como el Banco Mundial, pueden presentar problemas serios en su intento de lograr una transformación estructural de una economía.

Lo que podrá considerarse más importante es que la experiencia chilena demuestra que el mantenimiento del equilibrio macroeconómico, y especialmente de un tipo de cambio real "realista", es de importancia crucial en el logro de un ajuste estructural exitoso.

El sistema chileno de conversión de la deuda

Uno de los aspectos más interesantes y debatidos de la recuperación chilena durante la segunda mitad de los años ochenta es la relación con los diversos sistemas de conversión de la deuda que apuntaban a una rápida reducción de la deuda externa. Cuando se desató la crisis de 1982, la deuda externa chilena alcanzaba 17.2 billones de dólares, poniendo a Chile entre los países más endeudados del mundo. A través de un sistema agresivo de conversiones basado en el mercado secundario, entre enero de 1985 y febrero de 1990 Chile redujo su deuda en más de 9 billones de dólares (véase el detalle en el cuadro E.3). Esta reducción masiva de la deuda fue posible gracias a dos mecanismos básicos: un sistema de recompra —o mecanismo llamado *capítulo XVIII*— y un sistema de adquisición de activos con deuda, conocido como el procedimiento según *capítulo XIX*.[4]

El mecanismo del *capítulo XVIII (C. XVIII)* permitía a los deudores nacionales comprar (en forma indirecta) su propia deuda en el mercado secundario internacional. El Banco Central decidió no facilitar moneda extranjera al tipo de cambio oficial para estas operaciones, por lo que las instituciones que participaron en ellas tuvieron que operar a través del mercado paralelo de divisas. Adicionalmente, el Banco Central decidió controlar estrictamente el acceso al mecanismo *C. XVIII* mediante una subasta de cuotas mensuales. La razón de esta política de subastas es que las au-

---

[4] Estos nombres responden al hecho de que las regulaciones que rigen estas operaciones se encuentran en los capítulos XVIII y XIX del *Compendio de Reglamentos sobre Cambios internacionales* del Banco Central de Chile. Estos dos mecanismos todavía estaban vigentes cuando este capítulo estaba siendo preparado. Sin embargo, no está claro por cuánto tiempo más se mantendrán en operación.

CUADRO E.3. *Conversiones de deuda en Chile a febrero de 1990*

	(Millones de dólares)
Capítulo XVIII	2 581.7
Capítulo XIX	3 205.6
Capitalización	
DL 600	291.5
Ajustes de la cartera	155.5
Otras operaciones	2 868.3
Total	*9 102.6*

FUENTE: Banco Central de Chile.

toridades temían que de no regularse el acceso a este procedimiento la economía se podría ver afectada por distorsiones macroeconómicas, incluyendo un aumento muy rápido del tipo de cambio paralelo.

Uno de los atributos importantes de las operaciones vía *C. XVIII* fue que los agentes económicos chilenos se convirtieron en los principales beneficiarios del descuento del mercado secundario. Este descuento se distribuyó en tres partes: *1)* el Banco Central; *2)* los provedores de moneda extranjera en el mercado paralelo doméstico, y *3)* los diferentes intermediarios tanto nacionales como internacionales. De acuerdo con un estudio realizado por Felipe Larraín, el descuento promedio para las operaciones de *C. XVIII* alcanzó 35.7% en 1987. De éste, el Banco Central se apropió de la mayor parte, capturando 20.5 puntos, los provedores de moneda extranjera se quedaron con 3.3 puntos, y el resto quedó en manos de los intermediarios.[5]

Las operaciones vía *C. XVIII* acarreaban una serie de efectos macroeconómicos, entre los cuales se incluyen la presión sobre el aumento del tipo de cambio paralelo, las tasas de interés internas y la deuda interna (privada). A pesar de la dificultad para cuantificar con exactitud y resumir en una sola medida los costos asociados con estos efectos macroeconómicos, parece haber un consenso en cuanto a que estos costos fueron relativamente pequeños.[6]

El programa vía *C. XVIII* tuvo características muy diferentes; correspondió básicamente a un procedimiento que permitía el remplazo de un

[5] Estos cálculos se refieren a todas las operaciones que han utilizado el capítulo XVIII y no sólo a las del sector privado. Véase F. Larraín, "Debt Reduction Managment of Chilean Debt", Working Paper, 1988, Banco Mundial.

[6] La conveniencia para un país de este tipo de mecanismo de reducción de deuda ha sido ampliamente debatida. Véase, por ejemplo, *Journal of Economic Perspectives*, invierno de 1990.

tipo de deuda por otro. En una operación típica un inversionista extranjero compraba deuda chilena con un descuento en el mercado secundario internacional, para más tarde convertirla en deuda interna. Esta deuda, a su vez, era vendida en el mercado interno para comprar activos ya existentes o para financiar nuevas inversiones con los ingresos generados. Los participantes en este sistema estaban sujetos a limitaciones en cuanto a la repatriación de los ingresos generados por estas inversiones. Éstos no podían convertirse en moneda extranjera durante los primeros cuatro años, y el principal no podía ser repatriado antes de 10 años. Las operaciones vía *C. XIX* no estaban sujetas a cuotas y debían ser aprobadas individualmente por el Banco Central. Se esperaba que este proceso de autorización individual permitiera distinguir inversionistas *bona fide* y, de esta manera, evitar operaciones puramente especulativas. Sin embargo, resultó imposible para el Banco Central evitar que se produjeran algunas operaciones no deseadas; tanto es así como que en algunos casos las inversiones prometidas no se hicieron efectivas.[7]

Una característica importante de las operaciones vía *C. XIX* es que no reducían el *stock* de moneda extranjera disponible. Como se mencionó anteriormente, estas operaciones sólo sustituían un tipo de deuda por otro. Mientras que en las operaciones aprobadas a través de *C. XVIII* los residentes chilenos capturaron la mayor parte del descuento en el mercado secundario, en el caso de las operaciones vía *C. XIX* la mayor parte, si no es que la totalidad del descuento, quedó en manos de los inversionistas extranjeros. Esto, por supuesto, es equivalente a un subsidio importante a la inversión extranjera. En el estudio de Larraín, que ya fuera citado, se estima que este subsidio alcanzó aproximadamente 35% en 1987. Este alto monto sugiere claramente que éste no fue un mecanismo muy eficaz para atraer fondos extranjeros. La magnitud de este subsidio fue obviamente demasiado elevada.

Se puede concluir entonces que aunque Chile fue tremendamente efectivo en reducir el tamaño de su deuda en el mercado secundario a finales de los años ochenta, lo hizo a cierto costo. Mientras que las operaciones vía *C. XVIII* fueron muy eficaces para revertir la salida de capitales, las operaciones a través del *C. XIX* significaron un subsidio a los inversionistas extranjeros de aproximadamente 30%. Más aún, no está todavía establecido si este último esquema atrajo o no inversión extranjera adicional.

---

[7] Por ejemplo, a mediados de 1990 se desató una controversia de grandes proporciones en torno a la supuesta quiebra de un contrato vía el Capítulo XIX por un banco español importante. Véase al respecto, por ejemplo, la edición del 1 de septiembre de 1990 de *El País*, edición de Barcelona, p. 35.

MERCADO Y DEMOCRACIA: UN VISTAZO AL FUTURO

Por muchos años, la oposición al gobierno de Pinochet criticó su programa económico con el argumento que estaba basado en ideas extranjeras —sin ir más lejos, se argumentó que estas ideas habían sido importadas desde Hyde Park, en el sur de Chicago—, y que su instrumentación habría generado una caída profunda en la economía chilena.[8] A principios de los años noventa, los intelectuales, los especuladores y los políticos a través del mundo entero se preguntaban si acaso el nuevo gobierno democrático del presidente Patricio Aylwin mantendría algún elemento de las políticas de libre mercado o si, por el contrario, la vuelta a la democracia en Chile significaría una reversión de la orientación del esquema de desarrollo económico. De hecho, en vista de las ya conocidas críticas de los partidarios de la concertación, se pensaba que se podría producir un cambio importante de política. Esta pregunta se hacía aún más importante, porque en ese momento Chile era considerado por instituciones como el Banco Mundial y el Fondo Monetario Internacional como un caso modelo en el manejo de políticas de ajuste y de manejo de la crisis de la deuda. ¿Qué pasaría en Chile una vez restablecido el proceso democrático? ¿Sobreviviría el modelo de libre mercado, o se reorientaría el esquema económico hacia un sistema más centralizado?

En gran medida, la supervivencia de las reformas dependía de la percepción de la ciudadanía y de los nuevos líderes en cuanto al éxito o fracaso que éstas habían alcanzado hasta el momento en que se produjo el cambio de gobierno. En otras palabras, había que determinar si los antiguos opositores a las políticas económicas al estilo de Chicago habían cambiado su apreciación en los últimos años o si todavía se oponían a ellas con la misma fuerza de antaño. Al final, todo el asunto se traducía al poder de *persuasión* que las ideas de libre mercado habían alcanzado.[9]

Una manera práctica de medir el poder de persuasión de nuevas ideas es a través del grado de aceptación (o de adopción) alcanzado entre aquellos que, en un momento u otro del tiempo, se habían opuesto a ellas. En este sentido, y tal vez de manera sorprendente, debemos reconocer que en de-

---

[8] Para una crónica de la crítica más importante a la política económica de Pinochet, véanse en la bibliografía los artículos de los economistas de Cieplán, Alejandro Foxley, José Pablo Arellano, Ricardo Ffrench-Davis, Patricio Meller y René Cortázar.

[9] Es importante tener en cuenta que, a diferencia de lo que se sugiere en cierta literatura, el proceso por el que las ideas de Chicago fueron transmitidas a Chile no fue diferente del proceso por el que otras ideas han sido históricamente transmitidas de un país a otro. En este sentido, es particularmente ilustrativa la comparación con el caso de la popularización de las ideas keynesianas en Europa y Japón. Albert Hirshman, en su fascinante artículo: "How Keynes Was Spread from America" (Cómo se difundió Keynes desde América), *Challenge*, noviembre-diciembre de 1989, explica cómo "iniciados a la manera de las sectas", que tenían el "sentido urgente de posesión de la verdad" intentaron la "colonización del resto del mundo libre con las ideas keynesianas".

finitiva en Chile el mensaje central de las ideas de libre mercado alcanzaron al final un profundo nivel de persuasión. De hecho, desde muy pronto el programa económico de Aylwin se perfiló dentro de la misma línea de las políticas económicas del gobierno anterior. Juan Gabriel Valdés, un crítico particularmente perceptivo del gobierno de Pinochet, ha identificado la clave de las políticas "foráneas" implantadas por los Chicago boys en la siguiente forma:[10]

> Las medidas que caracterizaron el modelo económico pueden ser clasificadas en tres áreas: *1)* liberalización del sistema de precios de mercado; *2)* mercado abierto al comercio internacional y a las operaciones financieras; *3)* disminución de la participación del gobierno en la economía.

La primera característica significa que las teorías "importadas" de Chicago proponían la eliminación de cualquier tipo de control de precios. ¿Cuál fue la posición de la Concertación por la Democracia en 1990? El programa económico de Patricio Aylwin era muy claro al respecto: "Afirmamos que dentro de un programa económico eficiente no hay cabida para controles de precios." Y con respecto al papel del mercado, el programa dice: "El mercado no puede ser remplazado como el mecanismo a través del cual los consumidores ejercen sus preferencias."

Esta posición no sólo es muy distinta de la que sostenía el gobierno de la Democracia Cristiana en los años sesenta, y de la del gobierno de la Unidad Popular del periodo 1970-1973, sino que también es sustancialmente distinta de la que defendían los críticos de los Chicago boys en los años setenta y ochenta. Sin ir más lejos, el programa de la *Concertación* refleja claramente el grado de convergencia en lo que se refiere al papel del mercado en el proceso económico. El nuevo gobierno democrático de Chile reconoció desde su inicio que uno de los puntos fundamentales del enfoque de Chicago, la libertad de precios, era razonable y debía ser parte de su propia política económica. Más aún, las medidas que el gobierno de Aylwin tomó durante los primeros seis meses de su gobierno demuestran que la preocupación por el papel de los precios libres iba más allá de la retórica electoral; todo indica que había habido un cambio de fondo en la manera en que estos críticos percibían lo que es una política económica exitosa.

De acuerdo con Valdés, la segunda característica de la orientación de mercado de Chicago, tal como se aplicó en Chile, es que la economía debe estar abierta e integrada al resto del mundo y que los mercados financieros deben ser altamente desarrollados. Por demás esta recordar que durante años los críticos de este enfoque argumentaron que la apertura de la eco-

---

[10] Véase su libro *La escuela de Chicago: operación Chile*, Buenos Aires, 1989. El párrafo citado aquí fue tomado del texto traducido al inglés, p. 9.

nomía a la competencia extranjera perjudicaba el bienestar del país, y que la creación de un sistema financiero competitivo sólo induciría a la especulación y despilfarro. Sin embargo, con el tiempo y dado el buen desempeño de la economía chilena —especialmente en relación al resto de América Latina— parece haber ayudado a cambiar esa percepción. Los críticos de ayer se perfilaron en 1989 y 1990 como un grupo persuadido. En lo que se refiere a estos dos puntos, el programa de la *Concertación* dice:

> Los instrumentos más importantes de política de comercio exterior son el mantenimiento de un tipo de cambio real alto y estable y *tarifas de importaciones razonablemente bajas*. [Las cursivas son nuestras.]

Con respecto a la política de la tasa de interés y del mercado financiero, el programa dice: "Es fundamental mantener una tasa de interés real positiva que guarde relación con la productividad y con las tasas de interés en el resto del mundo..."

Estos pasajes no sólo son claros en lo que respecta a su contenido en materia de política económica, sino que también nos hablan de persuasión, convergencia y acuerdo. Más importante todavía, sugieren que el gobierno democrático del presidente Aylwin va a mantener la línea en por lo menos estas dos áreas de política económica. Esta idea fue recientemente confirmada por el nuevo ministro de Hacienda, Alejandro Foxley, uno de los críticos originales más serios al enfoque de Chicago. En una entrevista para *Newsweek* se le preguntó si el nuevo gobierno mantendría las políticas de Pinochet. La respuesta de Foxley fue tan clara como sorprendente para los críticos tradicionales:[11] "Mantener los logros del gobierno anterior significa mantener la economía integrada al mercado internacional, el dinamismo de las exportaciones, y un sector privado plenamente comprometido con el desarrollo [económico]..."

No quisiéramos, sin embargo, exagerar el grado de convergencia entre las políticas del gobierno democrático de Aylwin y la de los Chicago boys. Entre los puntos de divergencia está el papel de las políticas sociales y de distribución de ingreso, aunque en esta área aún no se veían cambios demasiado significativos hasta principios de 1991. Refiriéndose al área social Foxley declaraba: "Remediar las limitaciones del gobierno anterior significa encontrar el equilibrio entre el crecimiento económico y el deterioro en las condiciones de vida de la clase media, y especialmente la de los más pobres."

En el ámbito de la instrumentación de políticas, la pregunta es ¿cómo se va a lograr la mejora y el bienestar de los más pobres? En la respuesta encontramos una vez más los signos de la persuasión: "Queremos esquivar a toda costa los ciclos populistas que han caracterizado la historia económica

---

[11] *Newsweek* (edición latinoamericana), 26 de marzo de 1990.

de América Latina. Cada gobierno democrático llega al poder bajo una tremenda presión por redistribuir el ingreso, y éstos ceden."

Dos de los más importantes proyectos de leyes en la esfera social que el gobierno sometió rápidamente al congreso —la reforma tributaria que aumentó el impuesto a las corporaciones y el impuesto al valor agregado, y la reforma a la ley laboral— fueron una clara muestra de la posición del gobierno frente al proceso económico. Estas reformas legales estuvieron orientadas a *financiar* mediante impuestos los aumentos en los servicios sociales y a mejorar las relaciones laborales sin comprometer los aumentos en la productividad.

Aun cuando ha habido importantes muestras de la intención del gobierno de Aylwin por mantener la estructura de libre mercado que el gobierno de Pinochet puso en marcha, la *credibilidad* del gobierno respecto a estos planteamientos está todavía en juego. Uno de los aspectos más complicados es que aun cuando las autoridades no estén dispuestas a volver a los ciclos populistas del pasado, el público puede todavía temer que el gobierno sí lo haga. Si así es el caso, el comportamiento del sector privado puede llegar a ser desestabilizador. ¿Cómo pueden las autoridades convencer al público de que van a mantener la línea de política anunciada? ¿Cómo pueden persuadir a un país que recuerda claramente el problema inflacionario de que no volverá a haber políticas macroeconómicas incoherentes? No hay duda de que establecer *credibilidad* es extremadamente difícil. El problema es que el gobierno no cuenta con un sistema institucional que le permita *comprometerse* a seguir un curso de acción.

Un paso muy importante hacia la creación de este mecanismo institucional conducente a la credibilidad en el equilibro macroeconómico fue la aprobación y puesta en práctica, en diciembre de 1989, de una ley que garantiza la independencia del Banco Central de Chile.[12] Tal vez el aspecto más interesante del proceso que siguió la aprobación de esta nueva ley es que fue apoyada por prácticamente todos los grupos políticos.[13] Los políticos chilenos de todos los frentes han demostrado gran refinamiento en el manejo del aspecto de la credibilidad. No bastan las palabras y las promesas; las reformas institucionales son un complemento clave.

El vistazo hacia el futuro de la economía chilena en democracia nos deja una sensación de optimismo. El país está luchando por recuperar la unidad nacional y hay una preocupación generalizada por la urgencia de los problemas sociales. El país cuenta con una sólida base económica y está en camino hacia una nueva etapa de reconciliación, de democracia y de progreso.

---

[12] La nueva ley del Banco Central está inspirada en el reglamento del Bundesbank.
[13] El acuerdo fue posible ya que los distintos partidos políticos transaron en el nombramiento de un comité técnico de cinco miembros, en el cual descansaría la administración del Banco Central durante los primeros cinco años de su independencia.

BIBLIOGRAFÍA

Aedd, C. y F. Lagos, 1984, "Protección efectiva en el sector manufacturero", Documento de trabajo, Santiago de Chile, Universidad Católica de Chile.

Ahumada, J., 1958, *En vez de la miseria*, Santiago de Chile, Editorial del Pacífico.

Alaluf, D. (ed.), 1972, *La economía chilena en 1972*, Santiago de Chile, Instituto de Economía, Universidad de Chile.

Allende, S. *et al.*, 1971, *El pensamiento económico del gobierno de Allende*, Santiago de Chile, Editorial Universitaria.

Aranda, S. y A. Martínez, 1970, "Estructura económica: algunas características fundamentales", en A. Pinto, *Chile hoy*, Santiago de Chile, Editorial Universitaria pp. 55-172.

Arellano, J. (ed.), 1982. *Modelo económico chileno: Trayectoria de una crítica*, Santiago de Chile, Editorial Aconcagua.

———, 1984, "Una nota sobre las causas del desempleo en Chile", *Colección Estudios Cieplán* núm. 14 (septiembre, pp. 99-104).

———, 1985, "De la liberalización a la intervención: el mercado de capitales en Chile, 1974-1983", *El Trimestre Económico*, núm. 48, pp. 721-772.

Arellano, J. y J. Ramos, 1986, "Capital Flight in Chile". Documento presentado en el Institute for International Economics, Conferencia sobre la fuga de capitales y el Tercer Mundo, Washington, D.C.

Arriagada, P., 1985, *Adjustment by Agricultural Exporters in Chile during 1974-1982*, en Vittorio Corbo y Jaime de Melo (eds.), *Scrambling for Survival*, pp. 119-154, Working Paper, núm. 754, Washington, D.C., Banco Mundial.

Atkinson, A., 1975, *The Economics of Inequality*, Oxford, Oxford University Press.

Balassa, B., 1971, *The Structure of Protection in Developing Countries*, Baltimore, Johns Hopkins University Press.

———, 1982, *Development Strategies in Semiindustrial Economies*, Oxford, Oxford University Press.

———, 1985, "Policy Experiments in Chile, 1973-1983", en G.M. Walton (ed.), *The National Economic Policies of Chile*, Greenwich, Connecticut, JAI Press, pp. 203-238.

Ballesteros, M. y T. Davis, 1963, "The Growth of Output and Employment in Basic Sectors of the Chilean Economy, 1908-1957", *Economic Development and Cultural Change*, núm. 12 (marzo), pp. 152-176.

Banco Central de Chile, 1981, *Indicadores económicos, 1960-1980*, Santiago de Chile.

———, 1983, *Indicadores económicos y sociales, 1960-1982*, Santiago de Chile.

———, 1984, *Cuentas nacionales de Chile, 1960-1983*; Santiago de Chile.

———, *Boletín mensual*, varios números, Santiago de Chile.

Banco Mundial, 1980, *Chile: An Economy in Transition*, Washington, D.C., Banco Mundial.

————, 1986, "Korea: Managing the Industrial Transition", Washington, D.C., Banco Mundial.

Barandiarán, E., 1977, "Una nota sobre política cambiaria", Documento núm. 50, Santiago de Chile, Departamento de Estudios de B.H.C..

————, 1983, "La crisis financiera chilena", Documento de trabajo, núm. 6, Santiago de Chile, Centro de Estudios Públicos.

Barandiarán, E., F. Montt y M. Pollack, 1982, *Noveno informe de coyuntura*, Santiago de Chile, Departamento de Estudios B.H.C.

Bardón, A. y F. Bacigalupo, 1980, "Algunos puntos referentes al manejo monetario en Chile", *Boletín Banco Central*, 53 (julio), Santiago de Chile, pp. 1947-1954.

Bardón, A., C. Carrasco y A. Vial, 1985, *Una década de cambios económicos: la experiencia chilena, 1973-1983*, Santiago de Chile, Editorial Andrés Bello.

Barletta, A., M. Blejer y L. Landau (eds.), 1984, *Economic Liberalization in Argentina, Chile and Uruguay: The Monetary Approach to the Balance of Payments*, Washington, D.C., Banco Mundial.

Bherman, H., 1976, *Foreign Trade Regimens and Economic Development*, Cambridge, Ballinger Publishing C.

————, 1977, *Macroeconomic Policy in a Developing Country: The Chilean Experience*, Nueva York, North-Holland.

Berry, A. y R. Sabot, 1978, "Labor Market Performance in Developing Countries: A Survey", *World Development*, 6 (diciembre), pp. 1199-2421.

Bhagwati, J., 1978, *Anatomy and Consequences of Exchange Control Regimes*, Cambridge, Ballinger.

————, 1982, "Directly Unproductive Profit-Seeking Activities", *Journal of Political Economy*, 90 (octubre), pp. 934-948.

Bhagwati, J. y T.N. Srinivasan, 1979, "Trade Policy and Development", en R. Dornbush y J.A. Frenkel (eds.), *International Economic Policy: Theory and Evidence*, Johns Hopkins University Press, pp. 1-34.

————, 1980, "Revenue Seeking: A Generalization of the Theory of Tariffs", *Journal of Political Economy*, 88 (diciembre), pp. 1069-1087.

————, 1983, *Lectures in International Trade*, Cambridge, MIT Press.

Bolsa de Comercio, "Estadísticas", varios números, Santiago de Chile.

Brittan, S., 1986, "Privatisation: A Comment on Kay and Thompson", *The Economic Journal*, 96, núm. 381, (marzo), pp. 33-38.

Brock, P.L., "Financial Controls and Economics Liberalization in Latin American", *Journal of Interamerican Studies and World Affairs*, 27, núm. 4 (invierno), pp. 125-140.

Bruno, M., 1985, "The Reforms and Macroeconomic Adjustment. Introduction", *World Development*, 13, núm. 8, (agosto), pp. 867-870.

Bruno, M. y J. Sachs, 1985, *Economics of Worldwide Stagflation*, Oxford, Basil Blackwell.

Calvo, G.A., 1986a, "Fractured Liberalism: Argentina under Martínez de Hoz", *Economic Development and Cultural Change* (abril), pp. 511-534.

————, 1986b, "Welfare, Barks and Capital Mobility: The Case of Predetermined

Exchange Rates", en S. Edwards y L. Ahamed (eds.), *Economic Adjustment and Exchange Rates in Developing Countries*, Chicago, University of Chicago Press.

Castañeda, T., 1983, "Evolución del empleo y desempleo y el impacto de cambios demográficos sobre la tasa de desempleo en Chile: 1960-1983", Documento Serie Investigación, núm. 64, Santiago de Chile, Departamento de Economía, Universidad de Chile.

Castro, S. de, 1981, *Exposición de la hacienda pública*, Santiago de Chile, Ministerio de Hacienda.

Cauas, J. y V. Corbo, 1972, "La economía chilena en 1971 y perspectivas para 1972", *Serie Informes de Coyuntura*, núm. 1, Santiago de Chile, Departamento de Economía, Universidad Católica.

Chenery, H., 1960, "Patterns of Industrial Growth", *American Economic Review*, núm. 51 (marzo), pp. 18-51.

———, 1975, "The Structuralist Approach to Development Policy", *Papers and Proceedings of the American Economic Associations*, 65 (mayo), pp. 310-316.

Cheyre, H. y E. Symon, 1985, "Evolución del gasto público en la década 1974-1983", *Revista de Economía*, núm. 33 (abril), pp. 20-28.

Clark, P., 1982, "Step by Step Liberalization of a Controlled Economy: Experiences in Egypt", documento no publicado, Washington, D.C.

Cline, W. y S. Weintraub (eds.), 1981, *Economic Stabilization in Developing Countries*, Washington, D.C., Brookings Institution.

Coeymans, J.E., 1978, "Liberalización del comercio exterior y sus efectos sobre la asignación de recursos y empleo", *Cuadernos de Economía*, núm. 15, pp. 183-246.

Condon, T., V. Corbo y J. de Melo, 1983, *A Simulation Analysis of the Macroeconomic Effects of Capital Inflows and Wage Indexation in Chile, 1977-1981*, DRD Working Paper, núm. 108, Washington, D.C., Banco Mundial.

———, 1986, "Capital Inflows, the Current Account, and the Real Exchange Rate: Tradeofs for Chile", Washington, D.C., Banco Mundial.

Connolly, M. y C. González, 1986, *Economic Resources and Stabilization in Latin America*, Nueva York, Praeger.

Corbo, V., 1974, *Inflation in Developing Countries*, Nueva York, North-Holland.

———, 1982, "Inflación en una economía abierta: el caso de Chile", *Cuadernos de Economía* núm. 56 (abril), pp. 5-16.

———, 1985a, "Reforms and Macroeconomic Adjustment in Chile during 1974-1983", *World Development*, 13, núm. 8 (agosto), pp. 893-916.

———, 1985b, "Chilean Economic Policy and International Economic Relations since 1970", en G.M. Walton (eds.), *The National Economic Policies of Chile*, Greenwich, Conn., JAI Press, pp. 107-144.

———, 1986a, "The Use of the Exchange Rate for Stabilization Purposes: The Case of Chile", Discussion Paper, núm. DRD 132, Washington, D.C., Banco Mundial.

———, 1986b, "The Role of the Real Exchange Rate in Macroeconomic Adjustment: The Case of Chile, 1973-1982", Discussion Paper, núm. DRD 145, Washington, D.C., Banco Mundial.

———, 1986c, "International Prices, Wages and Inflation in an Open Economy:

A Chilean Model", *The Review of Economic and Statistics*, núm. 67 (noviembre), pp. 564-573.

Corbo, V., J. de Melo y J. Tybout, 1986, "What Went Wront with the Recent Reforms in the Southern Cone?", *Economic Development and Cultural Change*, 34, núm. 3 (abril), pp. 607-640.

Corbo, V. y P. Meller, 1979, "Trade and Employment: Chile in the 60s", *American Economic Review* (febrero), pp. 112-116.

————, 1981, "Alternative Trade Strategies and Employment Implications: Chile", en A.O. Krueger, H.B. Lary, T. Monson, y N. Akrasanee, (eds.), *Trade and Employment in Developing Countries*, vol. 1, Chicago, University of Chicago Press, pp. 83-134.

Corbo, V. y J.M. Sánchez, 1985, "How Firms Adjusted to the Reforms in Chile", Documento de trabajo, Washington, D.C., Banco Mundial.

Cortázar, R., 1980, "Distribución del ingreso, empleo y remuneraciones reales en Chile, 1970-1978", *Colección Estudios Cieplán*, núm. 3 (junio), pp. 5-24.

————, 1982, "Chile Distributive Results", Documento de trabajo, *Cieplán*.

Cortázar, R. y J. Marshall, 1980, "Índice de precios al consumidor en Chile, 1970-1978", *Colección Estudios Cieplán*, núm. 4 (noviembre), pp. 159-201.

Cortés, H., 1983, "Stabilization Policies in Chile: Inflation, Unemployment and Depression, 1975-1982", Documento de trabajo, núm. 85, Santiago de Chile, Instituto de Economía, Universidad Católica.

Cortés, H., A. Butelmann y P. Videla, 1981, "Proteccionismo en Chile: Una visión retrospectiva", en L. Sjaastad y H. Cortés-Douglas (eds.), "La economía política de la reforma comercial en Chile", *Cuadernos de Economía*, núms. 54-55 (agosto/diciembre), pp. 141-194.

Corfo, *Cuentas nacionales*, varios números.

Cumby, R. y S. van Wijnbergen, 1983, "Fiscal Policy and the Collapse of Preannounced Rate of Devaluation: Argentina", Working Paper, Washington, D.C., Banco Mundial.

Cuadra, S. de la, 1969, "La protección efectiva en Chile", Documento de trabajo, Santiago de Chile, Universidad Católica de Chile.

————, 1980, "Inflación y tipo de cambio: experiencia reciente", *Boletín Mensual Banco Central*, 53 (octubre), pp. 1955-1964.

————, 1981, "Política cambiaria y deuda externa", *Boletín Mensual Banco Central*, 53 (mayo), pp. 1021-1026.

Cuadra, S. de la y D. Hachette, 1986, "The Timing and Sequencing of a Trade Liberalization Policy: The Case of Chile", Santiago de Chile, Universidad Católica.

Dahse, F., 1979, *Mapa de la Extrema Riqueza*, Santiago de Chile, Editorial Aconcagua.

Davis, T., "Eight Decades of Inflation in Chile, 1879-1959: A Political Interpretation", *Journal of Political Economy* 71 (agosto), pp. 389-397.

Díaz-Alejandro, C., 1970, *Essays on the Economics of the Argentine Republic*, New Haven, Yale University Press.

————, 1982, "Latin America in Depression, 1929-1939", en M. Gersovitz, C. Díaz-

Alejandro, G. Ranis y M.R. Rosenzweig (eds.), *The Theory and Experience of Economic Development*, ensayos en honor de Sir W. Arthur Arthur Lewis, Londres, George Allen & Unwin, pp. 334-355.

——, 1983, "¿Economía abierta y política cerrada?", *El Trimestre Económico*, 50, núm. 197 (enero/marzo), pp. 207-244.

Doeringer, P.B. y M.J. Piore, 1971, *Internal Labor Markets and Manpower Analysis*, Lexington, Heath.

Dornbusch, R., 1983a, "Real Interest Rates, Home Goods and Optimal External Borrowing", *Journal of Political Economy*, 91 (febrero), pp. 141-153

——, 1983b, "Remarks on the Southern Cone", *IMF Staff Papers*, núm. 30 (marzo), pp. 173-1976.

——, 1984, "External Debt, Budget Deficits and Disequilibrium Exchange Rates", *NBER Working Paper*, núm. 1336, Cambridge.

——, 1985, "External Debt, Budget Deficits and Disequilibrium Exchange Rates", en G. Smith y J. Cuddington (eds.), *International Debt and the Developing Countries*, Washington, D.C., Banco Mundial, pp. 213-235.

Dornbusch, R. y S. Fischer, 1986, "Stopping Hyperinflations: Past and Future", *NBER Working Paper*, núm. 1810, Cambridge.

Eaton, J. y M. Gersovitz, 1980, "LDC Participation in International Financial Markets: Debt and Reserves", *Journal of Development Economics* (marzo), pp. 3-21.

——, 1981, "Debt with Potential Repudiation: Theoretical and Empirical Analysis", *Review of Economics and Statistics*, núm. 48 (abril), pp. 289-310.

Edwards, A. Cox, 1984, "Three Essays on Labor Markets in Developing Countries", tesis de doctorado, Universidad de Chicago.

——, 1985, "Wage Indexation and Real Wages: Chile 1974 1980", documento inédito, Washington, D.C., Banco Mundial.

——, 1986a, "The Chilean Labor Market 1970-1983: An Overview", Discussion Paper, núm. DRD152, Washington, D.C., Banco Mundial.

——, 1986b, "Economic Reform, External Shocks and the Labor Market: Chile 1973-1983", documento presentado en la conferencia del Banco Mundial sobre mercados laborales en los países en desarrollo, 27-28 de junio, Washington, D.C.

Edwards, S., 1980a, "El problema del empleo en Chile: un análisis preliminar", Documento de trabajo, núm. 146, Santiago de Chile, Departamento de Estudios, B.II.C.

——, 1980b, "Condicionantes del desempleo en Chile", Documento de trabajo, núm. 145, Santiago de Chile, Departamento de Estudios, B.H.C.

——, 1981, "El mercado accionario en Chile: análisis empírico del periodo 1977-1981", Documento de trabajo, núm. 197, Santiago de Chile, Departamento de Estudios, B.H.C.

——, 1982, "Trade Liberalization, Minimum Wages and Employment in the Short Run: Some Reflections Based on the Chilean Experience", Documento de trabajo, Los Ángeles, University of California at Los Angeles (UCLA).

——, 1984a, "The Role of International Reserves and Foreign Debt in the External Adjustment Process", en J. Muns (ed.), *Adjustment Conditionality and International Financing*, Washington, D.C., Fondo Monetario Internacional, pp. 143-173.

———, 1984b, "LDC Foreign Borrowing and Default Risk: An Empirical Investigation 1976-1980", *American Economy Review*, núm. 74 (septiembre), pp. 726-734.

———, 1984c, *The Order of Liberalization of the External Sector in Developing Countries*, Princeton, N.J., Princeton Essays in International Finance.

———, 1985a, "Stabilization with Liberalization: An Evaluation of Ten Years of Chile's Experiment with Free Market Oriented Policies", *Economic Development and Cultural Change*, 33 (enero), pp. 223-254.

———, 1985b, "Economic Policy and the Record of Economic Growth in Chile, 1973-1982", en G.M. Walton (ed.), *The National Economic Policies of Chile*, Greenwich, JAI Press, pp. 11-46.

———, 1985c, "Review of Foxley's", *Journal of Development Economics*, 17 (septiembre), pp. 321-325.

———, 1985d, "Money, Devaluation and Interest Rates in a Semiopen Economy: Colombia 1968-1972", *Journal of Money, Credit and Banking*, 17 (febrero), pp. 59-68.

———, 1986, "Monetarism in Chile, 1973-1983: Some Economic Puzzles", *Economic Development and Cultural Change*, 34, núm. 3 (abril), pp. 535-560.

———, De próxima publicación, *Exchange Rates in Developing Countries*, Cambridge, MIT Press.

Edwards, S. y M. Khan, 1985, "Interest Rate Determination in Developing Countries", *IMF Staff Papers*, 32 (septiembre), pp. 377-403.

Edwards, S. y F. Ng., 1985, "Trends ind Real Exchange Rate Behavior in Selected Developing Countries", *CPD Discussion Paper*, núm. 1985-16, Washington, D.C., Banco Mundial.

Edwards, S. y Van Wijnbergen, 1986a, "The Welfare Effects of Trade and Capital Account Liberalization", *International Economic Review*, 27 (febrero), pp. 141-148.

———, 1986b, "On the Appropriate Speed and Timing of Economic Liberalization", en M. Conolly y C. González (eds.), *Economic Reform in Latin America*, Nueva York, Praeger.

Elías, V., 1978, "The Sources of Growth in Latin America", *Review of Economics and Statistics*, 60 (agosto), pp. 362-370.

Félix, D., 1960, "Structural Imbalances, Social Conflict and Inflation: An Appraisal of Chile's Recent Anti-Inflationary Effort", *Economic Development and Cultural Change*, 8 (enero), pp. 113-147.

Fetter, F.W., 1932, *La inflación monetaria en Chile*, Santiago de Chile, Dirección General de Prisiones.

Fernández, R., 1985, "The Expectations Management Approach to Stabilization in Argentina during 1976-1982", *World Development*, 13 (agosto), pp. 781-792.

Ffrench-Davis, R., 1973, *Políticas económicas en Chile 1952-1970*, Santiago de Chile, Editorial Nueva Universidad.

———, 1981, "Liberalización de importaciones", *Colección Estudios Cieplán*, núm. 4 (noviembre), pp. 39-78.

———, 1983, "Una estrategia de apertura externa selectiva", en A. Foxley, *Recons-*

trucción económica para la democracia, Santiago de Chile, Editorial Aconcagua, pp. 237-298.

Fontaine, J.A., 1983, "El rol macroeconómico del Estado", *Estudios Públicos*, 9 (verano), pp. 19-42.

Foxley, A., 1981, "Stabilization Policies and Their Effects on Employment and Income Distribution: A Latin American Perspective", en W. Cline y S. Weintraub (eds.), *Economic Stabilization in Developing Countries*, Washington, D.C., Brookings Institution, pp. 191-225.

———, 1982, "Towards a Free Market Economy: Chile, 1974-1975", *Journal of Development Economics* (febrero), pp. 3-29.

———, 1983, *Latin American Experiments in Neo-Conservative Economics*, Berkeley, University of California Press.

Frankel, J., K. Froot y A. Mizala-Salces, 1986, "Credibility, the Optimal Speed of Trade Liberalization, Real Interest Rates, and the Latin American Debt", Berkeley, Universidad de California.

Frankel, J., 1982, "The Order of Economic Liberalization: Discussion", en K. Brunner y A.H., Meltzer (eds.), *Economic Policy in a World of Change*, Amsterdam, North-Holland, pp. 199-202.

———, 1983, "Remarks on the Southern Cone", *IMF Staff Papers*, 30 (marzo), pp. 164-173.

Frankel, J. y H. Johnson, 1976, *The Monetary Approach to the Balance of Payments*, Toronto, University of Toronto Press.

Furtado, C., 1970, *La economía latinoamericana*, Santiago de Chile, Editorial Universitaria.

Gálvez, J. y J. Tyebout, 1985, "Microeconomic Adjustments en Chile during 1977-81: The Importance of being a *Grupo*", *World Development*, 13, núm. 8 (agosto), pp. 969-994.

Gregorio, J. de, 1984, "Comportamiento de las Exportaciones e Importaciones en Chile: Un Estudio Econométrico", *Colección Estudios Cieplán*, núm. 13, (junio), pp. 53-86.

Guardia, A., 1979, "Structural Transformations in Chile's Economy and Its System of External Economic Relations", en S. Sideri (ed.), *Chile 1970-1973*, La Haya, Martinus Nijhoff, pp. 45-102.

Guardia, A., A. Martínez y J. Ramos, 1979, "General Considerations on the Chilean Economic Structure", en S. Sideri (ed.), *Chile 1970-1973*, La Haya, Martinus Nijhoff, pp. 11-43.

Guzmán, J.F. (comp.), 1975, *La reforma tributaria: sus efectos económicos*, Santiago de Chile, Departamento de Economía, Universidad de Chile.

Hachette, D., 1978, "Aspectos macroeconómicos de la economía chilena 1973-1976", Documento de trabajo, núm. 55, Santiago de Chile, Instituto de Economía, Universidad Católica.

Hanson, J., 1985, "What Went Wrong in Chile?", documento presentado en la conferencia de liberalización económica del Banco Mundial: Adjustments during the Transition, Washington, D.C., octubre de 1983.

Hanson, J. y J. de Melo, 1983, "The Uruguayan Experience with Stabilization and

Liberalization: 1974-1981", *Journal of Interamerican Studies and World Affairs*, 25, núm. 4 (noviembre), pp. 563-581.

———, 1985, "External Shocks, Financial Reforms, and Stabilization Attempts in Uruguay during 1974-1983", *World Development*, 13, núm. 8 (agosto), pp. 917-940.

Harberger, A.C., 1959, "Using the Resources at Hand More Efficiently", *American Economic Review*, 49 (mayo), pp. 134-146.

———, 1963, "The Dynamics of Inflation in Chile", en C. Christ (ed.), *Measurement in Economics: Studies in Mathematical Economics and Econometrics*, California, Stanford University Press, p. 248.

———, 1971, "On Measuring the Social Opportunity Cost of Labor", *International Labor Review*, núm. 193 (junio), pp. 559-579.

———, 1976, "On Country Risk and the Social Cost of Foreign Borrowing by Developing Countries", manuscrito no publicado, Chicago, Universidad de Chicago.

———, 1980, "Vignettes on the World Capital Market", *American Economic Review Papers and Proceedings*, 70 (mayo), pp. 331-337.

———, 1981a, "Comment on Foxley", en W. Cline y S. Weintraub (eds.), *Economic Stabilization in Developing Countries*, Brookings Institution, pp. 226-228.

———, 1981b, "The Real Exchange Rate in Chile", manuscrito no publicado, Universidad de Chicago.

———, 1982, "The Chilean Economy in the 1970's: Crisis, Stabilization, Liberalization, Reform", en K. Brunner y A. Meltzer (eds.), *Economic Policy in a World of Change*, Carnegie-Rochester Conference Series on Public Policy, vol. 17, Nueva York, North-Holland, pp. 115-153.

———, 1983a, "A Primer on the Chilean Economy 1973-1983", documento no publicado, Universidad de Chicago.

———, 1983b, "Welfare Consequences of Capital Inflows", documento presentado en la conferencia del Banco Mundial, octubre de 1983, Washington, D.C.

———, 1984, "Lessons for Debtor Country Managers and Policy Workers", documento presentado en la conferencia del Banco Mundial.

———, 1985, "Observations on the Chilean Economy, 1973-1983", *Economy Development and Cultural Change*, 33 (abril), pp. 451-462.

Harberger, A.C. y M. Selowsky, 1966, "Las fuentes del crecimiento en Chile: 1940-62", *Cuadernos de Economía*, 3, diciembre, pp. 1-16.

Harris, J. y M. Todaro, 1970, "Migration, Unemployment and Development: A Two Sectors Analysis", *American Economic Review*, 60 (marzo), pp. 126-143.

Heskia, I., 1979, "Distribución del ingreso en el Gran Santiago 1957-1978", documento de investigación, núm. 41, Santiago de Chile, Departamento de Economía, Universidad de Chile.

Hirschman, A.O., 1961, *Journeys Towards Progress: Studies of Economic Policy Making in Latin America*, Nueva York, Twentieth Century Fund.

Hoy, 1981, mayo y junio, Santiago de Chile.

IMF, *International Financial Statistics*, Washington, D.C., IMF, varios números.

Instituto de Economía y Planificación, Universidad de Chile, 1973, *La economía chilena en 1972*, Santiago de Chile, Universidad de Chile.

Johnson, H., 1965, "Optimal Trade Intervention in the Presence of Domestic Distortions", en R. Caves (ed.), *Trade Growth and Balance of Payments*, Chicago, Rand-McNally, pp. 3-34.

———, 1967, "The Possibility of Income Losses from Increase Efficiency or Factor Accumulation in the Presence of Tariffs", *Economic Journal*, 77 (marzo), pp. 151-154.

Kay, J.A. y D.T. Thompson, 1986, "Privatisation: A Policy in Search of a Rationale", *The Economic Journal*, 96, núm. 381 (marzo), pp. 18-32.

Khan, M., 1974, "Import and Export Demand in Developing Countries", *IMF Staff Papers*, 21 (julio), pp. 389-413.

Kindleberger, 1978, *Manias, Panics, and Crashes: A History of Financial Crisis*, Nueva York, Basic Books.

Klein-Sacks Mission, *El programa de estabilización de la economía chilena y el trabajo de la Misión Klein and Sacks*, Santiago de Chile, Editorial Universitaria.

Kuori, P. y M. Porter, 1974, "International Capital Flows and Portfolio Equilibrium", *Journal of Political Economy*, 82 (mayo), pp. 312-335.

Krueger, A., 1978, *Foreign Trade Regimes and Economic Development: Liberalization Attempts and Consequences*, Cambridge, Ballinger.

———, 1983, "The Problems of Liberalization", documento no publicado, Washington, D.C., Banco Mundial.

Lagos, R., 1961, *La concentración del poder económico*, Santiago de Chile, Editorial del Pacífico.

Lal, D., 1984, "The Real Aspect of Stabilization and Structural Adjustment Policies: An Extension of the Australian Adjustment Model", *Staff Working Paper*, núm. 636, Washington, D.C., Banco Mundial.

Leamer, E., 1980, "Welfare Computations and the Optimal Staging of Tariff Reductions in models with Adjustment Costs", *Journal of International Economics*, 10 (febrero), pp. 21-36.

Leff, N., 1978, "Industrial Organization and Entrepreneurship in the Developing Countries: The Economic Groups", *Economic Development and Cultural Chance*, 26, núm. 4 (julio), pp. 661-675.

———, 1979, "Monopoly Capitalism and Public Policy in Developing Countries", *Kiklos*, 32, núm. 4 (diciembre), pp. 718-738.

Le Fort, 1985, "The Real Exchange Rate and Capital Flows: The Case of the Southern Cone Countries", tesis de doctorado, Los Ángeles, Universidad de California.

Little, I., 1982, *Economic Development*, Nueva York, Basic Books.

Little, I., T. Scitovsky y M. Scott, 1970, *Industry and Trade in Some Developing Countries*, Oxford, Oxford University Press.

Luders, R., 1968, "Monetary History of Chile: 1925-1958", tesis de doctorado no publicada, Departamento de Economía, Universidad de Chicago.

Luders, R. y B. Arbildua, 1969, "Una evaluación comparada de tres programas antiinflacionarios en Chile", *Cuadernos de Economía*, 14 (abril), pp. 25-105.

Mamalakis, M., 1978, *Historical Statistics of Chile*, Westport, Greenwood Press.

Mamalakis, M., O. Muñoz y J.A. Fontaine, 1984, "Los últimos diez años de historia económica", *Estudios públicos*, núm. 15 (invierno), pp. 191-206.

Mamalakis, M. y C.W. Reynolds, 1965, *Essays on the Chilean Economy*, Homewood, Richard Irwin.

Mardones, J.L., I. Marshall y E. Silva, 1984, "Chile y el CIPEC en el mercado del cobre", *Estudios públicos*, núm. 15 (invierno), pp. 5-38.

Marshall, J., 1981, "El gasto público en Chile, 1969-1979", *Colección Estudios Cieplán*, núm. 5 (julio), pp. 53-84.

Marshall, J. y P. Romaguera, 1981, "La evolución del empleo público en Chile, 1970-1978", *Notas técnicas*, núm. 26, Santiago de Chile, Cieplán.

Martínez, V., 1979; "Las variables motivacionales que influyen en el comportamiento del empresario", tesis no publicada, Facultad de Ciencias Económicas y Administrativas, Universidad de Chile.

Martner (ed.), 1971, *El pensamiento económico del gobierno de Allende*, Santiago de Chile, Editorial Universitaria.

McKinnon, R., 1973, *Money and Capital in Economic Development*, Washington, D.C., Brookings Institution.

———, 1982, "The Order of Economy Liberalization: Lessons From Chile and Argentina", en K. Brunner y A.H. Meltzer (eds.), *Economic Policy in a World of Change*, Amsterdam, North-Holland, pp. 159-186.

———, 1986, "Comment on Corbo", documento presentado en la conferencia sobre Experiencias de Liberalización en el Cono Sur, 20-23 de enero, Quito.

McKinnon, R. y D.F. Mathieson, 1981, "How to Manage a Repressed Economy", *Essays in International Finance*, núm. 145, Princeton, Princeton University.

Melo, J. de y S. Urata, 1984, "Market Structure and Performance: The Role of International Factors in a Trade Liberalization", World Bank DRD Discussion Paper, núm. 71, Washington, D.C., Banco Mundial.

Meller, P., 1984, "Análisis del problema de la elevada tasa de desocupación chilena", *Colección Estudios Cieplán*, núm. 14 (septiembre), pp. 9-42.

Meller, P., R. Cortázar y J. Marshall, 1979, "Estancamiento del empleo, 1974-1978", *Colección Estudios Cieplán*, núm. 2 (diciembre), pp. 141-158.

Meller, P., E. Livacich y P. Arrau, "Una revisión del milagro económico chileno (1974-1981)", *Colección Estudios Cieplán*, núm. 15 (diciembre), pp. 5-109.

Méndez, J.C. (ed.), 1979, *Chilean Economic Policy*, Chile: Calderón.

Michaelly, M., 1982, "The Sequencing of a Liberalization Policy: A Preliminary Statement of Issues", documento no publicado, Washington, D.C.

Milgrom, P., y J. Roberts, 1982, "Limiting Pricing and Entry under Incomplete Information: An Equilibrium Analysis", *Econométrica*, 50, núm. 2 (marzo), pp. 443-460.

Morandé, F., 1986, "Domestic Currency Appreciation and Foreign Capital Inflows: What Comes First (Chile, 1977-1982)", documento presentado en la VI Reunión Latinoamericana de la Sociedad Econométrica, julio 22-26, Córdoba, Argentina.

Muñoz, O., 1966, *Crecimiento industrial de Chile, 1914-1965*, Santiago de Chile, Universidad de Chile.

Mussa, M., 1978, "Dynamic Adjustment in the Hecksher-Ohlin-Samuelson Model", *Journal of Political Economy*, 86 (noviembre), pp. 775-792.

————, 1986, "On the Optimal Speed of Liberalization", en A. Choksi y D. Papageorgiou (eds.), *Economic Liberalization in Developing Countries*, Oxford, Basil Blackwell.

Neary, P. y Van Wijnbergen (eds.), 1986, *Natural Resources and the Macroeconomy*, Oxford, Basil Blackwell.

Nogués, J., 1983, "Política comercial y cambiaria: una interpretación de la experiencia argentina, 1976-1981", documento no publicado, Buenos Aires, Banco Central de Argentina.

Obstfeld, M., 1986, "The Capital Inflows Problem Revisited: A Stylized Model of Southern Cone Disinflation", *Review of Economic Studies*, 52 (diciembre).

Oi, W., 1962, "Labor as a Quasi-Fixed Factor", *Journal of Political Economy*, 70 (diciembre), pp. 538-555.

Odeplan, 1972, *Cuentas Nacionales de Chile 1960-1971*, Santiago de Chile, Oficina de Planificación Nacional.

Park, Y.C., 1985, "Financial Repression, Liberalization, and Development in Developing Countries", documento no publicado, Seúl, Universidad de Corea.

Parkin, V., 1983, "Economic Liberalization in Chile 1973-1982: A Model of Growth and Development or a Recipe for Stagnation and Impoverishment?", *Cambridge Journal of Economics*, 7 (junio), pp. 101-124.

"Pinochet Sends the Chicago boys Back to School", 1985, *The Economist*, 296 (16 de agosto), pp. 60-62.

Pinto, A., 1964, *Chile: una economía difícil*, México, Fondo de Cultura Económica.

————, 1959, *Chile: un caso de desarrollo frustrado*, Santiago de Chile, Editorial Universitaria.

Pollack, M., 1980, "El sector industrial en el periodo 1960-1979", documento núm. 144, Santiago de Chile, Departamento de Estudios B.H.C.

Qué Pasa, 1977, abril, Santiago de Chile.

Ramos, J., 1984, *Estabilización económica en el Cono Sur*, Estudios e Informes de la CEPAL, núm. 38, Santiago de Chile, Naciones Unidas.

Riveros, L., 1984, "Un análisis sobre el problema del empleo en Chile en la década del 70", *Estudios de Economía*, núm. 23 (octubre), pp. 3-27.

————, 1985, "Desempleo, distribución del ingreso y política social", *Estudios Públicos*, núm. 20 (primavera), pp. 315-347.

Robischek, W., 1981, "Some Reflections About External Public Debt Management", en Banco Central de Chile (ed.), *Estudios monetarios VII. Alternativas de políticas financieras en economías pequeñas y abiertas al exterior*, Santiago de Chile, Alfabeta, pp. 169-184.

Rodrick, D., 1985, "Trade and Capital-Account Liberalization in a Keynesian Economy", Discussion Paper Series, núm. 136D, Cambridge, Kennedy School, Harvard University.

Rodríguez, C.A., 1983, "Políticas de estabilización en la economía argentina 1978-1982", *Cuadernos de Economía*, 20 (abril), pp. 21-42.

Rodríguez, J., 1985, "El papel redistributivo del gasto social: Chile 1983", *Estudios Públicos*, núm. 19 (invierno), pp. 37-70.

Rybczynski, T.M., 1955, "Factor Endowments and Relative Commodity Prices", *Económica*, 22 (noviembre), pp. 336-354.

Sachs, J., 1985, "External Debt and Macroeconomic Performance in Latin America and Asia", *Brookings Papers on Economic Activity*, núm. 2, 1985, pp. 523-573.

Sachs, J. y D. Cohen, 1982, "LDC Borrowing with Default Risk", Working Paper, núm. 925, Cambridge, NBER.

Sargent, T.J., 1983, "The Ends of Four Big Inflations", en T.J. Sargent (ed.), *Rational Expectations and Inflation*, Nueva York, Harper & Row, pp. 40-109.

Schmidt-Hebbel, K., 1981, "El programa de empleo mínimo en Chile", documento núm. 199, Santiago de Chile, Departamento de Estudios B.H.C.

Sideri, S. (ed.), 1979, *Chile 1970-1973: Economic Development and its International Setting-Self-Criticism of the Unidad Popular Government's Policies*, La Haya, Martinus Nijhoff.

Sierra, E., 1970, *Tres ensayos de estabilización en Chile*, Santiago de Chile, Editorial Universitaria.

Singleton, K.J., 1986, "Speculation and the Volatility of Foreign Currency Exchange Rates", documento presentado en la Conferencia Carnegie-Rochester sobre Política Pública, 11 de abril, Rochester.

Sjaastad, L. 1983, "Failure of Economic Liberalism in the Cone of Latin America", *World Economy*, 6 (marzo), pp. 5-27.

Sjaastad, L. y H. Cortés, 1981, "Protección y empleo", *Cuadernos de Economía*, núms. 54-55 (agosto-diciembre), pp. 318-336.

Sjaastad, L., y H. Cortés-Douglas (eds.), 1981, "La economía política de la reforma comercial en Chile", *Cuadernos de Economía*, núms. 54-55 (agosto-diciembre).

Stiglitz, J., 1974, "Wage Determination and Unemployment In LDCs", *Quarterly Journal of Economics*, 88 (mayo), pp. 194-227.

Subercaceaux, G., 1922, *Monetary and Banking Policy of Chile*, Oxford, Clarendon Press.

Sunkel, O., 1985, "Inflación: un enfoque heterodoxo", *El Trimestre Económico*, 25 (octubre); pp. 612-637.

Superintendencia de Bancos, *Información estadística*, varios números.

Tironi, E., 1985, "¿Por qué Chile necesita aranceles diferenciados?", *Estudios Públicos*, núm. 19 (invierno), pp. 21-36.

Tockman, V., 1984, "Reactivación con transformación: el efecto empleo", *Colección Estudios Cieplán*, núm. 14 (septiembre), pp. 105-128.

Tybout, J., 1985, "Microeconomic Adjustments during the Reforms: Introduction", *World Development*, 13, núm. 18 (agosto), pp. 941-948.

Unidad Popular, 1970, *Programa Básico de la Unidad Popular*, Santiago de Chile, Impresora Horizonte.

Varas, J.I., 1975, "El impacto de una liberalización del comercio en el sector agrícola chileno", *Cuadernos de Economía*, 12 (agosto), pp. 121-134.

Vergara, P., 1981, "Las transformaciones de las funciones económicas del Estado en Chile bajo el régimen militar", *Colección Estudios Cieplán*, núm. 5 (julio), pp. 117-154.

Vuskovic, P. 1970, "Distribución del ingreso y opciones de desarrollo", *Cuadernos de la Realidad Nacional*. núm. 5 (septiembre), pp. 41-60.

———, 1975, "Dos años de política económica del gobierno popular", en *El golpe de Estado en Chile*, editado por el Centro de Estudios Latinoamericanos, Universidad Nacional Autónoma de México, México, Fondo de Cultura Económica.

Walton, G. (ed.), 1985, *The National Economy Policies of Chile*, Greenwich, JAI Press.

"Will General Pinochet Sink the Copper Market?", *The Economist*, 295 (22 de diciembre), pp. 71-72.

Wisecarver, D., 1985, "Economic Regulation and Deregulation in Chile, 1973-1983", en G.A. Walton (ed.), *National Economic Policies of Chile*, Greenwich, JAI Press, pp. 145-202.

Yáñez, J., 1978, "Una corrección al índice de precios al consumidor durante el período 1971-1973", en F. Contreras (ed.), *Comentarios sobre la situación económica*, Santiago de Chile, Universidad de Chile, pp. 205-257.

Zahler, R., 1980, "The Monetary and Real Effects of the Financial Opening Up of National Economies to the Exterior", *Cepal Review*, 10 (abril), pp. 127-154.

———, 1985, "Las tasas de interés en Chile: 1975-1982", manuscrito no publicado, Santiago de Chile, CEPAL.

Zorrilla, A., 1971, "Exposición de la hacienda pública, 27 de noviembre de 1970", en G. Martner (ed.), *El pensamiento económico del gobierno de Allende*, Santiago de Chile, Editorial Universitaria, pp. 11-36.

LOS AUTORES

Sebastián Edwards, economista chileno, vive en Los Ángeles, California. Es el Henry Ford II Professor de economía internacional en el Anderson Graduate School of Management en la Universidad de California en Los Ángeles (UCLA). Además, es investigador asociado del National Bureau of Economic Research, Senior Fellow del Institute for Policy Reform y coeditor del *Journal of Development Economics*. Ha sido asesor de varios gobiernos y ha publicado extensamente sobre temas de economía internacional, desarrollo económico y economía latinoamericana.

Alejandra Cox Edwards, ciudadana chilena radicada en California, es profesora asociada de la cátedra de economía en la California State University, Long Beach, y es coeditora de *Contemporary Policy Issues*. Ha sido asesora del Banco Mundial y ha publicado extensamente sobre temas de economía laboral y desarrollo económico.

ÍNDICE ANALÍTICO

253

ÍNDICE

Este libro se terminó de imprimir y encuadernar en el mes de diciembre de 1992 en los talleres de Encuadernación Progreso, S. A. de C. V., Calz. de San Lorenzo, 202; 09830 México, D. F. Se tiraron 2 000 ejemplares.